Le Chirurgien Dentiste, Ou Traité Des Dents: Ou L'on Enseigne Les Moyens De Les Entretenir Propres Et Saines, De Les Embellir, D'en Réparer La Perte Et De Remedier À Leurs Maladies, À Celles Des Gencives Et Aux Accidens Qui Peuvent Survenir Aux...

Pierre Fauchard

LE CHIRURGIEN

DENTISTE,

OU

TRAITÉ DES DENTS.

LE CHIRURGIEN
DENTISTE,
OU
TRAITÉ DES DENTS,

Où l'on enseigne les moyens de les entretenir propres & saines, de les embellir, d'en réparer la perte & de remédier à leurs maladies, à celles des gencives, & aux accidens qui peuvent survenir aux autres parties voisines des dents.

Avec des Observations & des Réflexions sur plusieurs cas singuliers.

Ouvrage enrichi de quarante-deux planches en taille-douce.

Par PIERRE FAUCHARD, Chirurgien Dentiste à Paris.

Troisieme Edition, revue, corrigée & considérablement augmentée.

TOME SECOND.

A PARIS.

Chez SERVIÈRES, Libraire, rue Saint-Jean-de-Beauvais.

M. DCC. LXXXVI.
Avec Approbation & Privilege du Roi.

PRIVILEGE DU ROI.

LOUIS, PAR LA GRACE DE DIEU, ROI DE FRANCE ET DE NAVARRE : A nos Amés & Féaux Conseillers, les Gens tenant nos Cours de Parlement, Maîtres des Requêtes ordinaires de notre Hôtel, Grand-Conseil, Prévôt de Paris, Baillifs, Sénéchaux, leurs Lieutenans-Civils, & autres nos Justiciers qu'il appartiendra : SALUT, notre amé PIERRE-JEAN MARIETTE Libraire & Imprimeur à Paris, ancien Adjoint de sa Communauté, nous a fait exposer qu'il désireroit faire réimprimer & donner au Public un Ouvrage qui a pour titre : *Le Chirurgien Dentiste, ou Traité des Dents par le sieur Fauchard, avec des Additions,* s'il nous plaisoit lui accorder nos Lettres de Privilege pour ce nécessaires. A ces causes, voulant favorablement traiter l'Exposant, nous lui avons permis & permettons par ces présentes, de faire imprimer ledit Ouvrage autant de fois que bon lui semblera, & de le faire vendre & débiter par tout notre Royaume, pendant le tems de six années consécutives, à compter du jour de la date des présentes. Faisons défenses à tous Imprimeurs, Libraires & autres personnes, de quelque qualité & condition qu'elles soient, d'en introduire d'impression étrangere dans aucun lieu de notre obéissance, comme aussi d'imprimer ou faire imprimer, vendre, faire vendre, débiter ni contrefaire ledit Ouvrage, ni d'en faire aucun extrait sous quelque prétexte que ce soit, d'augmentation, correction, changement ou autres, sans la permission expresse & par écrit dudit Exposant ou de ceux qui auront droit de lui, à peine de confiscation des exemplaires contrefaits, de trois mille livres

d'amende contre chacun des contrevenans , dont
un tiers à Nous , un tiers à l'Hôtel-Dieu de
Paris, & l'autre tiers audit Exposant où à celui
qui aura droit de lui , & de tous dépens, domma-
ges & intérêts ; à la charge que ces présentes seront enrégistrées tout au long sur le Registre de la
Communauté des Imprimeurs & Libraires de Paris,
dans trois mois de la date d'icelles ; que la réimpression dudit ouvrage sera faite dans notre Royaume & non ailleurs, en bon papier & beaux carac-
teres, conformément à la feuille imprimée attachée pour modele sous le contre-scel des présentes , que l'Impétrant se conformera en tout aux
Réglemens de la Librairie , & notamment à celui
du 10 Avril 1725 ; qu'avant de l'exposer en vente,
l'Imprimé qui aura servi de copie à la réimpression
dudit Ouvrage , sera remis dans le même état où
l'approbation y aura été donnée, ès mains de notre très-cher & féal Chevalier Chancelier de France le sieur Daguesseau , & qu'il en sera ensuite
remis deux exemplaires dans notre Bibliotheque
publique, un dans celle de notre Château du Lou-
vre, un dans celle de notredit très-cher & féal
Chevalier Chancelier de France le sieur Daguef-
seau , & un dans celle de notre très-cher & féal
Chevalier Garde des Sceaux de France , le sieur
de Machault, Commandeur de nos Ordres : le
tout à peine de nullité des présentes ; du contenu
desquelles vous mandons & enjoignons de faire
jouir ledit Exposant & ses ayans-cause pleinement
& paisiblement , sans souffrir qu'il leur soit fait
aucun trouble ou empêchement. Voulons que la
copie des présentes qui sera imprimée tout au
long, au commencement ou à la fin dudit Ouvrage, soit tenue pour duement signifiée & qu'aux
copies collationnées par l'un de nos amés & féaux
Conseillers Secrétaires, foi soit ajoutée comme

à l'original. Commandons au premier notre Huiſ-
fier ou Sergent ſur ce requis, de faire pour l'exé-
cution d'icelles, tous actes requis & néceſſaires,
ſans demander autre permiſſion, & nonobſtant
clameur de Haro, Charte Normande, & Lettres à
ce contraires. CAR tel eſt notre plaiſir. Donné à
Paris, le vingt-deuzieme jour du mois de Sep-
tembre, l'an de grace mil ſept cens quarante ſix,
& de notre regne le trente-deuxieme. Par le
Roi, en ſon Conſeil.

SAINSON.

*Regiſtré ſur le Regiſtre XI. de la Chambre
Royale des Libraires & Imprimeurs de Paris,
N. 696 fol. 616. conformément aux anciens
Réglemens confirmés par celui du 28 Février
1723.*

A Paris le ſept Octobre 1746.

VINCENT, *Syndic.*

TABLE
DES CHAPITRES,
Contenus dans ce second Volume.

Chapitre Premier.

a

TABLE

DES CHAPITRES.

CHAP. IX.

CHAP. X.

CHAP. XI.

CHAP. XII.

CHAP. XIII.

TABLE

CHAP. XIV.

CHAP. XV.

CHAP. XVI.

CHAP. XVII.

DES APPROBATIONS.

APPROBATION.

APPROBATION

APPROBATION

TABLE

APPROBATION

TABLE

DES CHAPITRES.

**Fin de la Table des Chapitres du
second Volume.**

TABLE

Des Approbations contenues dans le second Volume.

APPROBATION

De Monsieur Winslow, Docteur-Régent en la Faculté de Médecine de Paris, de l'Académie Royale des Sciences, Professeur en Anatomie & en Chirurgie au Jardin Royal, &c.

APPROBATION

De Monsieur Hecquet, Docteur-Régent en la Faculté de Médecine de Paris, & ancien Doyen de ladite Faculté.

APPROBATION

De M. Finot, Docteur-Régent en la Faculté de Médecine de Paris, & Médecin de leurs Altesses Sérénissimes

DES APPROBATIONS.

APPOBATION

APPROBATION

Fin de la Table des Approbations.

LE CHIRURCIEN

LE
CHIRURGIEN
DENTISTE,
OU
TRAITÉ DES MALADIES
DES DENTS, DES ALVÉOLES ET
DES GENCIVES.
SECONDE PARTIE.

CHAPITRE PREMIER.

*Dans lequel on combat l'erreur de ceux qui
croient que les instrumens de fer ou d'a-
cier, sont préjudiciables aux dents.*

Avant que de traiter de la maniere
de nétoyer, limer & plomber les dents,
je vais combattre l'erreur de ceux qui
croient que ces opérations sont dange-

Tome II.   A

reufes, qu'on ne doit point les entreprendre, que par-là on déchauffe les
dents, qu'on les ébranle, qu'on ôte
leur émail, qu'on les gâte, & qu'après
tout, ces opérations font inutiles.

Pour détruire une erreur fi groffiere,
il fuffit d'y oppofer l'expérience. Nous
voyons tous les jours, qu'après avoir
bien nétoyé les dents, & en avoir ôté
la caufe qui entretenoit le mal, la douleur ceffe ordinairement peu de tems
après : nous voyons de même qu'ayant
été bien plombées & féparées à propos, elles ceffent pareillement de fe
gâter : d'ailleurs, fi l'on fe donne la
peine de jeter les yeux fur ce que j'ai
dit dans le volume précédent, touchant
la carie, page 154 & fuivantes, & le
tartre des dents, page 177 & fuivantes, on y trouvera de quoi fe détromper de femblables erreurs, & de quoi
détruire la terreur mal fondée de ceux
qui ne fauroient voir approcher de leur
bouche aucuns inftrumens, fans que
leur imagination n'en foit révoltée.

Quelle idée fauffe & bifarre faifit
ces efprits induftrieux à fe tromper
eux-mêmes ; ils appréhendent que les
inftrumens n'enlevent l'émail de leurs
dents, tandis que le burin pouffé même

de force, ne peut presque pas y faire
d'impression, & que la meilleure lime a
de la peine à y mordre. Quand même
il seroit vrai que les instrumens de fer
ou d'acier, appliqués aux dents, seroient capables de les gâter, cela ne
pourroit arriver que par l'usage trop
fréquent que l'on en feroit ; ce qu'on
ne doit pas craindre, lorsqu'on est entre
les mains d'un habile Dentiste.

On pourra peut-être m'objecter qu'il
y a des personnes qui, après s'être fait
nétoyer & accommoder les dents, n'en
ont pas été plus soulagées ; que quelques-uns même s'en sont trouvés plus
mal qu'auparavant. A cela je réponds
que la faute n'en doit pas être rejetée
sur l'opération, mais sur la négligence
des personnes qui ont attendu trop
long-tems.

Il n'y a rien que l'on appréhende
tant que de faire toucher à ses dents ;
c'est ce qui fait qu'on néglige d'en
avoir soin ; & de-là vient que plusieurs
ne s'apperçoivent qu'elles se gâtent,
que lorsque la maladie a pénétré jusqu'aux parties qui les rendent sensibles ;
ainsi, ils ne pensent à y faire toucher,
que lorsque la maladie est parvenue à un
tel degré, qu'elle est presque incurable.

Ceux qui font curieux de la confervation de leurs dents, & qui veulent
éviter d'être la victime de leur erreur
ou de leur négligence, doivent fe les
faire vifiter une ou deux fois tous les
ans par un Dentifte expérimenté.

Je fais bien que malgré toutes ces
précautions, il y a eu des perfonnes,
qui n'ont pu éviter d'y avoir mal, &
même de les perdre. On ne peut attri-
buer cette perte qu'à des maladies par-
ticulieres, qu'à quelque vice de la
maffe du fang, ou à l'imprudence
qu'elles ont eu de fe mettre entre les
mains de ces ignorans, qui fouvent
hafardent tout, aux dépens de ceux qui
leur donnent leur confiance.

CHAPITRE II.

*Defcription des inftrumens convenables à
détacher le tuf ou tartre des dents.*

M'ÉTANT fuffifamment étendu fur
la nature du tartre des dents dans l'onzieme chapitre du premier tome, je
paffe à préfent aux moyens de remédier à cette maladie.

Nous avons établi que le régime de vivre contribuoit beaucoup à la prévenir ; qu'il falloit, pour maintenir ses dents dans un bon état, se les faire nétoyer quand elles en ont besoin, & être attentif à leur conservation, soit par l'usage des remedes convenables, soit par le choix des alimens.

Avant que d'enseigner la maniere de se servir des instrumens propres à nétoyer les dents, il faut observer qu'ils doivent être d'un bon acier, dont le tranchant puisse bien couper & bien racler. L'or & l'argent n'ont jamais été regardés, jusqu'à présent, comme une matiere propre à faire un tranchant capable d'enlever le tartre & les autres matieres qui s'attachent aux dents. Lorsque M. Dionis (a) a dit que les instrumens qui servent à nétoyer les dents du Roi & celles des Princes sont d'or, il y a apparence qu'il a prétendu parler de leur manche, & non de leur tranchant.

Quelques-uns de ceux qui nétoyent les dents, ont pour l'ordinaire un fatras d'instrumens de toute espece, & veulent persuader par-là qu'on ne les peut bien nétoyer sans cette quantité

(a) Dans son Traité d'Opérations, p, 508.

A 3

d'inftrumens, très-inutiles pour opérer,
mais néceffaires pour impofer au public. Je ne me fers, en nétoyant les
dents, que de cinq efpeces d'inftrumens, (a) du cifeau nommé bec-d'âne,
du bec-de-perroquet, du burin à trois
faces, du petit canif à tranchant convexe, & du crochet en Z. Ces cinq
inftrumens font tranchans, & font les
fonctions des rugines ou des gratoirs:
ils me fuffifent pour opérer en emportant le tartre en quelque endroit des
dents qu'il fe trouve. La plûpart des
inftrumens dont on fe fert pour nétoyer
les dents, m'ayant paru fort incommodes, & même peu convenables,
j'ai été obligé d'en inventer d'autres
très-fimples, & de réformer quelquesuns de ceux qu'on emploie le plus
fouvent.

Bec-d'âne.

Le Bec-d'âne reffemble affez à l'inftrument dont les Menuifiers & les
Charpentiers fe fervent, pour creufer
leurs mortoifes, & auquel ils donnent
le même nom. La tige du bec-d'âne
doit être longue d'environ deux pou-

(a) Voyez la planche 9 de ce tome, p. 15.

ces & demi, sa soie (a) non comprise.
Cette tige a quatre faces, une inférieure, une supérieure, deux latérales,
& de plus un biseau qui forme son extrémité tranchante. Ses faces latérales
sont larges d'environ deux lignes, ses
deux autres faces d'environ une ligne
chacune : la supérieure, qui sert de
dos, se termine où commence le biseau,
lequel a environ quatre à cinq lignes de
longueur ; l'inférieure se termine à l'extrémité tranchante ; la largeur de cette
extrémité s'étend de la face latérale
droite jusqu'à la face latérale gauche.
Les angles de cet instrument doivent
être seulement tranchans depuis l'endroit où commence le biseau, jusqu'où
il finit : je les ai rendus ainsi tranchans,
afin qu'ils coupent & raclent en tous
sens ; ils doivent être mousses dans tout
le reste de l'étendue de la tige.

Bec-de-perroquet.

Le bec-de-perroquet est recourbé par
sa pointe, assez semblable à la partie
supérieure du bec de l'oiseau dont on
lui a donné le nom. Sa tige est ronde,
& d'environ deux pouces & demi de

(a) Cette soie est la partie qui sert de queue,
& qui doit être engagée dans le manche.

A 4

longueur, fans y comprendre ni fa foie,
ni fa pointe recourbée. Cette pointe eft
longue d'environ dix lignes : elle a trois
faces, deux fupérieures latérales convexes, & une inférieure concave : celle-
ci a environ deux lignes dans fa plus
grande largeur. Les deux latérales fupérieures convexes, ont chacune environ une ligne de largeur, trois angles, un fupérieur & mouffe en forme
de vive arrête, & deux latéraux tranchans. Ces trois angles, en fe réunif-
fant, forment enfemble une pointe aigue : la tige de cet inftrument eft à-peu-
près de la groffeur d'une plume à écrire,
un peu plus groffe du côté du manche,
& elle diminue en s'approchant de fa
courbure.

Burin à trois faces.

Le burin à trois faces reffemble affez
à certains burins dont les Graveurs fe
fervent, excepté que la pointe de celui-
ci eft plus longue : il a une tige étendue
en longueur d'environ deux pouces &
demi, fans y comprendre fa foie & fa
pointe : deux de fes faces font latérales :
chacune eft large d'environ deux lignes :
elles s'étendent depuis le manche juf-

qu'à l'extrémité de la pointe : la troifieme face fert de dos : elle eft fupérieure
à une efpece de tranchant mouffe, qui
regne depuis la foie jufqu'au tranchant
aigu, qui lui eft contigu : cette troifieme face eft large d'une ligne, & fe
continue depuis le manche, jufqu'au
bifeau qui commence de former la
pointe, qui doit être aigue, & d'environ quatre lignes de longueur : cet
inftrument a trois tranchans, l'un inférieur, formé par les deux faces latérales, & deux fupérieurs, formé par
le bifeau & les deux mêmes faces : il
eft plus commode pour ôter le tartre
niché entre les intervalles des dents,
que les rugines dont on fe fert ordinairement.

Canif.

L'inftrument nommé canif à tranchant convexe, n'a point de tige : fa
lame eft environ deux fois plus longue
que celle d'un canif ordinaire, & a fon
dos beaucoup plus mince a fon tranchant un peu convexe : il ne faut
pas que cette lame foit trempée bien
dur. Elle a trois faces qui s'étendent
depuis le manche jufqu'à la pointe,
qui eft applatie & mince : deux de fes

faces font latérales, larges dans leur plus grande étendue d'environ deux lignes : la troisieme face eft large d'environ une demi-ligne : ces trois faces vont toujours en diminuant vers la pointe qu'elles forment : la petite face, fervant de dos, doit avoir fes angles mouffes dans toute leur étendue : le côté tranchant qui lui eft oppofé, doit auffi être mouffe du côté du manche, jufqu'à la moitié de la lame ; & l'autre moitié doit former un tranchant aigu & convexe vers la pointe, jufqu'à la face qui forme le dos, où il fe termine. J'ai mis cet inftrument en pratique, m'étant apperçu qu'on ne pouvoit pas toujours emporter avec le précédent toutes les matieres tartareufes, qui fe trouvent adhérentes & nichées dans les intervalles des dents.

Le crochet en Z.

Le crochet en Z a une tige carrée & recourbée, longue d'environ deux pouces, fans y comprendre ni fa foie, ni l'extrémité qui forme le crochet. Il ne fert guere que pour nétoyer la partie intérieure des dents inférieures. Les quatre faces que forme la carrure

de la tige, regnent depuis le manche
jufqu'au crochet, étant chacune d'environ une ligne & demie de largeur :
les quatre angles que forment ces faces,
doivent être un peu mouffes : le crochet contigu à cette tige eft long de fix
lignes, large du côté de la tige d'environ une ligne & demie ; & du côté de
fon extrémité tranchante d'environ une
ligne : ce crochet a trois faces, une intérieure & deux latérales extérieures.
L'intérieure, la plus étendue des trois,
eft d'une largeur égale à celle du crochet : les deux latérales extérieures qui
lui font oppofées, font féparées l'une
de l'autre par une vive arrête, à l'extrémité de laquelle fe trouve un bifeau,
qui rend tranchante l'extrémité de la
face intérieure.

Ceux qui fe fervent de cet inftrument, en font faire la tige toute droite
jufqu'au crochet; mais j'y ai remarqué
un inconvénient : c'eft que lorfqu'on
l'emploie, il faut faire ouvrir la bouche
confidérablement, & encore n'évite-
t-on pas que fon dos ne touche aux dents
de la mâchoire oppofée à celle qu'on
nétoie. C'eft pourquoi je l'ai fait courber de la maniere qu'on le voit dans la
A 6

planche (a), afin d'éviter cette incommodité, qui me paroît confidérable. Quoique j'aie donné une forme carrée à la tige de cet inftrument, on la peut faire ronde : cela eft arbitraire.

Les cinq inftrumens dont on vient de donner la defcription, feront bien trempés & bien montés fur des manches d'argent, d'ivoire, ou de quelque autre matiere, qui convienne également à la propreté & à la commodité : leurs manches feront ronds : cette figure eft la plus commode pour les tourner facilement en tous fens. Si toutefois on aime mieux les avoir d'une autre figure, on les fera faire à plufieurs petits pans, plus ou moins multipliés, longs d'environ trois pouces : leur circonférence doit être d'environ un pouce & demi par leur gros bout ; allant en diminuant vers le petit bout, qui aura environ un pouce de circonférence par l'extrémité qui reçoit la foie. Cette extrémité fera garnie d'une virole façonnée & propre pour fortifier le manche, s'il n'eft pas fait d'argent. L'autre bout fera orné, fi l'on veut, d'une petite calote arrondie proprement façon-

(a) Planche 9, fig. 5 de ce tome, page 15.

née, pour enjoliver l'inſtrument. Chaque inſtrument doit être aſſemblé avec ſon manche, au moyen de la ſoie qui ſera carrée : on l'aſſujettira à l'ordinaire avec du maſtic.

Il eſt à propos d'avoir pluſieurs inſtrumens de la même eſpece, pour en changer en cas de beſoin : ils ſeront plus ou moins grands, longs, courts, larges ou étroits, ſuivant l'idée du Dentiſte.

Quoique ces cinq eſpeces d'inſtrumens ſuffiſent pour nétoyer les dents, il eſt néceſſaire d'avoir une petite ſonde, (a) pour connoître ſûrement par ſon moyen, ſi les dents ſont cariées. Cette ſonde eſt courbée par les deux bouts, & ſes courbures ſont en ſens oppoſé. Une de ſes courbures eſt mince & plate dans ſa concavité & dans ſa convexité, à-peu-près comme un reſſort de montre. Elle n'a pas plus d'une ligne de largeur, qui diminue à meſure qu'elle approche de ſon extrémité. L'autre courbure eſt ronde, menue & pointue, comme une moyenne aiguille : la pointe en eſt un peu mouſſe, pour ne pas piquer les parties. A l'égard du

(a) Voyez la figure 3 de la planche 6, tome premier, page 279.

corps de cette fonde, on lui donnera une groffeur proportionnée à fes deux extrémités, & il doit être à plufieurs pans.

Chaque fois que l'on fe fervira de ces inftrumens, il faudra les bien laver & effuyer, tant pour la propreté que pour les garantir de la rouille. On ne doit point s'en fervir qu'on n'ait accommodé le tranchant de ceux qui en auront befoin, avec une pierre du Levant ou de Lorraine, fur laquelle on mettra un peu d'huile d'olive pour les mieux éguifer.

Il eft bon d'avertir que les inftrumens dont nous venons de parler pour nétoyer les dents, ne doivent point avoir leurs manches trop pefans, parce que ce feroit un défaut qui pourroit nuire à la légéreré & à la fûreté de la main fi néceffaire en opérant.

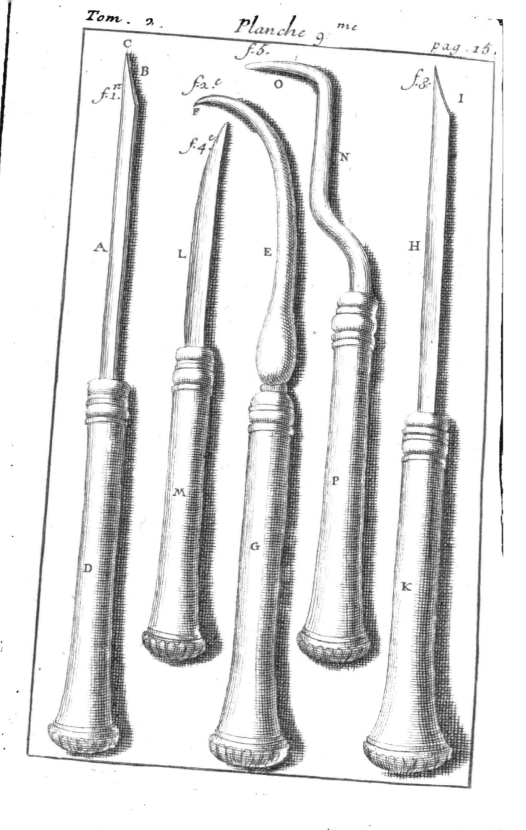

Explication de la planche IX, qui contient la figure des cinq instrumens, lesquels servent à nétoyer les Dents.

LA *figure I* représente le bec-d'âne.

A. Sa tige.

B. Son biseau.

C. Son extrémité tranchante.

D. Son manche.

La figure II représente le bec de perroquet.

E. Sa tige.

F. Sa courbure qui se termine en pointe.

G. Son manche.

La figure III représente le burin à trois faces.

H. Sa tige.

I. Sa pointe en biseau.

K. Son manche.

La figure IV représente le canif à tranchant convexe.

L. Son tranchant.

M. Son manche.

La figure V représente le crochet en Z.

N. Sa tige.

O. Son extrémité la plus recourbée.

P. Son manche.

CHAPITRE III.

*Maniere d'opérer méthodiquement pour né-
toyer une bouche, en détachant, ôtant
& enlevant le tartre, sans intéresser
l'email des dents.*

LORSQU'UNE personne se présente
à nous pour se faire accommoder la
bouche, la premiere chose que nous
appercevons en l'ouvrant, c'est le tartre, quand il y en a. On doit alors
commencer par l'enlever, après avoir
examiné toutes les dents avec la son-
de, pour s'assurer si quelques-unes sont
cariées ou non; car, en cas de carie,
on les accommoderoit après les avoir
nétoyées; & s'il étoit nécessaire de les
limer, cautériser ou plomber, on ne
devroit pas différer ces opérations.

Pour opérer commodément, on fait
asseoir le sujet sur une chaise ou sur un
fauteuil stable, qui ne soit ni trop haut,
ni trop bas, sa tête étant mollement
appuyée contre le dossier. On commence par emporter le tartre des dents
qui en sont le plus couvertes, & l'on
se sert pour cela du bec-d'âne, que l'on
tient de sa main droite avec le pouce,

le doigt indicateur & le doigt du milieu : on le tient à-peu-près comme on
tient une plume à écrire, tandis que
fon extrémité & fes côtés tranchans
agiffent fuccceffivement.

Enfuite le Dentifte fe place du côté
droit, paffant fon bras gauche par-
deffus la tête de celui fur qui il opere :
le pouce de la main gauche, doit être
fitué fur les incifives d'en-bas, & l'indicateur fur la levre pour l'abaiffer ; les
autres doigts embraffent le menton
pour l'affujettir.

On commence l'opération par les incifives de la mâchoire inférieure, parce
qu'elles font pour l'ordinaire le plus
couvertes de tartre : en opérant, on
pofe le dos de l'inftrument fur l'indicateur gauche qui lui fert de point d'appui : c'eft avec les tranchans de cet inftrument qu'on emporte aifément la
matiere tartareufe par de petits mouvemens légers & réitérés de bas en
haut : on fuit la même méthode durant
toute l'opération, fans quitter l'attitude
qu'on vient d'indiquer : on n'en doit
changer, ni fe mettre devant le fujet,
que pour nétoyer le côté droit de la
bouche : alors on porte l'indicateur de

la main gauche fur la commiffure des
levres du côté droit, & on écarte la
joue des dents : enfuite on pofe l'extrémité tranchante de l'inftrument contre la dent qu'on doit nétoyer en premier lieu, & on emporte le tartre de
bas en haut, le plus légérement qu'il
eft poffible : les dents qui font chancelantes, feront affujetties avec le doigt
qui fe trouve le plus en fituation, & le
tartre fera emporté de haut en bas ou
de côté.

Après qu'on a enlevé celui qui eft
fur la furface extérieure des dents, on
ôte celui qui fe trouve fur la furface
intérieure : il faut que le Dentifte continue d'être fitué de la même maniere :
ayant baiffé la levre avec l'indicateur,
il appuie le pouce fur les dents incifives, fi elles ne font pas ftables; & pour
commencer par elles, il tient l'inftrument comme il eft dit; il l'appuie fur
les dents voifines qui lui fervent de
point d'appui, & facilitent fon mouvement : il continue d'agir de même
jufqu'à la derniere dent du côté gauche; enfuite changeant de fituation
pour nétoyer l'autre côté des dents,
il paffe du côté droit de la perfonne,

à fon côté gauche; il porte l'indicateur de la main gauche fur les dents
qu'il veut nétoyer les premieres, &
fucceffivement il porte l'inftrument fur
les dents fituées après celles par où il a
commencé. Il opere fur ce côté, comme il vient de faire fur l'autre; avec
cette différence, qu'il doit avancer le
bout du doigt indicateur de la main
gauche du côté de la derniere molaire,
à mefure que l'inftrument paffe d'une
dent à l'autre.

Quand le Dentifte a enlevé avec le
bec-d'âne tout ce qu'il a pu ôter, il
prend le bec-de-perroquet, fe place
devant la perfonne, & lui baiffe la levre inférieure avec l'indicateur de la
main gauche: il porte enfuite la pointe
de cet inftrument entre les intervalles
intérieurs que les dents forment entre
elles: il le tient de même qu'il a tenu
le précédent; avec cette différence
que l'extrémité cave de fa pointe doit
regarder la main qui le tient, & que
le manche eft élevé en haut, pour ôter
le tartre: à mefure qu'il paffe d'un
vuide à l'autre, il continue de foutenir les dents voifines avec l'indicateur
de fa main gauche.

Après qu'il s'est servi du bec-de-perroquet, en opérant dans les intervalles intérieurs des dents, il prend le burin à trois faces, pour ôter en dehors ce qu'il y a de matieres entre ces intervalles. Il se place du côté droit du sujet, dont il baisse la levre inférieure; il insinue la pointe de l'instrument qu'il tient de même que les deux précédens, & il le fait agir entre ces intervalles. Il faut observer que le biseau qui est à son extrémité, doit se trouver dessus, afin d'enlever plus aisément le tartre : on suit la même méthode pour tous les intervalles qui en ont besoin, en écartant les levres & les joues autant qu'il est nécessaire, & en prenant les situations les plus commodes.

Lorsqu'il a fini avec le burin à trois faces, il prend le petit canif à tranchant convexe : il le tient comme le précédent instrument, & il tourne son tranchant en dessus, ensorte qu'étant situé au côté droit du sujet, il insinue successivement cet instrument dans l'intervalle de chaque dent, pour enlever ce que les autres instrumens n'ont pu ôter.

Lorsqu'on aura fini avec le petit canif, on se servira, s'il est nécessaire, du crochet en Z, pour ôter de la face intérieure des dents ce que les autres instrumens n'auront pu ôter : le Dentiste se place pour cela au côté droit ou devant la personne; il tient cet instrument de la main droite, & en baissant l'extrémité du crochet qui doit regarder la main & s'en approcher, il le passe sur la face intérieure des dents pour en détacher tout ce qu'il veut enlever.

Après avoir employé ce dernier instrument pour la face intérieure des dents, il peut encore s'en servir à ôter les matieres qui sont attachées sur leurs couronnes. Il range de nouveau les levres & les joues avec l'indicateur de sa main gauche, tandis qu'avec la droite, il tient l'instrument, pour emporter de dessus les couronnes des dents tout ce qui s'y rencontre.

Les mêmes instrumens qui servent à nétoyer les dents de la mâchoire inférieure, servent aussi à nétoyer celles de la supérieure, étant également convenable pour l'une & l'autre mâchoire.

Pour nétoyer les dents de la mâchoire supérieure, il faut que le sujet sur lequel on opere soit situé de la maniere que je l'ai indiqué. Le Dentiste paſſant ſon bras gauche par-deſſus la tête du ſujet, releve ſa levre avec le pouce de ſa main gauche, & porte ſon doigt in- dicateur ſur l'extrémité des dents qu'il va nétoyer, afin de les appuyer : puis, en tenant le premier inſtrument à-peu- près de même qu'on a dit, il enleve de haut en bas, les portions de tartre qui ſe trouvent ſur les dents, ſi elles ſont fermes : lorſqu'elles ſont chancelantes, il doit enlever ce tar- tre de bas en haut, & appuyer tou- jours la dent, pour ne pas l'ébranler davantage : il faut continuer légére- ment juſqu'à la derniere dent du côté gauche. Enſuite il vient au côté droit, continuant par celle qui eſt à côté de la premiere par laquelle il a commencé. Il n'ôtera ſon bras de deſſus la tête du ſujet, que lorſqu'il s'agira de nétoyer les dernieres dents de ce même côté, & pour lors il ſe place devant la per- ſonne pour achever l'opération, en écartant la joue avec le pouce & le doigt indicateur.

La ſurface extérieure de ces dents étant nétoyée, on va à l'intérieure. Le Dentiſte ſe place au côté droit du ſujet,

& paſſe ſon bras gauche par-deſſus ſa
tête, pour porter le doigt du milieu de
la main gauche entre la levre inférieure
& la gencive, afin d'abaiſſer la levre :
l'indicateur en fera autant à la levre ſupérieure pour la relever. Le Dentiſte
poſe l'inſtrument par-deſſus les dents
qui ſont devant celles qu'il veut nétoyer, afin qu'elles le ſoutiennent : il
pourſuit juſqu'à la derniere du côté
gauche, & il fait tomber la matiere
tartareuſe, en la prenant de haut en
bas : après quoi il en fait autant du côté
droit, en paſſant au côté gauche du
ſujet, & en changeant la poſition des
doigts entre la gencive & la levre.

Le bec-de-perroquet ne ſert point
ordinairement à nétoyer les dents de
cette mâchoire ; à moins que ce ne ſoit
dans les intervalles des molaires, ce
qu'on exécute ſans ſortir du côté droit,
& en relevant la joue du côté où l'on
s'en ſert.

Le burin à trois faces ôte au contraire tout ce qui ſe rencontre extérieurement entre les intervalles des
dents, ſans ſortir du côté droit : il faut
relever la levre & les joues, à meſure
qu'il avance vers l'un ou l'autre côté,
en le faiſant agir de haut en bas.

Le canif à tranchant convexe, & le crochet en Z, font pour la mâchoire supérieure, de même usage que pour l'inférieure.

Quoique les situations dont j'ai parlé, paroissent les plus avantageuses pour bien exécuter tout ce qui vient d'être enseigné, il ne faut pourtant pas s'y assujettir absolument, lorsqu'il s'en trouve de plus commodes, & de plus propres aux circonstances qui peuvent se rencontrer.

Souvent, après avoir nétoyé les dents, & les avoir dépouillées du tartre qui les couvroit, on trouve que cette matiere s'est insinuée si avant entre les gencives & les dents, que les gencives en sont gonflées & très-molles, & croissent quelquefois le long des interstices, jusques sur le corps ou la couronne des dents : en ce cas, il faut emporter tout ce qui est détaché des dents, & tout ce qui excede la gencive qui leur est attachée, comme nous l'avons expliqué plus au long en traitant des maladies des gencives & de leurs excroissances, aux dix-septieme & dix-huitieme chapitre du tome premier. Si l'on emporte ces excroissances aux enfans, le sang qui s'en évacuera, suffira pour leur guérison :

guérison : pour ce qui eſt des adultes, il eſt quelquefois néceſſaire d'uſer de lotions capables de fortifier leurs gencives, comme nous l'avons enſeigné aux mêmes endroits.

CHAPITRE IV.

Maniere d'opérer pour limer les dents, avec les précautions & le choix des limes dont il faut ſe ſervir.

L'ON convient unanimement que les moyennes ou les petites dents ornent plus la bouche que les grandes. Peu de gens en connoiſſent les avantages ; mais l'expérience journaliere nous fait voir qu'elles ont plus de durée ; les dents longues s'ébranlant plus facilement que les courtés, à cauſe du peu de proportion qu'elles ont avec leur baſe, & étant par conféquent moins capables de réſiſter aux efforts qu'elles doivent faire. Les moyennes ou les petites, au contraire, étant égales & bien arrangées, ne ſont pas ſi ſujettes à cet inconvénient.

C'eſt pourquoi, lorſque les dents ſont trop grandes, on a recours à la lime pour diminuer leur longueur. On s'en ſert encore pour ſéparer celles qui ſont trop ſerrées, ou qui ont quelque diſ-poſition à la carie. Si cette diſpoſition ne s'y trouve point, on doit s'abſtenir de cette opération, ſur-tout lorſqu'il eſt facile d'introduire le cure-dent dans leurs intervalles, pour en détacher les portions des alimens qui s'y arrêtent.

Avant que d'expliquer la maniere d'opérer, nous ferons quelques remar-ques importantes ſur le tems de l'exé-cution, & ſur la nature des dents qu'on veut limer: on ne peut négliger de faire ces remarques, ſans s'expoſer à de grandes mépriſes.

J'ai déja fait obſerver que les dents des jeunes perſonnes ſont toutes creu-ſes, enſorte que la courbure des fibres oſſeuſes forme la voûte de leur cavité. J'ai dit auſſi que l'émail revêt univer-ſellement le corps de la dent, excepté le colet ; que cet émail eſt dans cer-tains ſujets, ſur-tout aux enfans, beau-coup plus mince; & qu'ainſi, il y a des cas où il eſt impoſſible de leur limer beaucoup les dents, ſans altérer le tiſſu de leurs fibres, & les vaiſſeaux qui les accompagnent. On voit par-là qu'il faut limer les dents des jeunes sujets avec une extrême circonspection, sur-tout si elles ne peuvent plus se renouveller, & que dans ces cas il est nécessaire d'examiner avec soin si les dents ont acquis la consistance ordinaire, sans quoi l'on y est facilement trompé.

Quand on prend cette précaution, on peut limer les dents des enfans, fussent-ils encore à la mamelle. J'en ai vu qui avoient des dents si grandes, quelques jours après leur naissance, que j'ai été obligé d'en limer les pointes, parce qu'elles blessoient le mamelon de leur nourrice.

Il se rencontre des jeunes gens qui ont quelquefois les dents plus en état d'être limées à l'âge de dix ou de douze ans, que d'autres à quinze ou à dix-huit. Ainsi il ne faut faire cette opération qu'avec discernement & prudence, parce qu'étant faite mal-à propos, elle auroit des suites fâcheuses, & deviendroit la ruine infaillible de la partie pour le soulagement de laquelle on l'auroit vainement entreprise.

Ces mauvais effets ne sont que trop confirmés par des exemples fâcheux;

comme on le peut voir dans la premiere obſervation, chapitre 24 du tome premier.

Il y a moins de danger à limer les dents des perſonnes avancées en âge, qu'à limer celles des enfans ; parce que l'étendue de la cavité des dents s'oſſifie en croiſſant ; que leur émail s'épaiſſit, & qu'il ſe fortifie ; c'eſt pourquoi, les dents des perſonnes d'un âge médiocre ou avancé, ne ſont pas ſi ſenſibles que celles des jeunes gens, qui bien qu'auſſi dures par leur émail, ſont cependant moins appuyées, plus délicates, & par conſéquent plus difficiles à limer.

Ce cas n'eſt pourtant pas ſi général, qu'il n'arrive quelquefois aux perſonnes âgées d'avoir les dents ſi ſenſibles, qu'elles ont de la peine à ſouffrir la lime ; tandis que d'autres, quoique jeunes, n'ont point la même ſenſibilité, & ſouffrent ſans peine ſur leurs dents cette opération. La ſenſibilité eſt plus ou moins grande à proportion que les nerfs des dents ſont plus ou moins voiſins ou éloignés de la partie que l'on lime.

Il eſt très-néceſſaire de limer les dents qui ſe carient par leurs parties latérales, & de les ſéparer les unes des autres, pour arrêter le progrès de la carie. Lorsque les dents sont considérablement gâtées au-devant de la bouche, on fait les séparations plus grandes dans le dedans que dans le dehors, afin d'éviter la difformité d'un trop grand intervalle.

Il faut faire remarquer ici qu'on doit être très-réservé à séparer les incisives inférieures : parce que cette opération les expose à devenir chancelantes, que le tartre qui s'y engendre est ordinairement plus considérable qu'ailleurs ; qu'il occasionne leur perte en détruisant les gencives, & que ce mauvais effet seroit plus à craindre, si ces dents étoient séparées les unes des autres. Néanmoins, lorsqu'elles se carient, on ne peut se dispenser de les séparer ; mais elles sont moins sujettes à cet accident que toutes les autres. En un mot, on ne doit jamais séparer aucunes de ces dents, si la carie n'y oblige pas ; parce que leur proximité & l'appui mutuel qu'elles ont entr'elles, servent beaucoup à les soutenir, les fortifier, & par conséquent à les rendre plus durables.

La plupart des Dentistes en séparant

B 3

les dents , ne croyent pas qu'il soit possible d'ôter la carie avec d'autres instrumens qu'avec la lime ; c'est pourquoi ils s'en servent en toutes fortes d'occasions , jusqu'à ce qu'ils aient emporté toute la carie ; mais cela ne se peut faire sans altérer le tissu de la dent , sans endommager beaucoup la partie saine , & sans la rendre foible en la rendant trop mince.

Il y a d'autres Dentistes , qui dans l'intention de bien ménager les dents, n'y font souvent qu'une petite séparation , y laissant la plus grande partie de la carie, laquelle s'augmente insensiblement dans la suite à un tel point , que si l'on n'y remédie , la dent périt & la séparation devient inutile. C'est pourquoi il est également dangereux de faire des séparations trop petites en laissant ce qui est gâté , ou de les faire trop grandes en altérant les dents.

Pour éviter ces deux extrémités , il faut faire des séparations proportionnées à l'étendue & à la profondeur de la carie , & au volume de la dent : il faut aussi ôter la partie cariée de la dent avec de petites rugines un peu courbes & bien tranchantes, de même que celles

qui lui feront indiquées dans la fuite :
Par ce moyen, on ne laiffera rien d'al-
téré aux dents, & on ne s'expofera point
à en affoiblir les parties faines.

Après quelques recherches, on eft
parvenu à conftruire une lime recourbée (a), propre à féparer avec facilité
les dents du fond de la bouche : elle
eft d'un bon ufage, quand elle a toute
fa perfection. Il faut, 1°. que le coude,
qui lui fert en partie de tige, foit fuffifamment fortifié par fon épaiffeur, qui
doit aller toûjours en diminuant depuis
le manche jufqu'à la lime. 2°. Que fes
angles foient un peu arrondis. 3°. Que
fa queue ou fa foie foit forte, qu'elle
pénetre affez avant dans le manche, &
qu'elle y foit bien affermie.

Quand on fait la féparation des dents
à l'occafion d'une carie, il faut autant
qu'il eft poffible, ne limer que la dent
qui eft cariée. Ceux qui n'auront pas la
main affez fûre, ou affez d'adreffe pour
fe fervir dans ce cas des limes taillées
des deux côtés, fe ferviront de celles
qui ne font taillées que d'un côté.

Les dents étant fujettes à fe rapprocher après avoir été féparées, il faut

(a) Voyez la figure 2 de la planche 11 de ce
tome, page 51.

B 4

quelquefois les limer de nouveau : on
doit les féparer de maniere, qu'il refte
au niveau des gencives une portion des
dents qui ne foit point limée, afin que
ces dents fe fervent mutuellement d'appui, & que leur féparation fe maintienne
toujours égale. A l'égard des dents qui
ne font pas ferrées auprès de la gencive,
on fera leur féparation un peu plus
grande.

Lorfque les dents molaires font gâtées jufques dans le centre de leur épaiffeur, que la carie pénetre jufqu'auprès
de leur cavité, & qu'elles font extrêmement fenfibles, on doit fe difpenfer
d'ôter tout ce qu'il y a de carié, de
peur de découvrir les nerfs & de rendre
le remede pire que le mal.

Il n'en eft pas de même des dents
canines & incifives : quoiqu'elles foient
cariées jufques dans leur cavité, on
peut les limer jufques-là & même en
ôter toute la carie, quand même elle
iroit jufqu'à découvrir leurs vaiffeaux;
parce que ces dents, n'ayant qu'une cavité ou canal, la liqueur qui s'y épanche, prend bientôt fon iffue après cette
opération, & ne caufe ordinairement
plus de douleur.

Si les dents font tournées de côté,

un peu couchées & croisées les unes sur les autres, il faut les limer sur les côtés pour les redresser autant qu'il est possible, & les rendre ainsi moins difformes, ce qui n'est pas un petit avantage.

Lorsque les dents ont des éminences hérissées; si elles sont sillonnées & parsemées de petits trous & de petites taches sur leur émail, comme il arrive assez souvent à ceux qui n'ont point joui d'une bonne santé dans leur bas âge, on peut détruire tous ces défauts, en polissant les dents avec la lime.

Il y a des taches sur l'émail des dents qui sont de différentes couleurs : certaines taches sont livides ou noires, & elles viennent souvent de la carie : les autres sont jaunes ou blanches, mais d'un blanc bien différent de celui qui est naturel à l'émail de la dent : ces dernieres taches pénetrent quelquefois l'émail de la dent jusqu'à sa cavité, & rendent la substance qu'elles colorent d'une consistance tendre & molle. En ce cas, on ne doit pas s'opiniâtrer à détruire ces taches ; parce qu'on seroit obligé de creuser jusqu'à la cavité de la dent pour les enlever.

Quelques Dentistes ôtent la longueur des dents, ou avec les pincettes

B 5

incifives, qui ont leur tranchant à une
de leurs parties latérales , ou avec
celles qui l'ont à leur extrémité ; mais
comme fouvent ils ne prennent aucune
précaution dans cette opération , ils
peuvent alors éclater l'émail de la dent ;
c'eft pourquoi il eft à propos d'avertir
ici qu'il faut faire auparavant une trace,
ou petit enfoncement autour de la dent
avec une lime convenable, afin que
l'action des pincettes ne la faffe pas éclater : cette petite opération eft prefqu'in-
fenfible. On ne fe fert ordinairement
de ces deux fortes de pincettes que pour
les dents qui ont peine à fouffrir la lime,
ou qui font d'une grandeur trop confidérable.

On doit obferver qu'après avoir coupé & emporté les parties des dents qui
font trop longues, il faut polir ces mêmes dents , & les rendre égales aux
autres avec la lime.

Les dents dont on peut diminuer la
longueur, font les incifives, les canines
& les petites molaires. On le peut faire
en les limant par le bout ou par la couronne, & en les limant horizontale-
ment : fi elles n'excedent pas de beaucoup les autres, il fuffit de les limer
de la premiere façon & de fe fervir

d'une lime plate pour les rendre égales
& unies.

On ne peut diminuer que très-peu
la longueur des grosses molaires : parce
qu'elles ont sous les éminences de leurs
couronnes, de petits sinus qui ont communication avec la grande cavité de
chaque dent; de sorte que si l'on découvre ces sinus, la dent se trouve en
danger de se carier, ou de causer de la
douleur. On peut au contraire diminuer davantage la longueur des petites
molaires; leurs éminences étant ordinairement plus élevées, & leurs petits
sinus étant moins étendus.

Quand les couronnes des canines &
des incisives se portent au dedans ou
au dehors de la bouche, elles sont ordinairement plus longues que les autres; parce que n'y ayant point d'autres
dents à leur rencontre, elles ont une
entière liberté de croître. Quand on
veut les rendre égales, il faut se servir,
autant qu'il est possible, d'une lime
plate, & les diminuer du côté de la
bouche en pente & en forme de biseau : c'est ainsi qu'on diminue leur
longueur & leur épaisseur, & qu'on
leur forme un tranchant émoussé en

B 6

dehors : celles qui se portent en dehors doivent être limées par le dehors, afin que leur tranchant se porte en dedans.

On doit diminuer les canines & les incisives qui n'ont point de dent à leur rencontre pour les rendre égales autant qu'on le peut ; parce qu'elles sont sujettes à surpasser leurs voisines en longueur. Une dent plus longue qu'elle ne doit être, est beaucoup plus disposée à devenir chancelante, que celles qui sont d'une grandeur proportionnée. D'ailleurs, si cette dent plus longue frotte contre celle qui lui est opposée, elle peut lui causer le même ébranlement. M. Dionis (a) juge qu'il est inutile de limer ces sortes de dents ; parce qu'elles repoussent jusqu'à ce qu'elles excedent les autres, & qu'ainsi ce seroit un opération qu'on seroit obligé de réitérer souvent : mais, c'est tout au plus deux ou trois fois dans le cours de la vie qu'on se trouve obligé de renouveller cette légere opération. Arrivant si rarement, il vaut mieux s'y assujettir, que de s'exposer aux nouvelles bréches qui se font indubitablement après

(a) Traité des opérations chirurgiques, page 511.

l'ébranlement & la chûte de ces dents.

Lorſqu'on diminue la longueur des dents, il faut les limer de maniere qu'elles s'ajuſtent à celles qui leur ſont oppoſées, & que toutes les dents de chaque rangée portent également les unes ſur les autres. S'il s'en trouvoit une qui fût plus longue que ſa voiſine, elle heurteroit celle qui eſt à ſa rencontre, ces deux dents pourroient devenir chancelantes par la ſuite, & les autres ne feroient la maſtication qu'imparfaitement.

Enfin, on lime encore celles qui peuvent incommoder & bleſſer la langue, les levres ou les joues. On eſt indiſpenſablement obligé de faire cette opération, lorſque la partie de quelque dent ſe trouve caſſée. La vue qu'on a en la faiſant, c'eſt d'émouſſer & d'adoucir les portions inégales, pointues & tranchantes du reſte de la dent fracturée ou cariée: on lime même les molaires dans un cas ſemblable.

J'ai vu des ulceres aux joues, aux levres & à la langue, occaſionnés par ces ſortes d'inégalités. Ces parties étant excoriées par les inégalités qui s'oppoſoient toujours à la conſolidation des ulceres, il fallut emporter les pointes de la dent avec la lime, pour guérir ces maladies.

Une Dame qui avoit la moitié de la langue détruite par un ulcere de cette même espece, causé par une dent cariée & fracturée, vint chez moi : j'emportai avec la lime les inégalités de sa dent ; mais je ne sais si cette Dame a été guérie ; parce qu'elle avoit attendu trop long-tems, & que d'ailleurs elle étoit âgée de soixante & douze ans.

Ces observations font voir combien il est important d'examiner les véritables causes des ulceres qui se forment aux joues, aux levres & à la langue, en conséquence de la difformité de la couronne des molaires, ou de celle de quelqu'autre dent, ou de quelque chicot d'une dent cassée. Si l'on ne découvre exactement la véritable cause de ces ulceres, on s'expose à les mal caractériser en les confondant avec les ulceres scorbutiques ou véroliques ; ce qui peut devenir funeste au malade, & décréditer la profession. Voyez les trois observations à ce sujet, chap. 36 & 37 du premier volume.

Les limes dont on se doit servir pour limer les dents, sont de huit especes. (a)

(a) V. les planch. 10 & 11 de ce tom. p. 50 & 51.

De ces limes il y en a de taillées ou hachées au couteau, d'autres au ciseau. Les moins épaisses ou les plus minces feront taillées au couteau, à cause de leur délicatesse, & qu'elles doivent mordre doucement. Les plus épaisses ou les plus fortes feront taillées au ciseau, parce que leur taille doit être plus grosse, plus enfoncée, & qu'elles doivent mordre davantage. Les Arquebusiers & particuliérement les Horlogers, se servent de limes hachées qu'ils fabriquent ordinairement eux-mêmes ; les Clincaillers vendent celles qui font taillées au ciseau : mais comme il est difficile d'en trouver chez eux qui soient bonnes & propres pour les dents, on en fait faire exprès par les Ouvriers tailleurs de limes : on recommande à ces Ouvriers de les faire d'un bon acier, qu'elles soient bien dressées à la lime, que leur taille soit égale, qu'elle ne soit pas trop douce, ni trop rude ; & afin que ces limes soient d'un bon usage, il faut qu'elles soient bien trempées.

La première lime est hachée au couteau en tous sens, elle est mince & plate, sa longueur, sans être emmanchée, eſt d'environ quatre pouces, & ſa largeur de trois à quatre lignes; ſon épaiſſeur eſt d'environ un tiers de ligne. Celle-ci ne ſert qu'à ſéparer les dents.

La ſeconde lime taillée au ciſeau, eſt plate, un peu plus grande & plus épaiſſe que la premiere. Elle ſert à rendre les dents égales en longueur.

La troiſième lime, eſt appellée lime en couteau : cette lime ne ſert guères que dans les occaſions où il faut tracer un chemin à une autre lime, comme dans les ſéparations, &c.

La quatrieme lime eſt plate & un peu pointue : elle ſert pour élargir les endroits ſéparés qui ſe trouvent cariés.

La cinquieme lime, nommée feuille de ſauge, eſt miſe en uſage lorſqu'on veut faire des échancrures un peu arrondies ſur les endroits cariés.

La ſixieme lime, nommée la lime recourbée, ſert à ſéparer les dents les plus éloignées, ſituées ſur l'un & l'autre côté de chaque mâchoire.

La ſeptieme lime, eſt nommée demironde. Son uſage eſt d'augmenter les échancrures faites avec la feuille de ſauge.

La huitieme lime eſt ronde & pointue : on la nomme queue de rat. Celle-ci fert pour échancrer & augmenter la féparation proche de la gencive.

Toutes ces limes font ordinairement taillées en tous fens & au cifeau , quoique les petites limes puiffent l'être au couteau : leur longueur & largeur font à-peu-prés femblables à celles qui font repréfentées fur la planche.

De ces limes , il faut en avoir de grandes , de petites , de larges , de groffes , de fines & même plufieurs de chaque efpece , pour s'en fervir felon le befoin. Pour éviter que ces limes ne foient trop froides contre les dents , & que la limaille ne s'y attache , on doit de tems en tems les tremper dans l'eau chaude , lorfqu'on s'en fert , & les nétoyer avec une petite broffe.

Les occafions où l'on fe fert de ces limes n'étant pas toujours les mêmes , il n'eft pas poffible de décrire toutes les circonftances qu'il faut obferver dans leur ufage.

Pour fe fervir méthodiquement de ces limes , il faut les appuyer médiocrement , lorfque les dents qu'on lime font de la douleur , & les conduire le plus droit qu'il eft poffible de dehors en dedans , & dé dedans en dehors.

Pour séparer les incisives de la mâchoire inférieure, le Dentiste doit se placer devant le sujet, lequel sera assis sur un siege stable, sa tête appuyée sur le dossier du siege. Le Dentiste tient la lime de la main droite, & porte l'indicateur de la main gauche entre la levre & la dent qu'il va limer : il soutient ainsi la dent, & abaisse la levre. Il porte ensuite le doigt du milieu de la même main sur la commissure des levres du côté droit, & en écarte la joue, pour voir ce qu'il doit faire en opérant.

Lorsqu'on veut séparer les canines, ou les petites & grosses molaires du côté droit de la même mâchoire, le Dentiste doit être placé de ce même côté, & passer son bras gauche par-dessus la tête du sujet, pour affermir avec le pouce & l'indicateur de cette même main les dents voisines, & avec le reste des doigts le menton. Ensuite on garnit la commissure des levres d'un linge fin en plusieurs doubles, pour empêcher que la lime ne morde sur la commissure de la levre. Il tient la lime avec la main droite, & la porte sur la partie de la dent qu'il veut limer.

Pour séparer les pareilles dents du côté gauche, il doit se placer de ce

même côté, baissant la levre, & affer-
missant les incisives avec l'indicateur
& le doigt du milieu de sa main gauche:
le reste des doigts de cette main affermit le menton; de maniere qu'après
avoir garni la commissure des levres,
il tient la lime avec la main droite, &
la porte à la partie sur laquelle il doit
opérer.

Pour séparer les incisives de la mâchoire supérieure, le Dentiste doit être
placé au côté gauche de la personne,
passant son bras droit par dessus la tête
du sujet, tenant toujours la lime de la
même main, tandis qu'il porte le pouce
& l'indicateur de sa main gauche sur
l'extrémité des deux dents qu'il veut
séparer. Par ce moyen il appuye les
dents & la tête, & passant la lime entre
le pouce & l'indicateur, il la conduit,
comme il a été dit. Il peut encore, sans
sortir de cette situation, séparer les canines, les petites & les grosses molaires
du côté gauche; mais il faut pour celles-
ci, que le doigt du milieu de sa main
gauche appuie sur la dent qui est devant
celle qu'il va limer, tandis qu'il portera l'indicateur de la même main sur
la commissure des levres pour écarter
la joue. Lorsqu'il avance du côté des

molaires, il doit avoir garni la commiſſure des levres d'un linge fin, avant
que d'y poſer l'indicateur.

Pour ſéparer les canines, les petites
& groſſes molaires du côté droit, il
doit être placé de ce même côté & paſſer le bras gauche par deſſus la tête du
ſujet, pour poſer l'indicateur de cette
main entre la levre inférieure & la gencive, & mettre ſon pouce ſur la couronne des inciſives du côté droit de la
mâchoire ſupérieure, & le reſte des
doigts ſous le menton pour l'affermir.
Enſuite il garnit la commiſſure des
levres, & porte la lime avec ſa main
droite, ſur l'endroit qu'il veut ſéparer,
en éloignant la commiſſure des levres
avec la lime & avec l'extrémité de ſon
doigt indicateur.

Pour diminuer la longueur des inciſives, canines & petites molaires de la
mâchoire inférieure, le Dentiſte ſe ſert
d'une lime plate & taillée au ciſeau,
comme on a dit, & il ſe place au côté
droit, ou vis-à-vis le ſujet : il tient la
lime de ſa main droite, & porte l'indicateur de ſa main gauche entre la
levre & la gencive, pour appuyer la
dent qu'il veut limer, & tient ſon
pouce de la même main ſous le menton,

pour l'affermir : la lime pouſſée & re-
tirée par des petits mouvemens réitérés,
paſſe par deſſus l'indicateur, & appuie
ſur la dent qu'il veut diminuer. C'eſt
de cette façon qu'il doit limer la dent
qu'il veut accourcir.

Si l'on veut diminuer les groſſes molaires du côté droit, le Dentiſte doit
être placé du même côté, tenir la lime
de ſa main droite, mettre ſur la commiſſure des levres de ce côté-là un linge
fin, & écarter cette commiſſure ; de
façon que la lime ſoit conduite en paſſant auprès de ce linge ſur les éminences qu'il veut ôter. Il en peut faire autant, quand il opere du côté gauche ;
pourvu qu'il ſoit placé du même côté,
& qu'il change la ſituation du bras
gauche & les fonctions des doigts de
la main gauche.

Pour ôter la longueur des inciſives
& des canines de la mâchoire ſupérieure, il faut que le Dentiſte ſoit placé du côté droit, qu'il tienne la lime
de ſa main droite, qu'il porte ſon bras
gauche par-deſſus la tête du ſujet pour
élever la levre avec l'indicateur de la
main gauche, & appuyer la dent avec
le doigt du milieu. Sans ſortir de cette
attitude, on peut emporter les tubéro-

sités ou éminences des petites & grosses molaires du côté droit & celles du côté gauche, pourvu que le bras gauche du Dentiste soit passé par-dessus la tête du sujet, & que l'indicateur de la main gauche soit sur la dent qu'on veut limer, & le doigt du milieu sur la commissure des levres.

Il est très-nécessaire de diminuer les dents chancelantes, lorsqu'elles sont plus longues que les autres; parce que leur rencontre avec celles qui leur sont opposées, les ébranle davantage & leur cause un plus grand dérangement : mais il est assez difficile de les diminuer dans cette occasion à cause de leur peu de fermeté; c'est pourquoi il est nécessaire de les attacher à leurs voisines avec un fil ciré en plusieurs doubles, auquel on fait faire autant de tours croisés qu'il en faut pour affermir ces dents contre les autres.

Après que ces croissemens de fil sont faits, on tourne plusieurs fois les deux bouts du fil autour de son doigt & en les tirant du côté de la dent solide, on affermit celle qui est chancelante : cela ne suffiroit pas, si l'on ne la soutenoit encore avec l'extrémité du doigt qui tient les fils, avant que d'y faire agir la lime.

Si l'intervalle qui eſt entre la dent
ſolide & la chancelante, ſe trouve large,
il faut avoir un petit coin (a) de bois,
ou de plomb en forme de couliſſe, afin
de remplir cette eſpace. Par ce moyen
ou rendra les dents plus fermes, &
l'on aura plus de facilités à les limer.
Ces ſortes de dents doivent être limées
plus courtes que les autres; parce
qu'elles s'allongent toujours aſſez, &
ſortent facilement de leurs alvéoles où
elles ne ſont pas fortement attachées.

Pour bien limer ces dents chancelantes, il faut les prendre de côté les
unes après les autres, les limer hori-
zontalement d'une partie latérale à
l'autre avec le côté le plus étroit de la
lime. De cette maniere l'opération en
eſt plutôt faite, & l'ébranlement en eſt
moins conſidérable.

Je n'omettrai pas de faire remarquer
que la plupart de ceux qui liment les
dents, pour les rendre égales en longueur, les liment ordinairement de
façon qu'ils les rendent droites & carrées par le bout, comme ſi l'on les
avoit dreſſées avec un rabot. Il faut

(a) Voyez la figure 5 de la planche 11 de
ce tom., pag. 51.

être de mauvais goût pour limer ainſi, puiſqu'elles en paroiſſent plus larges qu'auparavant. C'eſt pourquoi après leur avoir donné la longueur & l'égalité qu'on ſouhaite, on doit limer les angles de leurs extrémités & les arrondir un peu; ce qui les faiſant paroître moins longues & moins larges, rend leur figure ſi naturelle, qu'il eſt difficile de s'appercevoir qu'elles ayent été limées. En cela comme en toute autre choſe, il faut imiter la nature autant qu'il eſt poſſible.

Les pincettes inciſives qui conviennent à couper & à racourcir les dents qui ne peuvent l'être que difficilement avec la lime, à cauſe de la douleur qui ſeroit plus longue, ſont de deux eſpeces : les unes ont le tranchant ſur le côté (a) & les autres l'ont à leur extrémité (b) : On ſe ſert des premieres pour agir dans de certains intervalles où les autres ne pourroient pas être introduites, ſoit qu'on veuille racourcir les dents, ou émouſſer les chicots. Les pincettes de la ſeconde eſpece ſont plus commodes dans certaines occaſions,

(a) Voyez la planche 12 de ce tome, pag. 52.
(b) Voyez la pag. 13, *idem*, pag. 53.

par

par exemple, lorſqu'il s'agit d'emporter le corps d'une dent très-cariée, ou
d'en retrancher une portion, ſans intéreſſer les dents voiſines, & ſans endommager ſa racine. Lorſqu'on emploie ces inſtrumens à propos, on réduit les dents ou les chicots au volume
qui convient, ſelon les cas & les circonſtances qui doivent régler le Dentiſte en pareille occaſion.

On peut faire encore des pincettes
inciſives de la ſeconde eſpece, qui ſeront figurées à-peu-près en forme de
davier, & n'en différeront que par les
extrémités tranchantes de leurs mâchoires, dont les tranchans ſe rencon-
treront vis-à-vis l'un de l'autre, & s'ap-
procheront ſuffiſamment. Celles-ci ſeront plus convenables en certains cas,
ſur-tout lorſqu'il s'agit de couper des
portions de dents cariées & éclatées
aux côtés de la bouche.

Quoique ces inſtrumens, quand on
les fait bien diriger, ſoient très-propres
à racourcir les dents trop longues, je
ne puis me diſpenſer de blâmer un
Dentiſte de cette Ville, qui continue
toujours à s'en ſervir, ſans prendre aucunes précautions; j'ai vu depuis peu
pluſieurs perſonnes, qui par ſon impru-

dence avoient eu les dents éclatées, &
même découvertes jufques dans leurs
cavités intérieures, parce qu'il en avoit
trop coupé. Il faut que ce Dentifte n'en
connoiffe pas la ftructure, & qu'il ne
fe foit pas donné la peine de lire la premiere édition de ce livre.

_____

*Explication de la planche X, qui contient
la figure de quatre inftrumens, lefquels
fervent à limer les dents.*

LA *figure* I repréfente la lime hachée
ou taillée au couteau, qui fert à féparer
les dents, vue par fa partie la plus étendue.

La figure II repréfente la lime taillée
au cifeau, qui fert à égalifer les dents,
vue auffi par fa partie la plus étendue.

La figure III repréfente la lime en
couteau, fon tranchant tourne à gauche, & fon dos à droit : celle-ci fert
à tracer une voie à une autre lime.

La figure IV repréfente la lime plate
& un peu pointue, vue du côté de fa
furface plate. Celle-ci fert à élargir certains intervalles des dents qui ne font
pas fuffifamment diftantes.

f.1.re

f.4.

f.3.

f.2.^e

A   A   A   A

B   B   B   B

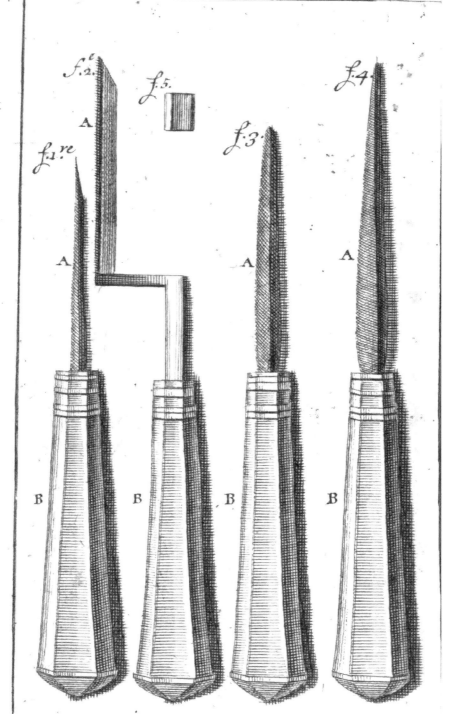

AAAA. Le corps de la lime.
BBBB. Le manche de chaque lime.

---

*Explication de la planche XI, qui contient
la figure de cinq instrumens, lesquels
servent aussi à limer les dents.*

LA *figure I* représente la lime ronde
figurée en queue de rat, qui sert à échancrer les dents cariées.

La figure II représente la lime recourbée qui sert à limer les intervalles des dernieres dents aux deux côtés de la bouche.

La figure III représente la lime nommée feuille de sauge, qui sert à échancrer les dents, vue par une seule surface convexe, quoiqu'elle en ait deux égales.

La figure IV représente la lime demironde, qui sert à agrandir les échancrures, vue par sa surface convexe.

AAAA. Le corps de chaque lime.
BBBB. Le manche de chaque lime.

La figure V représente le coin en coulisse, qui sert à assujettir les dents pendant qu'on les lime.

C 2

Explication de la planche XII , qui contient la figure d'un instrument qui sert à racourcir les dents.

CETTE figure repréfente des pincettes incifives vues dans toute leur étendue, qui fervent à différens ufages, lefquelles font auffi très - convenables pour racourcir les dents.

A. Le corps de cet inftrument.

BB. Les extrémités antérieures des mâchoires, caves, pointues & tranchantes par leurs parties latérales.

CC. Les branches ou extrémités poftérieures de cet inftrument.

D. Le reffort attaché fur la branche femelle, qui fert à tenir les pieces ouvertes : à l'extrémité poftérieure de la branche femelle, eft une piece à charniere percée d'un trou propre à recevoir un petit bouton en crochet, qui eft à l'extrémité poftérieure de l'autre branche , pour tenir cet inftrument fermé quand on le veut.

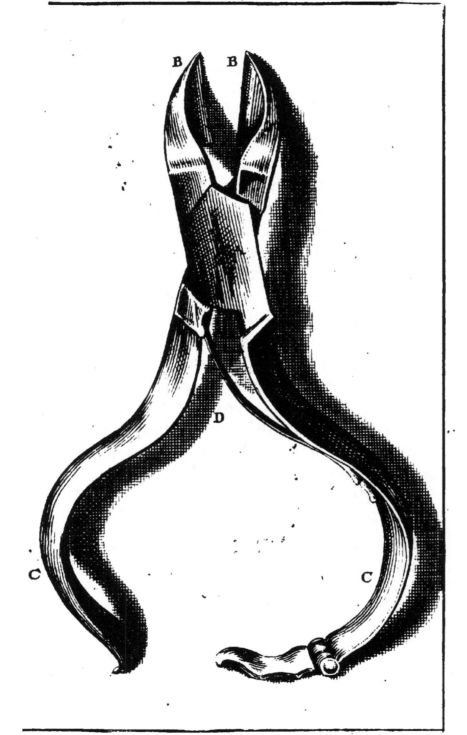

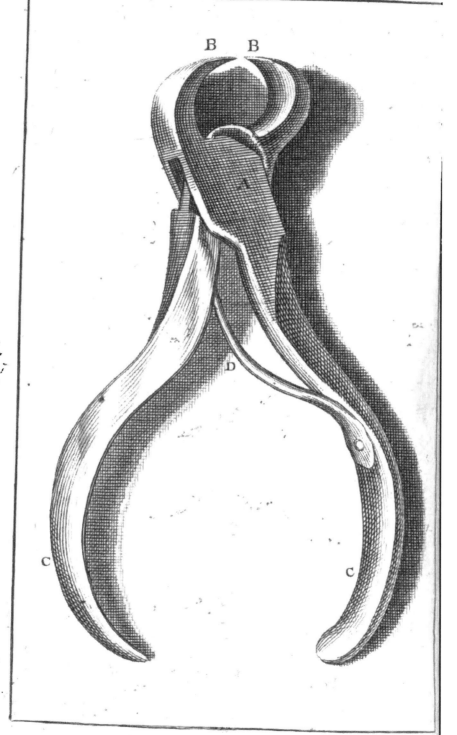

Explication de la planche XIII, qui con-
tient la figure d'un instrument, qui sert
aussi à racourcir les dents, à-peu-près de
même que le précédent.

CETTE figure représente une pincette incisive, quasi en figure de te-
nailles tranchantes par son extrémité
antérieure, vue dans toute son étendue.

A. Le corps de cet instrument.

BB. Les tranchans de ses mâchoires
situés à l'extrémité antérieure.

CC. Les branches ou extrémités pos-
térieures de cet instrument.

D. Le ressort qui tient la pincette
ouverte.

CHAPITRE V.

Defcription des inftrumens convenables pour opérer en ruginant les dents, lorf-qu'elles font cariées.

LES inftrumens qui fervent à ôter les matieres renfermées dans les cavités cariées des dents, & à ruginer la carie de ces mêmes cavités, font de quatre efpeces. Je les diftingue par leur extrémité tranchante ou pointue. Je range fous la premiere efpece tous ceux qui ont à cette même extrémité quatre faces qui fe terminent en pointe aigue, & je les nomme forets à ébifeler : je range ceux dont la pointe eft formée par trois faces fous la feconde efpece, & je les nomme rugines pointues en bec de perroquet; la troifieme efpece eft la rugine mouffe en bec de perro-quet : je range dans la quatrieme ceux dont la pointe tranchante eft formée par deux faces, & je les nomme rugine en alêne.

Ceux de la premiere efpece, font nommés par les Horlogers forets à ébifeler ou à perforer : la tige de ceux que j'emploie doit être ronde & longue d'environ deux pouces & demi depuis le manche jufqu'au commencement de la pointe : cette pointe doit avoir environ deux lignes d'étendue.

Ceux de la feconde efpece font des rugines recourbées, dont l'extrémité pointue eft formée par deux petits bifeaux, & fortifiée par une vive arrête, qui forme l'angle fupérieur de la partie recourbée de la rugine. Cet inftrument reffemble affez au bec de perroquet qui fert à nétoyer les dents : fa tige eft à-peu-près de l'étendue & de la figure des précédens.

Ceux de la troifieme efpece font femblables à la feconde, excepté qu'ils ont la pointe plus mouffe.

Ceux de la quatrieme efpece font de petites alênes dont on caffe la pointe : on les fait enfuite recuire pour les faire détremper. Du côté concave on fait une furface ronde : du côté convexe on fait une furface plate, qui en fe terminant en forme de bifeau, forme enfuite la pointe tranchante : on leur donne une trempe modérée, & on acheve de les perfectionner fur la meule. La longueur de cet inftrument, non compris

fa foie & fon manche, fera pour le plus
court d'environ huit lignes, & pour le
plus long d'environ un pouce & demi.

La figure de ces quatre inftrumens,
que l'on verra dans la planche quator-
zieme, fuppléera à une defcription plus
étendue.

Il y a feulement des cas qui demandent que les extrémités pointues de ces
inftrumens, foient tantôt plus ou moins
grandes, plus ou moins aigues, ou
mouffes, ou longues, ou arrondies; afin
de les rendre plus propres & plus convenables à s'introduire dans les cavités
cariées, fuivant que les cavités font
plus ou moins larges, ou étroites, ou
profondes, ou fuperficielles. Tous ces
inftrumens feront montés fur des manches, de même que ceux qui fervent à
nétoyer les dents.

Lorfque les ouvertures des trous cariés fe trouvent trop petites à leur entrée, pour en pouvoir facilement ôter
les matieres cariées & les plomber, il
faut les augmenter avec le foret à ébifeler, qui fera proportionné à la grandeur du trou qu'on veut élargir.

Quand on veut fe fervir du foret à
ébifeler, ou de l'un ou de l'autre des
inftrumens que j'ai défignés au com-

mencement du préfent chapitre, pour
agrandir, ruginer & nétoyer les trous
cariés qui fe rencontrent aux furfaces
des dents, on fait affeoir le fujet fur lequel il s'agit d'opérer, fur un fauteuil
convenable, & fa tête eft appuyée contre
le doffier: on fe place à fon côté droit ou
devant lui, lorfqu'il eft néceffaire.

Sans fortir de cette fituation, & fans
que le fujet forte de la fienne, on peut
également opérer fur chaque partie des
dents que nous allons indiquer, foit
que la carie fe trouve fituée aux furfaces, ou aux extrémités de leurs couronnes, foit qu'elle fe rencontre en leurs
furfaces latérales, ou à leurs furfaces
extérieures & intérieures, à l'exception
des furfaces intérieures des dents du
côté droit, & des furfaces extérieures des
dents du côté gauche, pour lefquelles
furfaces le Dentifte doit paffer du côté
droit au côté gauche.

Si l'on veut fe fervir du foret à ébifeler, pour agrandir les ouvertures des
caries, qui fe trouvent fur les furfaces
ou extrémités fupérieures & fur les furfaces latérales des dents de la mâchoire
inférieure, le Dentifte étant fitué du
côté droit, paffe fon bras gauche par-

C 5

deſſus la tête du ſujet. S'il opere aux
ſurfaces indiquées des dents de cette
mâchoire, il garnit la commiſſure des
levres d'un linge fin : il écarte des dents
la levre inférieure, ou la joue avec l'indicateur de ſa main gauche : le pouce
de la même main écarte auſſi la levre
ſupérieure. Il poſe enſuite l'inſtrument
qu'il tient de la main droite ſur l'endroit carié : il le tourne entre le pouce
& l'indicateur de gauche à droite & de
droite à gauche : de cette façon, il agrandit & élargit le trou de la dent cariée.

Pour agrandir les trous cariés des
ſurfaces extérieures des dents du côté
droit de la même mâchoire, il faut être
placé de même, paſſer le bras gauche
par-deſſus la tête du ſujet, poſer le
pouce ſur les dents inciſives de la même
mâchoire, & l'indicateur ſur la gencive, pour abaiſſer la levre inférieure :
les autres doigts doivent être mis ſous
le menton pour l'aſſujettir, tandis qu'on
opere avec l'inſtrument qu'on tient de
la main droite.

Pour agrandir les trous cariés des
ſurfaces extérieures des dents du côté
gauche de la même mâchoire, il faut
que le Dentiſte paſſe du côté droit au

côté gauche, qu'il embraffe la levre inférieure avec l'indicateur & le pouce de
la main gauche; qu'il porte avec la main
droite l'inftrument dans l'endroit carié.

Etant dans cette fituation, on peut
élargir les trous cariés des furfaces intérieures des dents du côté droit de la
même mâchoire.

Lorfqu'on veut agrandir les trous
des caries qui fe rencontrent aux furfaces, ou aux extrémités des dents de
la mâchoire fupérieure, le Dentifte fe
place au côté droit, ou devant le fujet;
il a un genoux à terre; il leve la levre
fupérieure avec le doigt du milieu de la
main gauche; il abaiffe la levre inférieure avec l'indicateur de la même
main; il tient l'inftrument de la main
droite, & il obferve de garnir les com-
miffures des levres quand il en eft befoin.

Pour dilater ou agrandir les trous
des caries des furfaces extérieures des
dents du côté droit, on fe place du côté
droit; on tient l'inftrument de la main
dtoite; on écarte la levre fupérieure
avec le pouce de la main gauche, & la
levre inférieure avec le doigt indicateur
de la même main.

Pour dilater les trous des caries des

C 6

furfaces extérieures des dents du côté gauche, il faut être placé du côté gauche, relever la levre fupérieure avec le doigt du milieu de la main gauche, abaiffer avec le doigt indicateur de la même main la commiffure des levres garni d'un linge fin, & porter l'inftrument avec la main droite. Dans cette fituation on en fait de même aux furfaces intérieures des dents du côté droit de la même mâchoire.

Les rugines en alêne fervent auffi à élargir les trous cariés, en les perforant autant qu'il eft néceffaire. Ces rugines fervent encore à enlever les matieres qui rempliffent les cavités cariées. Les rugines en bec de perroquet pointues & en bec de perroquet mouffes, fervent également à ruginer & à ôter ces mêmes matieres : on s'en fert indifféremment fuivant l'exigence des cas, & on fe place au côté droit, au côté gauche, ou en devant, fuivant qu'il eft néceffaire.

Quand on veut agrandir davantage avec les uns ou les autres de ces inftrumens les cavités cariées des dents de la mâchoire inférieure, ou en ôter les matieres cariées, on commence par celles qui fe rencontre à l'extrémité ou aux parties latérales des molaires du côté droit ; on fe place du même côté , on écarte la commiffure des levres avec le doigt du milieu , & l'indicateur de la main gauche, & l'on porte l'inftrument de la main droite dans l'endroit carié.

Si la carie fe trouve fituée de façon à ne pouvoir pas être emportée aifément, dans l'attitude que je viens d'enfeigner, il faut paffer le bras gauche par deffus la tête du fujet , embraffer les dents voifines avec le pouce & l'indicateur de la main gauche, & porter le refte des doigts fous le menton pour l'affu- jettir; & dans cette attitude , on réuf- fira à ôter cette carie.

Lorfqu'on veut ôter les matieres qui rempliffent les cavités cariées aux fur- faces extérieures des mêmes molaires, on porte l'indicateur de la main gauche fur la furface intérieure de la joue, le pouce de la même main fur la furface extérieure, afin d'écarter la joue des dents, tandis qu'on porte l'inftrument avec la main droite dans l'endroit carié.

Si la carie ne permet pas qu'en gar- dant cette fituation on puiffe aifément en emporter les matieres , on porte le

bras par-deſſus la tête du ſujet, comme
on a déja dit.

Pour les caries qui ſe rencontrent
aux extrémités des couronnes, aux
parties latérales, & aux ſurfaces extérieures des dents canines & des inciſives, on porte le bras gauche par-deſſus
la tête du ſujet, on abaiſſe la levre avec
le doigt du milieu de la main gauche ;
le pouce de la même main appuie la
dent cariée s'il eſt néceſſaire, & le reſte
des doigts porte ſous le menton pour
l'aſſujettir.

Si c'eſt pour ôter les matieres cariées
aux ſurfaces ſupérieures, aux parties latérales, & aux ſurfaces intérieures des
molaires du côté gauche, il faut paſſer
le bras gauche par-deſſus la tête du ſujet, pour ſe l'indicateur de la main gauche ſur la gencive de la mâchoire inférieure, pour abaiſſer la levre inférieure ;
le pouce de la même main ſur la gencive
ſupérieure pour élever la levre ſupérieure, tandis qu'on porte l'inſtrument avec
la main droite dans l'endroit carié. On
a ſoin de garnir la commiſſure des levres, quand il eſt néceſſaire.

Lorſque la carie ſe trouve ſur la ſurface extérieure des dents molaires du

côté gauche, il faut paffer au côté gauche, porter l'indicateur de la main gauche fur la commiffure des levres pour écarter la joue en dehors, le refte des doigts de la même main fous le menton pour l'affujettir, tandis qu'on porte l'inftrument avec la main droite dans l'endroit carié. Il faut avoir garni la commiffure des levres.

Etant dans la même fituation, on peut ôter les matieres cariées qui fe trouvent à la furface intérieure des dents du côté droit de la même mâchoire.

Si l'on veut nétoyer les cavités cariées des furfaces ou des extrémités de toutes les dents de la mâchoire fupérieure, & les parties latérales des groffes molaires de cette même mâchoire, il faut être placé au côté droit du fujet, avoir un genou à terre, abaiffer la levre inférieure avec l'indicateur de la main gauche, relever la levre fupérieure avec le doigt du milieu de la même main, & porter l'inftument avec la main droite dans l'endroit carié.

Pour opérer aux furfaces extérieures de toutes les dents de cette même mâchoire, aux furfaces latérales des petites molaires, aux furfaces latérales des canines & des incifives, il faut être

placé du côté droit, paſſer le bras gauche
par-deſſus la tête du ſujet, tenir l'inſtrument de la main droite, lever la levre ſupérieure avec l'indicateur de la
main gauche, & appuyer le doigt du
milieu de la même main ſur l'extrémité
de la dent ſur laquelle on opere.

On peut même, ſans ſortir de cette
ſituation, continuer au côté gauche,
s'il en eſt beſoin. On garnit les commiſſures des levres, & on les écarte des
dents lorſqu'il eſt néceſſaire.

Dans cette ſituation, on peut ôter les
matieres cariées à la ſurface intérieure
des dents du côté droit de la même mâchoire.

Ayant bien nétoyé la cavité d'une
dent cariée, comme nous venons de
l'expliquer, il faut, avant que de la
plomber, inſinuer dans cette cavité,
avec un inſtrument convenable, un petit tampon de coton, pour abſorber les
humidités & balayer, pour ainſi dire,
les matieres détachées qu'on n'a pu enlever avec les autres inſtrumens.

Il y a auſſi des caries qui ſont ſi ſu-
perficielles, & dont l'ouverture eſt ſi
large, qu'elles ne permettent pas au
coton imbibé avec l'huile de canelle,
ni au plomb, d'y tenir : en ce cas, il

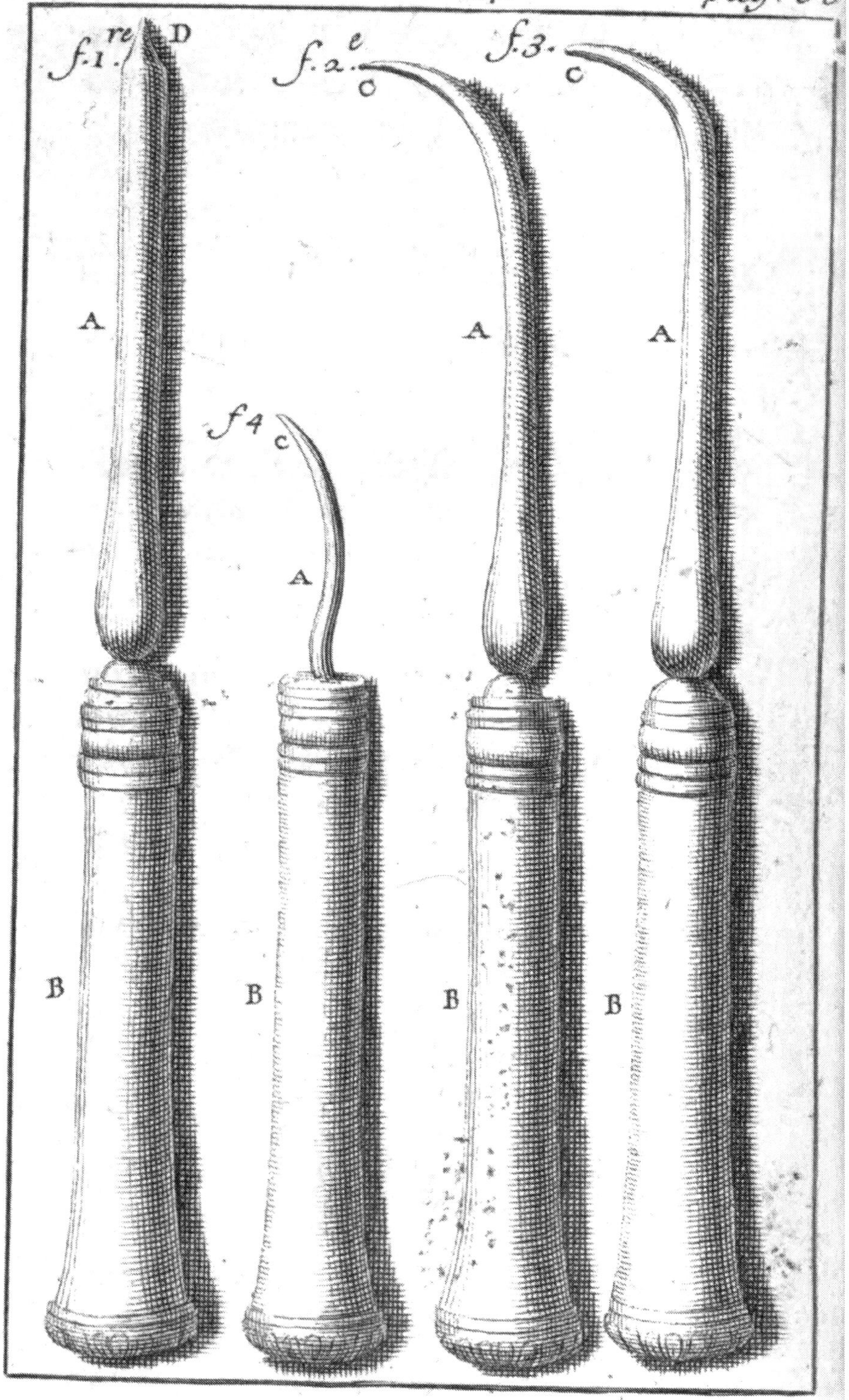
f.1.re
D
A
B
f.2.e
c
A
B
f.3.
c
A
B
f4
c
A
B

faut les ruginer ou limer , & si elles sont trop sensibles, les cautériser.

————————————

Explication de la planche XIV , qui contient la figure de quatre instrumens qui servent à ruginer la carie des dents.

LA *figure I* représente le foret à ébiseler , vue dans toute son étendue.

La figure II représente la rugine en bec de perroquet pointue , vue latéralement.

La figure III représente la rugine en bec de perroquet mousse , vue de même.

La figure IV représente la rugine en alêne , vue latéralement.

AAAA. La tige de chaque instrument.

BBBB. Le manche de chaque instrument.

CCC. La pointe recourbée de ces instrumens.

D. La pointe en biseau du foret à ébiseler.

CHAPITRE VI.

Description des instrumens qui servent à plomber les dents, avec les précautions & circonstances requises pour y bien réussir.

IL n'est pas indifférent de savoir, qu'il est aussi important de plomber les cavités cariées & profondes, que de plomber celles qui sont moins cariées. On donne, par ce moyen, plus de force à la dent en remplissant sa cavité, & l'on empêche l'air d'y entrer, & les portions des alimens d'y séjourner.

Les instrumens qui servent à introduire, & à placer le plomb dans les cavités cariées des dents, sont de trois especes (*a*).

Celui de la premiere espece, a la tige ronde, de figure cylindrique & pyramidale; sa pointe est recourbée & tout-à-fait pointue.

Celui de la deuxieme espece, a la tige de même que le précédent : sa pointe est plus mousse &' recourbée. De ces deux especes, il y en a dont la pointe

(*a*) Voyez la planche 15 de ce tome, page 79.

est plus ou moins ronde ou courbe, suivant que les instrumens sont plus ou moins grands.

Celui de la troisieme espece, a sa tige carrée : son extrémité arrondie est recourbée en forme d'équerre, & elle est de différentes grandeurs.

Ceux de la premiere & seconde espece, sont nommés fouloirs introducteurs, & ceux de la troisieme espece, fouloirs en équerre : ces instrumens sont emmanchés de même que ceux qui servent à limer les dents. Il faut observer seulement, que la soie de ceux-ci doit être forte, garnie d'une mitte (a), & suffisamment longue pour se mieux engager dans le manche : il faut aussi qu'elle y soit bien mastiquée. Ces circonstances sont très-importantes ; parce que de tous les instrumens qui servent à la bouche, aucuns ne fatiguent autant du côté du manche que ceux qu'on emploie à plomber les dents. Ils doivent soutenir les efforts que l'on est obligé de faire en différens sens, pour engager & fouler le plomb ; c'est pourquoi ils ont d'autant plus besoin d'être bien affermis dans leurs man-

(a) Espece de bouton, formé entre la tige & la soie pour arrêter la soie dans le manche.

ches, & d'être bien garnis de virolles.
Ces inftrumens, quoique très-utiles,
n'ont rien d'ailleurs de particulier qui
mérite une plus ample defcription.

Les fouloirs introducteurs fervent,
quand la cavité eft petite, à introduire,
larder & fouler le plomb; & lorfque la
carie eft grande, ils ne fervent feulement qu'à le larder. C'eft pourquoi on
en doit avoir de mouffes & de pointus,
pour s'accommoder à ces différens
ufages.

Le fouloir en équerre ne fert qu'à
fouler le plomb, à moins que la cavité
cariée ne foit fi grande, qu'il puiffe aifément introduire & fouler. Son corps a
quatre faces, dont la fupérieure fert
d'appui aux dents oppofées à celles fur
lefquelles on opere. Lorfque la carie fe
trouve à l'extrémité de la couronne de
la dent, les dents de la mâchoire oppofée peuvent fervir, en appuyant fur la
furface de cet inftrument, à enfoncer le
plomb que l'on a introduit.

Il y a des perfonnes qui aiment mieux
qu'on fe ferve d'or battu, pour remplir la cavité cariée des dents, que du
plomb ou de l'étain battu : je ne ferois
aucune difficulté de me fervir d'or battu,

fi l'étain fin & le plomb n'avoient pas
dans cette occafion la même propriété
que l'or ; c'eft pourquoi, je laiffe le
choix de l'une ou de l'autre de ces matieres à ceux qui voudront les mettre
en ufage, & en faire la dépenfe : l'é-
tain fin eft à préférer au plomb ; parce
que le plomb noircit davantage, & ne
dure pas fi long-tems : tous deux font
préférables à l'or, pour remplir les cavités des dents cariées ; parce qu'ils font
plus légers que l'or, & qu'ils fe lient
& s'accommodent mieux aux inégalités
qui fe trouvent dans les cavités cariées
des dents, qui font ainfi moins expo-
fées à fe gâter de plus en plus. D'ailleurs,
l'or eft cher, & tout le monde n'eft pas
d'humeur, ou en état d'en faire la dépenfe : néanmoins, quelques-uns enté-
tés de l'opinion que l'or a de grandes
vertus, ont trouvé des gens qui les ont
fervi felon leur goût. A la vérité, ils
fe font fait bien payer ce qui ne leur
avoit gueres coûté, puifque l'or prétendu qu'ils employoient n'étoit autre
chofe que des feuilles d'étain ou de
plomb colorées en or, par une teinture
faite avec le fafran, la terra merita, le
rocou & la gomme gutte, infufés dans
de l'eau-de-vie, ou dans de l'efprit-de-

vin, fur les cendres chaudes : la trom-
perie n'ayant pu demeurer long-tems
cachée, ils ont appliqué fur chaque
côté des feuilles d'étain ou de plomb
battu, une feuille d'or, & les ont fait
payer comme de l'or pur.

On ne peut employer le plomb ou
l'étain pour remplir les cavités cariées
des dents, à moins qu'il ne foit auparavant battu en feuille : pour s'en fervir dans le cas que nous allons pref-
crire, on doit en avoir de trois fortes.
Le premier, de l'épaiffeur d'une feuille
de papier ; l'autre, un peu moins épais ;
& enfin, un troifieme, encore moins
épais que ce dernier.

Quoique je me ferve fouvent du mot
de plomb, pour remplir les dents creu-
fes ou cariées, l'étain fin battu eft à
préférer : les miroitiers s'en fervent
pour étamer ou mettre leurs glaces au
teint. On doit toujours choifir les plus
minces feuilles de celui-ci.

Pour introduire ce plomb, on le
coupe par petites lames, plus ou moins
longues, plus ou moins larges, felon
l'étendue de la cavité de la dent cariée.
On évite, autant que l'on peut, que
ces lames foient de plufieurs pieces ;
parce qu'elles tiennent mieux & durent

davantage lorfqu'elles font continues
& de la même teneur.

Si les dents cariées font fensibles, fi
elles font foibles de corps, & qu'il foit
difficile d'y faire tenir le plomb, il faut
les plomber avec le plomb le plus mince, ou avec celui qui tient le milieu
des trois. On fe fert au contraire du
plus épais, quand il n'y a point de douleur, ou qu'il y en a peu, ou lorfque
les dents font fortes. Celui-ci dure plus
que les autres quand il eft bien introduit, & il n'eft pas fi fujet à fortir par
l'approche des alimens folides. Cela eft
fi vrai, qu'on a vu des dents, qui ont
été trente à quarante ans plombées fans
s'être aucunement gâtées.

Lorfqu'on veut plomber l'extrémité
& les parties extérieures & intérieures
des canines & des incifives de la
mâchoire inférieure, on fe place au
côté droit du fujet ou vis-à-vis : on
écarte les levres des dents ou leur
commiffure, avec l'indicateur de la
main gauche : on porte ce doigt jufques fur la dent qu'on veut plomber : on pofe une des extrémités de
la lame de plomb entre le doigt & la
cavité cariée : on infinue ce plomb
dans la cavité cariée avec l'inftru-

ment qui lui convient le mieux : on
tient cet inftrument de la main droite,
& à mefure que le plomb s'introduit, on a le foin d'en laiffer de
tems en tems fur la circonférence extérieure de la cavité cariée : on appuie
fur le plomb dans cette cavité avec
l'inftrument, pour le preffer autant
qu'il eft poffible : fi la cavité cariée de
la dent eft trop fenfible, il ne faut appuyer le plomb que légérement, fe
contenter de l'introduire dans la cavité, feulement pour le faire tenir un
peu, le fouler un ou deux jours après,
continuer ainfi jufqu'à ce qu'il foit fuffifamment foulé & arrangé, fuppofé
que la douleur n'ait point augmenté.
Par ce moyen, on accoutume mieux à
la preffion du plomb les parties fenfibles de la dent, en éludant ou modé-
rant par-là leur douleur.

Le plomb étant introduit, & la cavité cariée en étant remplie, on prend
l'inftrument le plus pointu, que l'on
tient de la main droite, pour larder &
percer le plomb un peu avant par plufieurs petits trous; afin qu'en le preffant
& foulant de nouveau avec l'extrémité
du fouloir mouffe, ce plomb s'uniffe,

fe

fe lie , s'attache & s'engage mieux dans tous les petits recoins de cette cavité. Ceci fe fait en rabatant dans le milieu tout le plomb qui étoit monté à la circonférence de la cavité de la carie : après quoi on unit & on polit la furface extérieure du plomb avec le fouloir le plus convenable , afin qu'il n'y refte aucunes inégalités : on obferve que le plomb ne déborde pas le niveau de la circonférence des trous cariés qu'on a remplis.

Pour plomber les extrémités des couronnes des molaires de l'un & de l'autre côté de la mâchoire inférieure & les parties extérieures du côté droit de cette même mâchoire , il faut être fitué de ce même côté , ou devant le fujet. Il faut obferver les mêmes circonftances que je viens de dire, & de plus porter le bras gauche par deffus la tête du fujet fur lequel on opere , s'il le faut. Pour plomber les parties extérieures du côté gauche , il faut affujettir le plomb avec le doigt indicateur de la main gauche , ou tenir ce plomb par l'extrémité qui fort en dehors de la bouche avec le pouce & l'indicateur , en cas que la dent qu'on veut plomber , foit des plus enfoncées dans la bouche.

Souvent les caries des dernieres molaires du côté gauche, se trouvent si
enfoncées dans la bouche, que lorsqu'on opere, on est obligé de porter le
bras gauche par-dessus la tête du sujet,
afin d'écarter la commissure des levres,
& de mieux tenir l'extrémité de la
lame de plomb sur la cavité qu'on veut
remplir : l'indicateur de la main gauche fait ces deux fonctions ; il tient la
lame de plomb , & range la commissure
des levres en même-tems : les autres
doigts de la même main portent sous le
menton, pour l'assujettir.

Pour plomber l'extrémité inférieure
des dents incisives & canines de la mâchoire supérieure, on est situé du côté
droit du sujet ; on passe le bras gauche
par dessus sa tête, le doigt du milieu
de la main gauche portant sur les dents
qui sont à gauche de celle que l'on veut
plomber : l'indicateur de la main gauche releve la levre, pendant que la main
droite conduit l'instrument, pour achever de plomber ces dents de même
que les précédentes. Si la carie se
trouve sur les parties latérales, ou sur
la surface extérieure de ces dents, on
leve la levre inférieure avec le pouce
de la main gauche , on assujettit la

dent avec l'indicateur de la même main , & on obferve le même manuel que ci-deffus.

Si la carie eft fur la furface inférieure des dents ; on fe place du côté droit ; on pofe un genou à terre ; on releve la levre fupérieure avec l'indicateur de la main gauche : le pouce de la même main pofe fur les dents qui font à droite de celle qu'on veut plomber, & c'eft dans cette fituation qu'on introduit le plomb. Comme cette fituation n'eft pas toujours convenable, pour achever de fouler & refouler le plomb , on fe releve , on paffe le bras gauche par deffus la tête du fujet, & on acheve de plomber la dent.

Pour plomber les furfaces , ou les extrémités des couronnes des molaires de l'un & de l'autre côté de la mâchoire fupérieure , il faut être placé du côté droit, ou devant le fujet, & avoir un genou à terre.

Pour plomber les dents du côté droit de la même mâchoire, on releve la levre fupérieure avec le doigt du milieu de la main gauche ; on écarte, enfuite la commiffure avec l'indicateur de la même main. Lorfque le plomb eft engagé dans la cavité de la dent cariée, on fe releve

D 2

pour le preſſer ; on paſſe le bras gauche par-deſſus la tête du ſujet ; on poſe le doigt du milieu de la main gauche, ſur la dent voiſine de celle que l'on plombe ; on releve la levre avec l'indicateur de la même main, & on porte l'inſtrument de la main droite, pour plomber la dent : ſi les parties latérales des dents de ce même côté, ont beſoin d'être plombées, cette derniere ſituation eſt, également convenable pour la même fonction.

Pour plomber les extrémités des couronnes des dents du côté gauche de la mâchoire ſupérieure, on a un genou à terre, le pouce de la main gauche appuyé ſur les inciſives : l'indicateur de la même main écarte la levre ſupérieure, & on engage le plomb avec le fouloir introducteur, qu'on tient de la main droite : enſuite on ſe releve ; on paſſe le bras gauche par deſſus la tête du ſujet, pour relever la levre ſupérieure avec l'indicateur de la main gauche : on baiſſe la levre inférieure, & on écarte la commiſſure des levres avec le doigt du milieu de la même main. Ces mêmes ſituations conviennent auſſi pour plomber les ſurfaces intérieures & extérieures des mêmes dents,

Quoique ces derniers moyens foient
des plus efficaces, pour borner les progrès des caries des dents, & qu'ils empêchent les mauvaises impreffions des
corps extérieurs qui les environnent,
il arrive néanmoins qu'on eft quelquefois obligé d'ôter le plomb, par rapport
à la continuation de la douleur, qui
ceffe ordinairement peu de tems après
l'avoir ôté.

Lorfqu'on veut ôter, ou lever le
plomb de quelque dent plombée, on a
recours à l'ufage des petites rugines,
dont nous nous fommes fervis pour ôter
la carie des dents. On fe place de la
même maniere que l'on a fait en la
plombant. Les doigts de la main gauche y exécutent les mêmes fonctions,
fuivant que les fituations différentes des
caries le demandent.

Si malgré tous les moyens que l'art
nous prefcrit pour remédier à la carie
des dents, la douleur recommence ou
perfifte; fi d'ailleurs on eft affuré de la
profondeur de la carie, il n'y a point
d'autre parti à prendre, que d'ôter la
dent, en obfervant les circonftances
marquées au chapitre 14 du tome premier, & la maniere d'opérer qui fera
indiquée au chapitre dixieme de ce
volume.   D 3

Avant que de finir celui-ci, il eſt
bon d'obſerver, qu'en ôtant toute la
carie d'une dent, afin de la plomber
lorſqu'elle eſt creuſe, il n'eſt quelquefois pas poſſible de ſe diſpenſer d'en
découvrir le nerf, & de le toucher avec
l'inſtrument; ce qui ſe reconnoît par
la douleur qu'on y cauſe, & encore
mieux par un peu de ſang qui ſort des
vaiſſeaux de cette dent, & qui, lorſqu'on introduit du coton roulé dans la
cavité cariée pour l'eſſuyer, ne manque
pas de faire une petite empreinte ſur
ce coton, qu'il eſt aiſé d'appercevoir,
quand on l'a retiré. Dans un ſemblable
cas, il faut plomber la dent ſans différer : il ne ſeroit plus tems de borner
la liqueur qui s'épanche, ſi elle s'étoit
une fois accoutumée à prendre ſon cours
par cette cavité : elle y feroit alors un
engorgement, ou un abſcès très-dou-
loureux, & l'on ſeroit obligé d'ôter le
plomb, & même la dent : ce qu'on
évite en exécutant ce qui vient d'être
dit.

C
f.1.re
f.3.^{e}
E
D
f.2.^{e}
f.4.^{e}
A
A
f.5.^{e}
A
B
B
B

Explication de la planche XV, qui con-
tient la figure de cinq instrumens, les-
quels servent à plomber les dents &
à les redresser.

LA *figure I* représente le fouloir introducteur le plus pointu, qui sert à introduire, fouler & larder le plomb
dans les plus petites cavités, vu latéralement.

La figure II représente le fouloir introducteur mousse, qui sert aussi à peu-
près au même usage, vu latéralement.

La figure III représente le fouloir en
équerre, qui sert principalement à fouler & presser le plomb dans les cavités
des dents cariées, vu latéralement.

A. A. A. La tige de chacun de ces
instrumens.

B. B. B. Le manche de chacun de
ces instrumens.

C. L'extrémité antérieure
du fouloir le plus pointu.

D. L'extrémité mousse du
fouloir introducteur.

E. La courbure du fouloir
en équerre.

La figure IV représente une lame

D 4

d'argent percée de deux trous à chaque bout ; elle fert à redreffer les dents.

La figure V repréfente une autre lame d'argent courbée & échancrée, qui fert à-peu-près au même ufage.

CHAPITRE VII.

De la maniere de cautérifer les dents.

LORSQUE les dents caufent beaucoup de douleur, & qu'on a employé inutilement les autres remedes, il faut en cautérifer la carie, ôter auparavant les matieres qui fe trouvent dans leur cavité ; enlever enfuite de nouveau ce que le cautere actuel a cautérifé, remplir la cavité avec le coton imbibé d'huile de canelle ; & dans la fuite on plombe la dent, de la maniere qu'on l'a enfeigné dans le chapitre précédent.

Les inftrumens dont je me fers pour cautérifer les caries des dents, font de trois efpeces (a). Sans m'arrêter à réfuter ceux des anciens, je dirai que les aiguilles de fil d'archal, dont on fe fert à tricoter, plus ou moins groffes,

(a) Voyez la planche 16 de ce tome, pag. 86.

pointues ou mouffes, & un peu courbées par leurs extrémités, font le même
effet, & font plus commodes que tous
ceux qu'on a imaginés jufqu'à préfent ;
toutes ces différentes proportions font
indiquées, pour fe mieux accommoder
aux différentes grandeurs des trous que
les caries ont formés.

· Les caries larges & profondes doivent être cautérifées dans toute leur
étendue, par trois, quatre ou cinq différentes applications du cautere actuel.

· Celles qui font cariées fuperficielle-
ment, font fuffifamment cautérifées
par une ou deux applications du cautere
actuel. Quand ces caries font très-pro-
fondes, qu'elles caufent beaucoup de
douleur, & qu'on ne peut ôter tout ce
qui eft carié, fans renouveller, ou augmenter la douleur, il faut y appliquer
encore une fois le cautere actuel, tenter
d'ôter la matiere, & fi la douleur perfifte plufieurs jours, il n'y a point d'autre parti à prendre, que d'ôter la dent.

Si l'on veut fe fervir du cautere actuel pour les caries des dents incifives,
canines & petites molaires de la mâchoire inférieure, foit en leur extrémité, ou en leur partie extérieure ou
latérale, il faut être placé au côté droit,

ou devant le fujet, ranger la levre & les
joues avec l'indicateur & le doigt du
milieu de la main gauche, s'il en eft
befoin, & tenir l'inftrument de la main
droite.

Pour cautérifer l'extrémité des couronnes des groffes molaires du côté
droit de la mâchoire inférieure, ou leur
furface extérieure, on fe place comme
il vient d'être dit ; on range la commiffure des levres, ayant auparavant
appliqué une petite plaque (a) entre la
joue & la dent qui doit être cautérifée.
On doit prendre cette précaution de
peur de brûler les parties charnues.

Cette plaque doit être un peu concave en dedans, & convexe en dehors ;
elle doit avoir un petit manche, elle
doit être d'argent ou de fer blanc, &
faite quafi en forme de cuillier.

Si la carie fe trouve fur l'extrémité
des couronnes ou fur la furface extérieure des groffes molaires du côté
gauche de la même mâchoire, il faut
paffer le bras gauche par-deffus la tête
du fujet, ranger la commiffure des
levres & la joue avec la plaque qu'on
tient affujettie avec l'indicateur de la

(a) Voyez la fig. 4 de la planche 16 de
ce tome, pag 86.

main gauche. On tient l'inftrument de
la main droite, & on le porte de haut
en bas dans le trou carié qu'on veut
cautérifer.

Les caries qui font fituées aux parties latérales des dents de l'une & de
l'autre mâchoire, ne peuvent le plus
fouvent être cautérifées ; à moins qu'on
ne fépare les dents avec la lime dans
leurs intervalles.

J'ai obfervé qu'on guérit très-fouvent,
ou qu'on diminue confidérablement la
douleur des dents incifives & canines par
le moyen du cautere actuel, quoique la
carie ait pénétré jufqu'à leur cavité.

Pour cautérifer l'extrémité du corps
des dents incifives & canines, des petites & groffes molaires du côté droit
de la mâchoire fupérieure, on eft fitué
au côté droit, ou devant le fujet : on
met un genou à terre ; on écarte des
dents la commiffure des levres, en fe
fervant de la plaque, que l'on affujettit
avec l'indicateur de la main gauche,
tandis que la main droite porte obliquement le cautere actuel dans l'endroit carié.

Pour cautérifer les furfaces intérieures des dents de la même mâchoire, il
faut mettre auffi un genou à terre, &

on se sert de la plaque, comme il vient d'être dit.

Pour cautériser les surfaces extérieures des molaires du côté droit, on garantit de l'action du cautere actuel la commissure des levres & la partie intérieure de la joue, avec la plaque qu'on assujettit avec l'indicateur de la main gauche.

Si l'on cautérise la surface extérieure des incisives & canines, on passe le bras gauche par-dessus la tête du sujet; on abaisse la levre inférieure avec le doigt du milieu, ou l'indicateur de la main gauche; on releve la levre supérieure avec l'indicateur, ou le pouce de la même main.

Pour cautériser les surfaces extérieures des molaires du côté gauche, & même l'extrémité de leurs couronnes, on est dans la même situation : on garantit également la commissure des levres, & la joue avec la plaque, tandis qu'on porte avec la main droite le cautere actuel dans tous les endroits cariés.

Il faut observer d'avoir recours à cette plaque toutes les fois qu'il s'agira de cautériser les dents molaires des deux côtés de la bouche; on évite par-là de s'expofer en cautérifant les dents, à brûler la langue d'un côté, ou les joues de l'autre. On peut fe fervir, au défaut de cette plaque, d'une cuillere à café.

L'application du cautere actuel ne fuffifant pas toujours pour guérir la carie des dents, ni pour en arrêter le progrès fans retour, l'air qui agit fur la cavité cariée, faifant que cette cavité s'agrandit, & la falive altérée & mêlée avec les alimens étant caufe que la dent fe carie davantage, il eft néceffaire de la plomber, ainfi qu'on l'a enfeigné précédemment; fi cependant elle eft trop fenfible & douloureufe, il faut du moins la tenir bouchée, ou remplie d'un tampon de coton roulé, jufqu'à ce qu'on ait gagné le tems propre pour la plomber.

*Explication de la planche XVI, qui con-
tient la figure de quatre inſtrumens qui
ſervent à cautériſer les dents.*

L*A figure I* repréſente un cautere
actuel courbe & pointu par ſes extrémités.

A.　　Son corps.

B. B.　Ses courbures pointues re-
tournées dans un ſens oppoſé.

La figure II repréſente un autre cautere actuel droit & très-pointu.

C.　　Son corps.

D. D　Ses extrémités pointues.

La figure III repréſente un troiſieme cautere actuel auſſi recourbé ,
dont les extrémités ſont mouffes.

E.　　Son corps.

F. F.　Ses extrémités recourbées.

La fig. IV repréſente une eſpece de
plaque d'argent, quaſi figurée en forme
de cuillere : elle ſert à garantir de
l'action du feu les parties voiſines des
dents, lorſqu'on les cautériſe.

G.　　La concavité de la plaque
dans toute ſon étendue.

H.　　Son manche aplati.

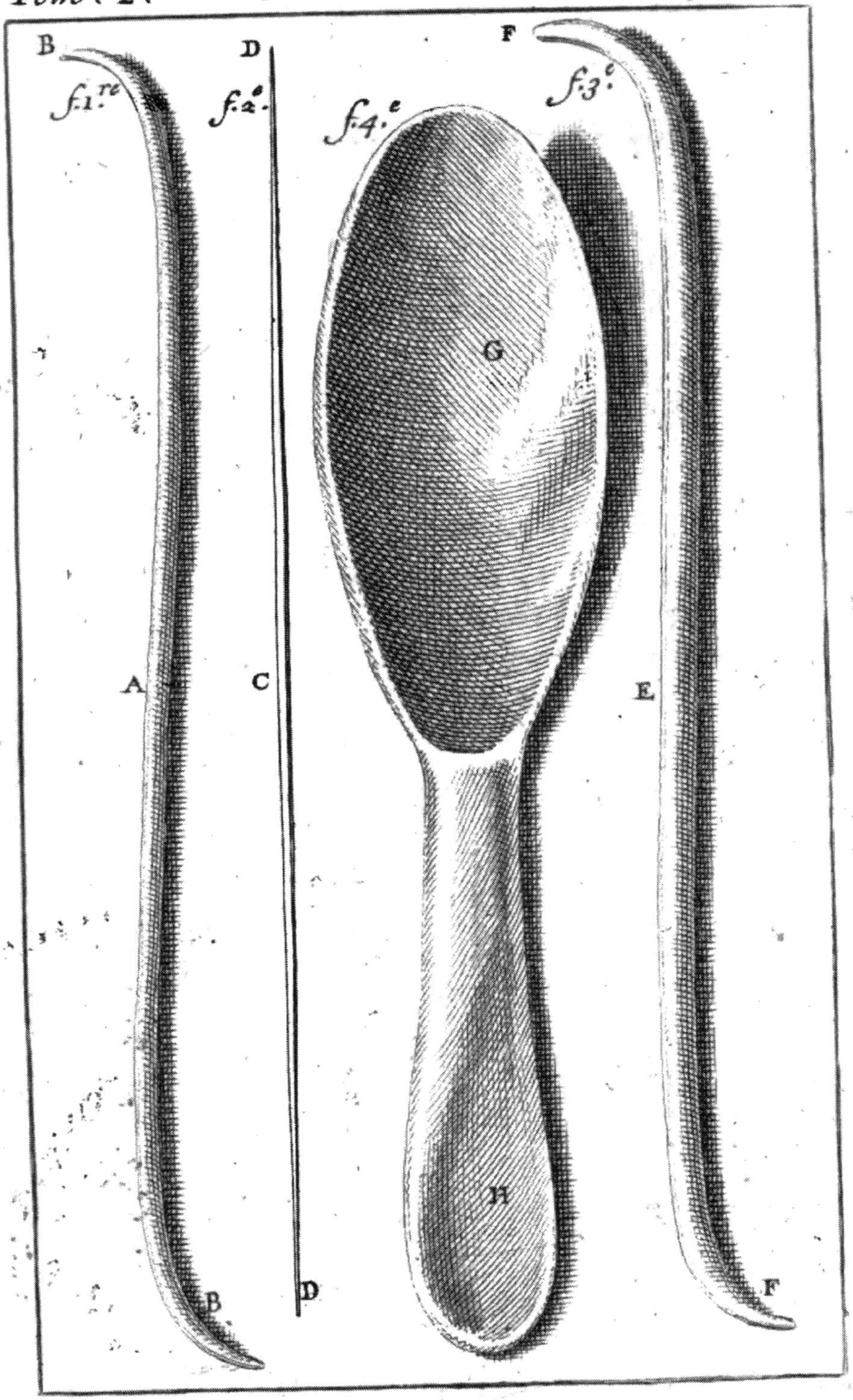
B
f.1.re
D
f.2.e
f.4.e
F
f.3.e
G
A
C
E
H
B
D
F

CHAPITRE VIII.

Des dents tortues, mal arrangées & luxées;
des instrumens & des remedes qui servent
à opérer, quand on redresse & qu'on
raffermit les dents.

Lorsque l'on n'ôte point les dents de lait dans un tems convenable, elles peuvent faire prendre différentes figures à celles qui leur succedent, les rendre difformes, courbées, penchées en dehors, penchées en dedans, ou penchées vers les côtés. Il peut encore arriver par-là, que leurs parties latérales se tournent en dehors, ou qu'elles se tournent en dedans; ce qui peut causer plus ou moins de difformité.

Les coups & les efforts violens peuvent aussi contribuer à ce dérangement, tant aux adultes, qu'aux enfans. Les moyens qu'il faut employer pour prévenir tous ces désordres, ou pour y remédier, lorsqu'ils se manifestent, sont indiqués dans la suite de ce chapitre.

Les dents qui se dérangent de la

maniere qu'on vient de le rapporter, font les incifives & les canines. Les molaires y font moins fujettes, & ne peuvent tout au plus fe courber qu'en dedans ou en dehors, à caufe de leur groffeur, & qu'elles font plus folide- ment articulées dans leurs alvéoles.

L'Auteur du petit livre (a) dont-j'ai déja parlé dans le premier & le fecond chapitre du premier tome, nous fait remarquer que *les dents qui viennent hors de leur rang, ou qui font fujettes à fe con- tourner par l'oppofition que leur font les dents de lait, font celles qui font la plu- part adhérentes, qu'on ne peut gueres ôter fans enlever en même tems une portion de la fubftance fpongieufe, & quelquefois même de l'alvéole & de la gencive, d'où s'enfuivent ces hémorrhagies fi dangereu- fes, ou dont on ne peut fouvent emporter que la couronne, parce que leurs racines fe caffent & reftent engagées dans l'alvéole. Il ajoute, qu'il eft naturel de conclurre qu'il n'y a que le défaut de place qui pro- duit tous ces inconvéniens, de même que toutes les formes extraordinaires des ra- cines.*

Depuis plus de quarante années que j'exerce ma profeffion, je n'ai point

_____
(a) Pag. *96* & fuivantes.

encore remarqué que les dents qui viennent hors de rang, ou qui font contournées par l'oppofition des dents de lait, foient plus adhérentes que les autres. Au contraire, les dents qui ont percé en dehors ou en dedans, ayant perdu leur direction, leurs alvéoles & leurs gencives en font ordinairement beaucoup moins épaiffes, & couvrent bien moins leurs racines, ce qui fait qu'elles font prefque toujours plus déchauffées, moins adhérentes, & par conféquent moins affermies que les dents qui font bien arrangées.

De plus, le défaut de place n'arrive ordinairement qu'aux incifives & aux canines, & rarement aux petites molaires, encore moins aux groffes. Quand nous fommes obligés d'ôter quelquesunes de ces premieres, quoique mal arrangées, nous ne voyons pas que leurs racines ayent des formes extraordinaires, ni qu'elles caufent des accidens fi fâcheux que l'Auteur veut nous le perfuader.

Les accidens confidérables, tels qu'il vient de nous les rapporter, arrivent plus fouvent par l'extraction des groffes molaires que par celle des autres dents; parce que les groffes molaires

ayant chacune deux ou trois racines,
& quelquefois davantage, elles font
ordinairement plus adhérentes & plus
fujettes à avoir des formes extraordinaires ; d'où l'on peut conclurre auffi
que le défaut de place, les formes
bizarres des racines & leurs adhérences,
ne font pas toujours produites par l'oppofition des dents de lait, puifque les
groffes molaires, qui n'ont point trouvé de dents de lait à leur paffage, font
celles qui occafionnent le plus fouvent
par leur extraction, les accidens fâcheux
dont l'Auteur nous a fait le détail.

C'eft fur ce préjugé qu'il a dit que
*dès que l'on remarque que les mâchoires
d'un enfant n'ont pas une étendue fuffifante, il faut lui ôter de bonne-heure les
dernieres molaires de lait, fur-tout fi les
premieres groffes molaires font d'un gros
volume.*

Je ne vois pas que cette opération
puiffe produire un bon effet ; parce que
ces dernieres petites molaires de lait,
étant ôtées, les dents voifines trouvent
à la vérité des places vuides pour s'é-
tendre, & occupent totalement, ou
en partie, leur place : mais il en
arrive un autre inconvénient.

En effet, fi ces molaires de lait vien-

-nent à être remplacées par les secondes dents, qui ne manquent guere de paroître., ne causeront-elles pas un autre dérangement plus considérable qu'il n'auroit peut-être été auparavant? Ces dents ne trouvant plus leur place vuide doivent nécessairement percer en dehors ou en dedans, & causer par-là le dérangement que l'Auteur craint si fort, & que nous venons de faire remarquer.

Il n'y a sans doute, continue-t-il (a), en conseillant d'ôter les dents de lait, *aucun lieu d'appréhender que cela nuise à la dent qui succede ; car je n'ai jamais vu que l'extraction d'une dent de lait puisse empêcher celle qui vient ensuite, de prendre son accroissement dans son tems.*

L'Auteur nous fait sentir par-là, qu'il n'a pas encore observé qu'il y a des dents de lait qui ne se régénerent jamais, quand on les a ôtées prématurément ; c'est-à-dire, lorsqu'elles ne sont pas encore disposées à être expulsées par les secondes, & qu'elles tiennent encore beaucoup ; parce que dans ce tems-là les racines des dents de lait étant longues & souvent adhérentes à l'alvéole & à la gencive, on seroit en

(a) Pag. 97, lig. 18.

danger d'emporter avec elles des portions de ces parties-là, & d'intéreffer le
fecond germe ou fes vaiffeaux. Voilà
pourquoi lorfque les premieres dents
tiennent beaucoup, les fecondes n'é-
tant pas encore affez formées, ou affez
dures, celles-ci peuvent fe reffentir de
l'extraction des premieres, faite mal-à-
propos; & c'eft auffi de-là qu'il s'en
trouve qui ne reviennent jamais : ce
fait eft conftant, & il eft aifé de s'en
convaincre, fi l'on fe donne la peine
d'examiner les bouches de ceux à qui
l'on a tiré trop tôt des dents de lait
dans leur enfance, ainfi que je l'ai
remarqué bien des fois.

Lorfqu'une dent mal fituée nuit à
l'arrangement des autres dents, lorfque d'ailleurs elle fe trouve hors de
rang; qu'elle bleffe la langue ou les
joues, qu'elle choque la vue par fa difformité, & qu'elle ne peut être logée
dans le rang des autres dents; il faut
néceffairement l'ôter. Si au contraire
une dent mal fituée peut être mife au
rang des autres à la faveur de quelque
intervalle, on redreffera cette dent en
la limant, autant qu'il fera poffible. Si
toutefois la lime n'eft pas fuffifante,
pour mettre cette dent de niveau avec
fes voifines, on pourra y réuffir par

l'ufage des doigts, du fil commun, de
la foie, des petites plaques, ou lames
faites d'or ou d'argent, ou d'autre matiere convenable, ou enfin par le moyen
du pelican : ou des pincettes droites (a) ;
fi l'on ne peut réuffir par tous ces
moyens, on ne doit pas balancer à
ôter la dent, pour en prévenir les
fuites fâcheufes.

J'ai vu plufieurs fois des dents
courbées ou mal fituées percer peu-à-
peu les levres, les joues, & produire
des ulceres plus ou moins difformes,
ou dangereux.

Après avoir fait affeoir la perfonne
fur un fauteuil convenable, il faut
avant que de redreffer les dents qui en
ont befoin, examiner quelle eft la
fituation qu'il faut leur donner : dans
cette vue, on fait ouvrir & fermer la
bouche du fujet fur lequel l'opération
doit être faite. On examine d'abord fi
les dents qui font courbées ou penchées ne font point plus longues, ou
plus larges que les dents droites qui
font à côté. Si la dent qu'on veut redreffer, eft plus longue ou plus large
qu'elle ne doit l'être, il faut en limer

(a) Voyez la fig. 1 de la planche 10 de ce tome,
pag 151.

tout ce qui excede celles qui font droites, avant que de tenter de la redreffer.
On lime auffi les dents qui font à la
mâchoire oppofée, fi elles ont acquis
plus de grandeur qu'elles n'en doivent
avoir ; afin d'empêcher que dans les
mouvemens des mâchoires, ces dents
ne viennent à heurter celles qu'on aura
redreffées : cette précaution empêchera
qu'elles ne foient repouffées dans les
endroits qu'elles occupoient, avant
qu'on les eût redreffées.

Si l'on fe fert de la lime pour limer
les dents des enfans, depuis leur naif-
fance jufqu'à l'âge de dix ou douze ans,
& même jufqu'à quinze, on doit avoir
égard à la délicateffe de leurs dents,
& fe reffouvenir de tout ce que nous
avons dit à ce fujet au chap. 4 de ce
volume où il eft traité de la maniere de
limer les dents.

Les dents des jeunes fujets, font
bien plus aifées à redreffer, que celles
des adultes ; tant à caufe du peu de volume que les racines de leurs dents ont
à cet âge, qu'à caufe de la moleffe
de toutes les parties qui les environnent:
c'eft pourquoi il faut tenter d'abord de
les redreffer avec les doigts ; ce qui fe

fait à plusieurs reprises dans le cours de la journée.

Lorsque les dents sont penchées en dehors ou en dedans, les doigts ne suffisant pas pour les redresser, on prendra un fil ou une soie cirée que l'on mettra en plusieurs doubles, & que l'on appliquera par son milieu dans l'intervalle que forment les deux dents voisines qui sont droites & fermes : après quoi on prendra les deux bouts du fil, qu'on fera passer l'un dedans en dehors, & l'autre de dehors en dedans, pour les faire croiser entre la dent droite & celle qui est penchée : on embrassera ensuite la dent penchée, passant entre elle & la dent droite de l'autre côté, les fils de dehors en dedans, & de dedans en dehors, pour aller encore embrasser de la même maniere cette dent droite : de-là on revient en croisant le fil, jusqu'à ce qu'on ait fait autant de tours qu'il est nécessaire. Il faut observer qu'à mesure que le fil passe sur la dent penchée, il soit posé d'une maniere qui facilite le redressement de la dent : cela réussit en serrant le fil suffisamment à l'endroit de son appui sur la dent penchée, & en le passant plufieurs fois fur cet endroit ; foit que les deux bouts foient enfemble , foit qu'ils paffent l'un d'un côté , & l'autre de l'autre. On renouvelle ces fils deux ou trois fois la femaine , & plus fou- vent , s'il eft néceffaire.

Si les dents font trop penchées , & qu'elles ne permettent pas au fil d'y tenir , il faut fe fervir d'une lame d'or ou d'argent (a) , dont la longueur ne doit pas excéder les deux dents droites entre lefquelles font celles qui font pen- chées : la largeur de cette lame doit être moindre que la hauteur des dents , fur lefquelles ont veut l'appliquer. Il faut que cette lame ne foit ni trop folide , ni trop flexible : on fait deux trous à côté l'un de l'autre à chacune de fes extrémités : dans les deux trous de l'une de ces extrémités on paffe les deux bouts d'un fil , & on en fait autant à l'autre extrémité avec un fil femblable : chacun de ces fils fait par le milieu une anfe : fi la dent fe trouve penchée en dedans , on applique la lame en de- dans ; fi elle eft penchée en dehors , on applique la lame en dehors. On

(a) Voyez les figures 4 & 5 de la planche 15 de ce tome , pag. 79.

embraffe

embraſſe enſuite la dent droite la plus voiſine, avec les deux bouts du fil qui ſe trouvent de ce côté-là. On les fait paſſer de dehors en dedans, ſi la lame eſt en dehors, ou de dedans en dehors, ſi la lame eſt en dedans. Enfin, on leur fait faire pluſieurs tours croiſés, & on arrête ces fils en les nouant.

Après que ce bout de la lame eſt arrêté, on arrête de même l'autre bout, en rapprochant doucement la lame; afin que par ſa force & par ſon appui, cette lame redreſſe par la ſuite du tems les dents qui ſont penchées.

On peut faire à chaque extrémité de la lame deux échancrures, au lieu des trous, parce qu'elle tiendra mieux après que les fils y ſeront attachés. Si l'on fait des échancrures à la lame, il y faut nouer les fils par leur milieu, appliquer enſuite la lame ſur les dents, & faire les croiſemens des fils, dont je viens de parler, autour de la dent ſur laquelle les échancrures de la lame poſent.

S'il y a deux dents penchées en dedans, & deux dents droites entr'elles, on applique la lame en dehors, & les fils autour des deux dents penchées : on applique de même ces fils ſur chaque

Tome II. E

extrémité de la lame ; ce qui oblige ces
deux dents penchées en dedans , de fe
porter en dehors. S'il y avoit une dent
penchée en dedans , & une autre dent
penchée en dehors, il faudroit mettre
une lame en dehors & une autre en dedans , lier les deux extrémités de ces
deux lames entre les deux premiers
intervalles des dents droites , qui font
aux deux côtés des deux dents penchées,
& par ce moyen, on redrefferoit ces
dents. On peut encore redreffer les mêmes dents avec une lame feule ; mais il
faut qu'elle foit plus longue que le trajet
qui fe trouve entre les dents penchées ;
parce que dans ce cas, il faut appliquer
la lame en dehors, & l'attacher par l'une
de fes extrémités à plufieurs dents
droites & fermes, à côté de celle qui
eft penchée en dehors : quand la premiere extrémité de cette lame eft attachée, on approche la même lame de la
dent, & par-là on oblige la dent de fe
porter en dedans : alors on affujettit
par une autre ligature la feconde extrémité de cette lame à la même dent penchée en dedans , pour tâcher de faire
venir cette dent en dehors.

Quoique j'aie dit qu'on devoit mettre

là lame du côté que la dent incline, il faut éviter, autant qu'on le peut, de mettre cette lame en dedans, de crainte que la perfonne n'ait de la peine à parler, & que fa langue n'en foit incommodée.

Une lame d'or ou d'argent, appliquée en dehors, peut redreffer une dent penchée en dedans, fi on l'attache d'abord par une de fes extrémités à deux ou trois dents droites, & fi l'autre extrémité de cette lame fe trouve au droit de la dent penchée pour la faire porter en dehors, comme il vient d'être dit. Cette lame ne diffère point de la précédente, & la maniere d'arrêter le fil, eft la même que celle que nous venons d'indiquer : ainfi cette opération ne diffère de la précédente, que par l'application de la lame & du fil.

Lorfque les dents font penchées de côté, & qu'elles font un peu croifées fur les autres dents, on peut les redreffer fans lame avec le fil feul, en l'appliquant par fon milieu du côté où la dent penche, de telle maniere que les deux bouts de ce fil viennent fe croifer dans l'intervalle de la dent penchée & de la dent droite vers laquelle on veut approcher la dent penchée. On embraffe enfuite cette dent droite, avec les deux bouts de ce fil, que l'on ramene en les croifant de même ; afin de les faire paffer plufieurs fois fur la dent penchée & fur la dent droite : après quoi on les noue.

Si la dent droite, qui eft à côté de celle qui eft penchée, n'eft pas fuffifante pour contre-balancer l'effort que les fils ou la lame font obligés de faire, il faut fe fervir de plufieurs dents droites ; parce que deux dents affermies ont plus de force qu'une feule.

Il y a auffi des dents qui font penchées de côté, fans perdre le niveau des deux furfaces des dents droites voifines : en ce cas l'extrémité de la dent penchée fe trouve plus écartée d'une des dents droites voifines, que ne le font, & le refte de fon corps & fa racine : alors on peut la redreffer avec les fils de la maniere qui fuit.

Pour y parvenir, on applique un fil par fon milieu fur la partie latérale où la dent penche : enfuite on croife les deux bouts de ce fil dans les intervalles des dents droites, vers lefquelles on veut approcher la dent penchée. On tire les deux bouts du fil de ce même côté, & on les reporte en les croifant fur la partie latérale où la dent penche ;

de maniere qu'après avoir ferré ce fil
fuffifamment, & l'avoir paffé trois ou
quatre fois par les mêmes endroits,
on approche les deux bouts du fil, pour
les paffer enfemble dans l'intervalle qui
eft entre la dent droite & la dent penchée; afin que ce fil paffant plufieurs
fois & embraffant les premiers tours du
même fil, les refferre davantage, &
oblige la dent penchée à fe redreffer
plus promptement : on arrête par un
nœud ces derniers tours de fil, après
qu'ils ont approché les premiers les uns
des autres.

S'il fe rencontre encore quelqu'autre
dent penchée, on la redreffe, en y pro-
cédant de la même maniere, obfervant
tonjours de bien tirer le fil dont on fe
fert, pour la redreffer du côté oppofé
à la dent penchée. Si, en appliquant ce
fil fur la dent, il venoit à gliffer, il
faudroit l'affermir avant que de l'appliquer fur une autre dent. Le moyen
d'affermir ce fil, c'eft de faire avec un
de fes bouts, un fecond tour à la circonférence du corps de la dent au-deffus
du premier.

Si, à côté d'une ou de plufieurs dents
ainfi penchées, il s'en rencontre quel-

E 3

qu'autre qui foit inclinée en dehors ou
en dedans, on la redreffe par le même
fil qui a fervi à redreffer les autres
dents ; ou bien on a recours à la lame
d'or ou d'argent, qui, étant appliquée,
comme il a été dit, oblige ces dents
penchées à reprendre leur place.

S'il arrive que les deux incifives du
milieu foient penchées l'une d'un côté
& l'autre de l'autre, ou que quelques-
unes de leurs voifines foient auffi penchées, foit à la mâchoire inférieure,
foit à la mâchoire fupérieure, il faut tâcher de les redreffer avec les fils, pour diminuer le trop grand intervalle qu'elles
forment entr'elles. On y parvient en appliquant un fil par fon milieu fur la partie latérale d'une de ces dents, & on le
porte enfuite fur la partie latérale de
l'autre dent penchée. Ce fil doit être
ainfi appliqué, en l'approchant le plus
qu'il eft poffible de l'extrémité des
dents ; lorfqu'on l'a ferré & croifé fuffifamment, pour obliger les deux dents
à fe redreffer, en les approchant l'une
de l'autre, & après qu'il a fait quatre
ou cinq tours fur ces deux dents, on le
noue, comme il vient d'être dit.

On apperçoit quelquefois de grands

intervalles entre les incifives, ou entre les incifives & les canines. Souvent ces intervalles dépendent de ce que ces dents étant écartées les unes des autres, elles penchent de côté, laiffant entr'elles un efpace confidérable, fur-tout vers leur extrémité. D'autrefois, ces mêmes intervalles proviennent de ce que la dent qui devoit occuper cet efpace, n'eft point venue, qu'elle a été détruite, ou parce qu'elle a péri de bonne heure. Quelquefois ces intervalles ne proviennent que d'une dent caffée. Si la dent eft caffée, il faut ôter fa racine, avant que de rapprocher les dents voifines par le moyen des fils, comme on vient de l'expliquer. Suivant cette méthode, on remédie à la difformité caufée par ces fortes d'intervalles.

Il fe trouve encore des dents penchées, qui ne peuvent être remifes en place, faute d'un efpace fuffifamment large pour les loger. En ce cas, on eft obligé d'ôter une des dents qui font penchées, pour diftribuer fa place à toutes celles qui en ont befoin, en obfervant les circonftances rapportées, & celles que l'on va indiquer.

Quand les perfonnes font un peu

E 4

avancées en âge, il faut un tems affez
confidérable, avant que l'on puiffe exécuter ce qui eft prefcrit par la méthode
que je viens de donner. Ce tems, qui
eft quelquefois fort long, m'a fait
chercher d'autres moyens plus prompts
& moins incommodes. Je les ai trouvés dans l'ufage du pélican, & dans
celui des pincettes droites. Avec le fecours de ces deux inftrumens, quand
on les fait bien manier, on fait en un
moment ce qu'on ne pourroit faire avec
les fils & la lame, qu'en y employant
beaucoup de tems.

Le pélican ne peut fervir à redreffer
les dents penchées ou dérangées en
devant, ni à redreffer celles qui ne
perdent point le niveau des furfaces
des dents voifines, quoique cependant
elles foient penchées de côté. Dans ces
occafions, il faut néceffairement avoir
recours à l'ufage des fils ou des lames;
parce que le pélican ne convient qu'aux
dents qui font penchées en dedans.

Quand il y a plufieurs dents voifines, penchées en dedans à redreffer,
& que l'on veut fe fervir du pélican, il
faut abfolument appuyer la convexité
de la demi-roue de cet inftrument fur

les dents voiſines de celles qu'on redreſſe, quoiqu'elles ſoient penchées en dedans. On doit obſerver alors, qu'il faut
redreſſer toujours en premier lieu la
dent qui ſe trouve le plus près du point
d'appui de la demi-roue du pélican :
cette dent étant redreſſée, on redreſſera
enſuite la ſeconde, la troiſieme, &c.
Enſorte que ſi dans l'opération, la branche du pélican eſt tournée du côté
droit, appuyant ſon crochet ſur la ſurface intérieure de la dent que l'on veut
redreſſer, le point d'appui de la demi-
roue du pélican, doit être à gauche
par rapport à la mâchoire, & cette demi-roue appuie ſur la ſurface extérieure des dents voiſines : ainſi, lorſque l'on veut redreſſer ces ſortes de
dents, on continue de même dans la
rangée, en allant de droite à gauche ;
& par ce moyen, la dent qui eſt la ſeconde redreſſée, contribue auparavant
à ſervir de point d'appui à la demi-
roue du pélican. Lorſqu'on a redreſſé
la ſeconde ſucceſſivement, on agit de
même à l'égard des autres. On n'auroit
pas pu faire cette opération, ſi l'on
avoit commencé par celles du milieu
que l'on vient de redreſſer, puiſque

E 5

fi l'on avoit commencé par celles du milieu, le point d'appui n'auroit pu fe faire fur une dent, qui, venant d'être redreffée, & étant ébranlée alors, ne peut être ferme & ftable.

Si l'on commence à redreffer les dents du côté gauche, la branche du pélican eft tournée de ce même côté; le crochet de la branche appuie fur la furface intérieure de la dent que l'on veut redreffer; le point d'appui de la demi-roue du pélican, eft à droite; elle appuie fur la furface extérieure des dents voifines; de façon que lorfqu'on veut redreffer les dents du côté gauche, on continue dans la rangée, en allant de gauche à droite : par ce moyen, la dent qui eft la feconde redreffée, a contribué à fervir de point d'appui à cette demi-roue. Lorfque l'on a redreffé la premiere dent, le même ordre fe fuit toujours : en un mot, la derniere penchée en dedans, qui a fervi de point d'appui pour redreffer les premieres, eft redreffée après les autres.

Il arrive rarement que les petites molaires viennent à être penchées naturellement. Il eft encore plus rare que cela arrive aux groffes molaires. Lorfque

ces dernieres naiſſent penchantes ou
hors de rang, il eſt très-difficile de
trouver des moyens pour les redreſſer, à
cauſe de la multiplicité de leurs racines,
& par rapport aux alvéoles qui les reçoivent, ces mêmes racines étant tortues &
obliques. Toutes ces circonſtances jointes enſemble, font que quand bien même on pourroit relever ces dents, elles
excéderoient toujours la ſurface de
leurs voiſines, & ne les pouvant point
limer pour les mettre au niveau de leurs
voiſines, pour les raiſons que nous
avons dites ailleurs, la maſtication en
ſeroit empêchée. Il n'en eſt pas de même lorſqu'une des groſſes molaires devient penchée ou dérangée à cauſe
d'une chûte ou de quelque coup vio-
lent; car, alors on peut la redreſſer de
même que les autres, ſans craindre
qu'elle excede ſes voiſines.

Pour ce qui eſt des petites molaires,
on peut les redreſſer en pratiquant la
même manœuvre que nous avons indiquée pour redreſſer les canines, &
les inciſives. Il n'y a aucune différence
dans la maniere de cette opération, ſi
ce n'eſt qu'il faut être placé derriere la
perſonne, pour agir plus commodément.
Il faut encore obſerver en redreſſant les

dents du côté droit, que la branche du pélican foit tournée du côté droit, & que fa demi-roue porte fur la furface extérieure de la dent molaire antérieure, ou fur la canine du côté droit. Pour les petites molaires du côté gauche, la branche du pélican doit être tournée de ce côté, & fa demi-roue doit porter fur la furface extérieure de la molaire antérieure, ou fur la canine du côté gauche. Cette maniere d'opérer fert à mieux placer la même demi-roue, qui, fans cette précaution s'appliqueroit difficilement fur la furface antérieure des dents, dans l'endroit de la commiffure des levres, & fur-tout dans l'endroit des joues. Pour bien réuffir dans cette opération, il faut faire attention aux circonftances que nous venons de rapporter.

Pour redreffer avec le pélican les dents de la mâchoire inférieure penchées en dedans & fur le côté, fe portant fur la face intérieure des dents droites voifines, on fait affeoir le fujet fur un fauteuil ordinaire, fa tête appuyée & tenue fur le doffier par un ferviteur, que l'on place pour cet effet derriere le fauteuil. Le Dentifte fe place en devant; & fi la dent eft penchée en dedans inclinant du côté droit, il tiendra l'inſtrument de ſa main droite; ſi au contraire la dent eſt du côté gauche, il le tiendra de ſa main gauche.

Cette méthode doit être ſuivie en quelque endroit de la mâchoire que ſoit ſituée une dent de cette eſpece qu'on veut redreſſer. En obſervant ces circonſtances, il faut poſer la convexité de la demi-roue du pélican, à fleur de la gencive des dents voiſines de celles qui doivent être redreſſées : le pouce doit être placé le long de la face extérieure de la branche du pélican ; de maniere que la pointe du crochet s'applique du côté de la dent penchée qu'on veut remettre dans ſon aſſiette naturelle ; & il faut que ce crochet poſe ſur la ſurface intérieure du corps de la même dent, & qu'on aſſujettiſſe ce crochet avec le pouce & l'indicateur de la main oppoſée à celle qui tient l'inſtrument. Alors on tire à ſoi du côté oppoſé à celui où la dent penche ; à droite, ſi elle penche à gauche ; à gauche, ſi elle penche à droite ; & toujours en l'attirant de dedans en dehors, juſqu'à ce qu'elle ſoit ſuffiſamment redreſſée.

Quand les petites molaires ſe trouvent penchées en dedans ou de côté, on les redreffe comme on redreffe les canines. Après que les dents font redreffées, on les affujettit avec le fil ou la foie cirée, que l'on paffe & que l'on croife comme je l'ai dit ci-deffus.

Il fe rencontre des dents, dont les parties latérales font tournées d'un côté en dehors, & de l'autre en dedans. Qu'elles foient droites ou penchées, lorfqu'elles n'auront pu être mifes dans leur ordre naturel par le moyen des doigts, des fils, & des lames d'or ou d'argent, elles y feront mifes par le pélican & les pincettes droites, fi l'efpace qu'elles occupent le permet.

Le fujet étant affis fur un fauteuil ordinaire, le Dentifte tient le pélican de fa main droite, & fe place du côté droit ou devant le fujet : il pofe l'inftrument & fes doigts comme nous l'avons dit ailleurs : il ébranle doucement la dent qu'il veut retourner, & fur laquelle fe trouve pofé le crochet du pélican ; foit en la redreffant fi elle eft penchée, foit en ne faifant fimplement que la détacher en partie de fon alvéole : l'ébranlement de cette dent étant fait, il paffe du côté gauche, & pofe le pouce & l'indicateur gauche, fur les deux dents qui font à côté de

celle qui vient d'être ébranlée, les autres doigts servent à assujettir le menton : il porte ensuite son bras droit par
dessus la tête du sujet, & embrasse la
dent avec les pincettes droites qu'il
tient aussi de sa main droite, donnant
un petit tour de poignet, pour tourner la dent autant qu'il est nécessaire :
il la remet ainsi dans sa situation naturelle, l'assujettissant avec le fil ciré,
de même que l'on assujettit les dents
précédentes.

Si c'est à la mâchoire supérieure qu'il
faut opérer, le sujet doit être assis sur
une chaise très-basse, dont le dossier
soit bas aussi : le Dentiste se place derriere la chaise, s'élévant au-dessus de
la tête du même sujet. Si la dent est
penchée en dedans, & qu'elle soit du
côté droit, il tient l'instrument de la
main droite; & il le tient de la gauche,
si la dent est placée du côté gauche :
observant ce qui vient d'être dit, en
parlant de la maniere de redresser les
dents de la mâchoire inférieure.

Lorsque les dents de la mâchoire supérieure, ont une de leurs parties latérales tournée en dedans, & l'autre
en dehors, il faut que le Dentiste soit
placé derriere le sujet, pour les ébranler

avec le pélican : il faut encore qu'aussi-
tôt qu'elles sont ébranlées , il passe en
devant, pour les retourner avec les pincettes droites, mettant, s'il est nécessaire, un genou à terre pour sa commodité. Il doit porter ensuite le pouce de
la main gauche sur les dents voisines
de celles qu'il doit remuer, l'indicateur entre la levre & la gencive, &
les autres doigts sur la joue, pour affermir la tête, tandis qu'avec sa main
droite, il porte les pincettes droites,
pour embrasser la dent, & la retourner
par ce moyen.

On doit bien prendre garde, dans
toutes ces opérations, à ne pas trop détacher les dents de leurs alvéoles ; parce
qu'elles seroient en danger de ne pas se
raffermir aisément, ou de tomber. Si ce
cas arrivoit, on les remettroit dans leurs
alvéoles, les assujettissant comme il a
été dit ailleurs.

On doit encore avoir une grande attention, lorsqu'on redresse une dent
avec le pélican, à ne la pas rompre,
comme fit, il y a sept à huit ans, un Dentiste, alors mon Garçon ; le même dont
il est parlé dans la onzieme observa-
tion, tom. I. p. 325, par une nouvelle
bévue, voulant, sans m'avoir consulté,

redreſſer la moyenne incifive du côté gauche de la mâchoire fupérieure d'une jeune & belle Dame, il la lui caſſa, faute de l'avoir féparée auparavant des autres dents qui la tenoient trop ſerrée, ou parce qu'il ne l'avoit point aſſez ménagée en opérant. On ne put remédier à cet inconvénient, qu'en remettant à cette Dame une pareille dent poſtiche.

Je me ſuis toujours ſervi de la méthode que je viens d'indiquer, pour redreſſer les dents, même à des perſonnes âgées de trente à quarante ans, & j'ofe avancer qu'avec le pélican & les pincettes droites, j'ai toujours réuſſi dans ces fortes d'opérations, ſans qu'aucune dent ſe ſoit rompue, ni ſe ſoit trop détachée de ſon alvéole.

Il n'eſt pas encore venu à ma connoiſſance qu'aucun Dentiſte, avant moi, ſe ſoit ſervi du pélican pour redreſſer les dents : je ſais ſeulement qu'ils emploient, pour redreſſer certaines dents, les pincettes garnies de buis, auxquelles ils font faire des dentelures ; mais, ces dentelures n'empêchent pas l'inſtrument de gliſſer ſur l'émail de la dent ; ce qui fait qu'on peut endommager aſſez ſouvent les parties voiſines de la dent ſur laquelle on opere. J'ai expérimenté que le linge, dont on couvre cette dent, convenoit mieux que ces dentelures seules ; & comme il est bien difficile & même impossible, de réussir dans tous les cas qui se rencontrent en redressant les dents avec cet instrument seul, j'y ai joint l'usage du pélican, ainsi que je viens de l'expliquer. On pourra voir la description de ces deux instrumens aux chapitres 10 & 11 de ce volume.

Les crochets des pélicans qui servent à ces opérations, sont assez petits & proportionnés aux dents qu'ils doivent ébranler ou redresser. Après qu'on s'en sera servi, & que les dents ébranlées seront soutenues par les fils, on comprimera doucement les gencives avec les doigts, pour les approcher de la dent, & on se servira de la lotion suivante pour les bien raffermir.

Prenez des eaux de rose & de plantain, de chacune deux onces, du vin blanc quatre onces, ou une once d'eau-de-vie ; du miel de Narbonne une once : le tout étant mêlé ensemble, on doit s'en rinser la bouche cinq ou six fois le jour pendant l'espace de douze à quinze jours.

J'ai fait remarquer que les coups &

les efforts violens pouvoient aussi causer les mêmes dérangemens dont je
viens de parler. Si l'effet de ces coups
ne cause que le penchement des dents,
il faut les redresser avec l'indicateur &
le pouce, ou avec les pincettes droites
ou courbes. Cela fait, on se sert des
des fils croisés pour les attacher à leurs
voisines. Si elles sont déja sorties de
leurs alvéoles par quelque accident,
il faut les y remettre promptement, &
si l'alvéole & la gencive ont été dé-
chirés, on aura recours aux lames de
plomb (a) que l'on appliquera, l'une
sur la surface extérieure des dents, &
l'autre sur leur surface intérieure,
ayant auparavant garni ces lames avec
du linge ou de la charpie, pour empêcher qu'elles ne glissent sur les dents,
& qu'elles ne blessent les parties voisines : on tient ces lames assujetties
par le moyen d'un fil enfilé dans une
éguille, que l'on passe dans l'intervalle
des dents par les trous de ces mêmes
lames, de dehors en dedans, & de
dedans en dehors, jusqu'à ce que
ces lames & les dents ébranlées soient
suffisamment raffermies : ces lames

_____

(a) Voyez les figures 4 & 5 de la planche 28
de ce tome, page 114.

feront plus ou moins longues ou larges, suivant qu'il y aura plus ou moins de dents à raffermir, & que ces dents feront longues. S'il n'y a qu'une dent qui foit fortie de fon alvéole, fans avoir caufé ni rupture, ni déchirement aux alvéoles ou aux gencives, il faut pour lors fe fervir du fil croifé : fi au contraire plufieurs dents font forties de leurs alvéoles, on les foutiendra avec ces lames, & on aura foin d'empêcher qu'elles ne touchent aux gencives.

Si l'on craint que les dents remifes de nouveau, ne fortent de leurs alvéoles, on engage les deux bouts d'un petit linge entre les lames & les côtés des dents ; afin que le milieu de ce linge pofant fur leurs couronnes, retienne chaque dent, & l'empêche de fortir. Enfin, on fait une lotion avec quatre onces de vin, & une once de miel rofat. Le malade a foin d'en tenir de tems en tems dans fa bouche.

Je ne vois pas qu'aucun des Auteurs, qui ont traité de cette matiere, ait enfeigné la maniere dont il falloit fe comporter dans les cas où les dents font déplacées par quelques chûtes, ou par quelques coups violens, tandis que plufieurs fe font fort étendus dans leurs

Traités d'opérations de Chirurgie, sur des matieres bien moins importantes. Ainsi, je ne connois point d'autre méthode que celle que j'enseigne.

CHAPITRE IX.

Maniere d'opérer ponr raffermir les dents chancelantes.

CERTAINES gens se mêlent de travailler aux dents, & se vantent par des affiches qu'ils répandent par-tout, d'avoir des opiates merveilleuses pour faire croître les gencives, raffermir les dents chancelantes, & les empêcher aussi de se gâter : d'autres promettent la même chose par le moyen de certaines liqueurs, dont ils font un grand mystere.

Il est important pour l'honneur de la profession & pour l'intérêt du Public, de détruire de semblables supercheries & les erreurs qu'elles produisent, en lui faisant appercevoir qu'il n'y a que des affronteurs qui soient capables de faire de telles avances, & que s'il y a des cas où l'usage des opiates & celui des liqueurs peuvent réussir, pour raffermir les dents, il y a un plus grand nombre

de cas, où l'on ne peut en venir à bout
sans le secours de la main.

On a pu voir dans le chapitre V du
premier Tome, les opiates & les liqueurs que j'ai jugé les plus propres
pour raffermir les gencives & les dents.
Ainsi, je décrirai seulement ici la maniere de raffermir les dents par le secours de la main, lorsqu'elles sont de-
venues si chancelantes ou si peu affermies, que les autres remedes seroient
peu efficaces.

Les causes qui rendent les dents
chancelantes, sont en général le tartre,
les coups, les efforts violens, ou quelque vice considérable de la masse du
sang. Si l'on reconnoît que ces causes
proviennent de la masse du sang vicié,
il faut avoir recours aux remedes gé-
néraux, & en même tems travailler au
raffermissement des dents.

Les dents chancelantes seront raffermies par des tours de fil d'or trait, plus
ou moins fin, selon la longueur & la
grosseur des dents que l'on veut attacher, & suivant l'intervalle qui se trouve d'une dent à l'autre.

Par exemple, lorsque les dents sont
déchaussées & les gencives affaissées, &
que les intervalles sont larges, il faut

que le fil d'or soit plus gros ; au lieu
que pour celles qui font plus courtes,
moins larges, moins déchauffées, &
dont l'intervalle fe trouve moins étendu, l'on fe fert d'un fil d'or plus fin.
(a) Quand il fe trouve quelque dent
plus chancelante l'une que l'autre, l'on
multiplie autour de celle-là les tours
de fil, autant qu'il eft néceffaire pour
la bien affermir. Comme on a befoin
de rendre ce fil très-fouple & très-ma-
niable, afin de s'en fervir commodément, on le fait rougir ou recuire au
feu ; & lorfqu'il eft recuit, on le jette
dans un peu de vinaigre, pour lui re-
donner fa couleur, s'il l'a perdue. Quand
cela ne fuffit pas, on le met dans l'eau
feconde bien chaude, & à laquelle on
fait jeter un bouillon, puis on le retire. L'eau feconde, eft l'eau commune
mêlée avec un peu d'eau forte.

Je me fers ordinairement, pour raffermir les dents, de l'or le plus fin
& le plus doux, parce qu'il eft plus
fouple, moins fujet à fe rompre, &
qu'il conferve toujours fa couleur.

Pòur exécuter cette opération, on fait
affeoir le fujet dans un fauteuil d'une

(a) Voyez les figures 2 & 3 de la planche 28
de ce tome, page 214.

hauteur convenable, fa tête appuyée
contre le doffier, le Dentifte étant devant la perfonne ou à côté. Pour lors,
il paffe le milieu de fon fil dans l'efpace
de quelques-unes des dents les plus
folides & les plus voifines de celle
qu'il faut affujettir. Enfuite il prend les
deux bouts de ce fil, les fait paffer, en
les tenant toujours un peu fermes, de
dedans en dehors, & de dehors en dedans, entre la dent folide & celle qui
eft chancelante. Lorfque ces deux bouts
de fil d'or ont été croifés dans ce premier intervalle, on continue de même,
en les croifant à chaque intervalle, jufqu'à ce qu'on foit parvenu à celui des
deux premieres dents du côté oppofé.
Si l'intervalle eft trop ferré près de la
gencive, il faut l'élargir avec la lime,
jufqu'à cette même gencive, étant abfolument néceffaire que chaque intervalle foit fuffifant pour permettre l'entrée de ce fil : de-là on revient paffer
de nouveau ce même fil par tous les
endroits où on l'a déja paffé, ce que
l'on réitere jufqu'à trois ou quatre
fois, s'il eft néceffaire. L'on affermit
davantage la dent la plus ébranlée par
un tour circulaire de plus, avec l'un
des bouts des fils d'or, en repaffant fur
chaque

chaque dent. Lorfqu'on eft parvenu à la derniere dent ébranlée, & que tous les tours de ce fil font finis, on fait avec chaque bout de ce même fil deux tours de fuite, en embraffant celle-ci : après quoi on retord les deux bouts de ce fil ; on les coupe à une ligne ou environ de la dent, les retordant de nouveau avec les pincettes (a) à horloger, autant qu'il eft néceffaire, & les engageant dans l'intervalle, vis-à-vis duquel on les a retordues. Si ce fil d'or en le retordant trop fortement pour l'arrêter, fe caffoit, il faut défaire le dernier tour de ce fil qu'on a fait à la derniere dent, & retordre de nouveau les deux bouts.

A mefure que le fil d'or s'applique fur les dents, on doit l'arranger à fleur de la gencive avec une fonde mouffe, ou un des petits introducteurs ou fouloirs, dont on fe fert pour plomber les dents.

Il faut encore obferver qu'on ne doit approcher le fil d'or des gencives, qu'en cas que les gencives ne foient pas confumées ou affaiffées, & que les dents ne foient pas par conféquent beaucoup

(a) Voyez la figure 1 de la planche 17 de ce tome, pag 128,

plus découvertes qu'elles ne le doivent être naturellement.

De cette maniere la situation des tours de ce fil rend ces dents beaucoup plus fermes, que si l'on avoit approché ce fil à fleur de la gencive ruinée; car ces tours de fil d'or se rencontrant trop bas, les dents en feroient bien moins affermies. Si les intervalles font trop peu étendus du côté de l'extrémité extérieure des dents, & qu'il soit impossible d'y passer le fil de la maniere que je viens de le dire, il faut l'introduire à chaque intervalle, comme si l'on vouloit enfiler une aiguille. Avant que de placer le fil d'or, on doit encore observer qu'il faut nécessairement faire avec la lime une petite coche, ou petit enfoncement à la partie extérieure de chaque dent qu'on veut raffermir, & où le fil d'or doit être appliqué. Cela empêche qu'il ne glisse trop près de la gencive, qu'il ne se relâche, & que la dent ne s'en échappe dans la suite. On ne doit pas craindre que ces coches soient capables de gâter les dents, elles ne périssent jamais par cet endroit.

Lorsque les dents font chancelantes jusqu'au point de tomber d'elles-mêmes, ou d'être ôtées aisément, si la cavité de leurs alvéoles n'a point perdu entiérement sa profondeur, on peut les y remettre, après avoir percé chaque dent par deux trous, l'un à côté de l'autre à fleur de la gencive, lesquels trous perceront à jour la dent par ses parties latérales.

Si c'est aux dents de la mâchoire inférieure qu'on fait ces trous, on fait une rainure à la dent (a), pour loger le fil d'or un peu au-dessus de ces mêmes trous dans toute sa circonférence ; cette rainure sera plus ou moins large & profonde suivant l'épaisseur de la dent. Si c'est aux dents (b) de la mâchoire supérieure, on fait la rainure au-dessous des trous.

Avant que de replacer les dents dont il s'agit, dans leurs alvéoles, on engage le milieu du fil d'or entre les deux dents voisines les plus solides. Lorsqu'on est parvenu en croisant le fil, à l'intervalle de la premiere dent qui est percée, on passe les deux bouts du fil dans ces deux trous ; puis on loge la dent dans son même alvéole, dans

_____

(a) Voyez la fig. 2 de la planche 17 de ce tome, pag. 128.

(b) Voyez la figure 3 de la planche 17. *idem*

lequel on l'enfonce le plus qu'il eſt poſſible.

S'il y a pluſieurs dents à enfiler,
qu'elles ſoient voiſines les unes des
autres, on les enfile de ſuite avant
que de les enfoncer ; après quoi on
embraſſe la dent la plus voiſine de la
derniere de celles-ci avec le fil d'or
pour aller gagner l'intervalle le plus
prochain, dans lequel on l'engage, en
l'y croiſant. On continue de même
d'embraſſer les dents chancelantes juſqu'à la plus affermie, qui doit ſervir
d'appui : de-là on revient par pluſieurs
croiſemens & tours de ce même fil à la
dent ſolide par laquelle on a commencé. On réitere cette manœuvre autant
qu'il eſt néceſſaire, pour bien affermir
ces dents ; & on obſerve de multiplier
plus ou moins les tours de ce fil, ſur
celles qui ſont les moins affermies, en
ſe ſervant de la rainure, pour les mieux
aſſujettir. On arrête ce fil de même
qu'il a été dit à l'occaſion des dents
chancelantes, qu'on raffermit ſans les
percer.

Quand la cavité de l'alvéole a perdu
de ſa profondeur, & que la dent eſt
plus longue qu'il ne faut, on doit racourcir la dent par ſa racine en la li-

mant ou en la fciant ; afin que fon extrémité extérieure fe trouve au niveau
de fes voifines. Comme ordinairement
on découvre la cavité de la racine de
la dent, pour peu qu'on la diminue
par fa racine, il la faut remplir de
plomb, quand cela arrive.

S'il fe trouve que les intervalles des
dents chancelantes foient plus larges
qu'ils ne doivent l'être naturellement,
& que les croifemens des fils ne foient
pas fuffifans pour affermir chaque dent,
il faut mettre à chaque intervalle trop
large, un petit coin en couliffe (a) fait
de dent de cheval marin. Chaque coin
ne doit point excéder l'épaiffeur des
dents : il n'aura qu'environ une ligne
de hauteur, & fera proportionné d'ailleurs à l'intervalle dans lequel on l'introduira.

Ces coins ont deux trous & deux
échancrures fur leurs parties latérales :
on loge dans ces échancrures les deux
parties latérales des deux dents qui
laiffent un trop grand intervalle, lequel
fe trouve alors rempli. Ces deux trous
fe font auprès des extrémités de ces
coins, ils fervent à donner paffage aux

(a) Voyez les figures 5 & 6 de la planche
17 de ce tome, pag 128.

F 3

deux bouts du fil d'or, lorfqu'ils y font parvenus.

Ces petits coins fervent à affujettir les dents : on les place dans la partie de l'intervalle la plus proche des gencives, afin que la levre les cache, qu'ils foient moins apparens, & que le fil d'or ne foit pas trop éloigné des gencives. Si ces intervalles font très-grands, on les remplit avec une dent artificielle ; & s'ils font encore augmentés par la perte de quelques dents, pour réparer ce défaut, on y en loge d'artificielles (a) contigues l'une à l'autre par le talon, ou la partie qui doit être pofée fur la gencive, mais divifées pourtant depuis là jufqu'à leur extrémité : ou bien l'on peut encore remplir ce même intervalle avec deux dents humaines proportionnées à fon étendue.

On ne fe fert de petits coins, que dans le cas où l'on ne fauroit loger des dents naturelles ou artificielles dans les intervalles des dents. Leur ufage n'eft pas, comme l'on voit par toutes ces circonftances, pour occuper toute la longueur de l'intervalle : ils n'ont d'autre utilité que celle de raffermir les

(a) Voyez la figure 4 de la planche 17 de ce tome, pag. 128,

dents, én fervant d'appui immédiat à leurs parties latérales.

A l'égard de l'affermiſſement des dents de la mâchoire ſupérieure, il n'y a qu'à ſuivre la méthode que je viens de propoſer pour les dents de la mâchoire inférieure. Par cette méthode on raffermit, non-ſeulement les inciſives & les canines, mais même encore les molaires.

Si M. Dionis (a) avoit connu les moyens que je viens de propoſer pour le raffermiſſement des dents, lorſqu'elles ſont chancelantes, je ſuis perſuadé qu'il n'auroit pas conſeillé de les ôter : au contraire il auroit préféré à la maxime qu'il donne pour conſtante, la méthode circonſtanciée que je viens de décrire ; puiſqu'en la ſuivant, on peut conſerver les dents en leur place pendant le cours de la vie, & qu'on les rend capables de faire les mêmes fonctions qu'elles faiſoient avant que d'être ébranlées. Le bon ſuccès de cette méthode nous permet d'appeller du ſentiment de cet Auteur ; car il faut convenir que l'opinion d'un homme ſi célebre a pu cauſer la perte des dents

(a) A la pag. 512, de ſon Traité des opérations de Chirurgie.

de plufieurs perfonnes, auxquelles on auroit pu les conferver : au refte, fans m'arrêter davantage à détruire le fentiment d'un Auteur également refpectable par fes connoiffances & par une expérience confommée, & dont la mémoire d'ailleurs eft en vénération, je prétends feulement établir l'utilité de la méthode que je propofe, fondée fur mes expériences. J'ai cru être obligé de m'étendre plus particuliérement dans l'explication de cette méthode ; d'autant mieux que perfonne avant moi, n'a, comme je le crois, pratiqué la maniere de raffermir les dents naturelles, de la façon que je l'enfeigne, ni celle de les remplacer après les avoir ôtées, ou lorfqu'elles font tombées.

Explication de la planche XVII qui con-tient la figure de plufieurs inftrumens, lefquels fervent à affermir les dents.

LA *figure I* repréfente de petites pincettes à horloger, qui fervent à tordre le fil d'or dont on fe fert pour raffermir les dents.

A.   Le corps de cet inftrument.

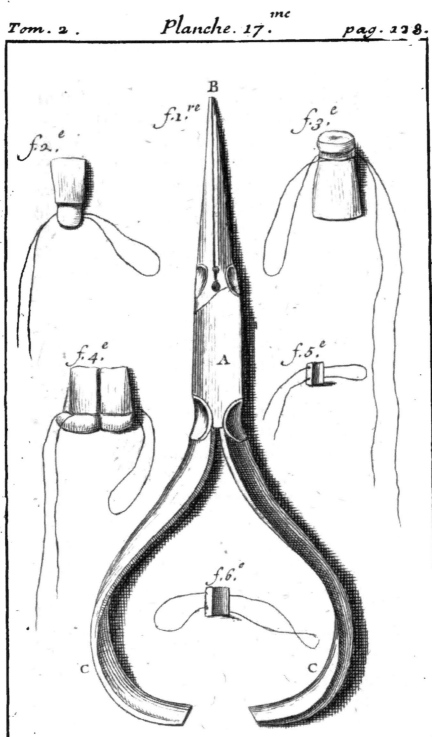

B. Son extrémité antérieure.

C C. Ses branches recourbées de dedans en dehors , & de dehors en dedans.

La figure II représente une des dents incisives de la mâchoire inférieure percée au-dessous de la rainure , & enfilée d'un fil d'or qui sert à l'attacher à celles qui tiennent encore à la bouche.

La figure III représente une autre incisive de la mâchoire supérieure, percée au-dessus de la rainure , & enfilée d'un fil d'or qui sert au même usage.

La figure IV représente deux incisives artificielles pour la mâchoire inférieure, enfilées d'un fil d'or , servant à les assujettir dans le lieu où on les substitue à la place de celles qui manquent.

Les figures V & VI représentent deux coins à coulisse, servant à assujettir les dents lorsqu'elles sont chancelantes , & qu'elles laissent des intervalles entre elles suffisans pour les introduire : ces coins sont enfilés d'un fil d'or pour les assujettir aux dents voisines.

CHAPITRE X.

Description & ufage des inftrumens nom-
més déchauffoir , pouffoir , pincettes
ou davier , & levier , qui fervent à
opérer pour ôter les dents.

Les inftrumens qu'on employe pour
ôter les dents & leurs racines féparées,
font de cinq efpeces ; favoir , le déchauffoir, le pouffoir , les pincettes ,
le levier & le pélican.

La premiere efpece eft appellée déchauffoir (*a*) ; parce qu'il fert à détacher
les gencives du corps de la dent , ou
des racines , lorfqu'il en eft befoin pour
les tirer : cet inftrument eft fait en forme de croiffant dans l'étendue de fa
partie tranchante , qui eft plate & devient plus mince à mefure qu'elle approche de fa pointe : fa lame eft large
d'environ deux lignes dans fa partie la
plus étendue, fa longueur d'environ
dix lignes , tranchante dans toute fon
étendue en fa partie concave : fa partie
convexe forme un dos , qui en s'appro-

(*a*) Voyez la figure 1 de la planche 18 de ce
tome , pag. 149.

chant de la pointe , devient très-tran-
chant : sa tige est arrondie , pyramidale
& longue d'environ deux pouces : elle
se termine du côté du manche par une
soie carrée pour la mieux engager. Ce
n'est pas sans raison que je recommande , nonobstant l'opinion contraire
de certains Auteurs, que cet instrument
soit d'un tranchant fin des deux côtés
vers sa pointe : la raison en est , qu'il
fait non - seulement beaucoup moins
souffrir, lorsqu'il sépare les gencives
des dents , qu'il le feroit, s'il n'étoit
pas tranchant des deux côtés , ou si son
tranchant n'étoit pas assez fin. Il arri-
veroit pour lors que les gencives déchirées causeroient une douleur violente
dans l'opératien , & que la dent étant
ôtée , ces gencives auroient plus de
peine à se réunir. Pour éviter ces deux
inconvéniens, je me sers du déchaussoir
tranchant des deux côtés ; mais comme
le même qui sert à déchausser les dents,
quoique très-propre à ouvrir différens
abscès dans la bouche , après avoir appuyé contre des parties osseuses , peut
s'émousser, il faut en avoir un semblable , qui ne serve qu'à ouvrir les abscès
ou tumeurs de la bouche. J'ai cru devoir
m'étendre sur ces circonstances , plutôt

que de m'amufer à faire une plus ample
defcription d'un inftrument auffi fimple
& auffi connu.

. La feconde efpece d'inftrument fe
nomme poulloir (a) ; il fert à ôter les
dents , leurs racines ou chicots , en
pouffant de dehors en dedans. Cet inftrument a une tige & deux extrémités :
Sa tige eft ronde, ou a plufieurs pans ,
ce qui eft indifférent : cette tige eft
longue d'environ deux pouces , plus
étendue dans fa partie convexe, que
dans fa partie concave : fa partie concave
eft unie du côté de fon extrémité dentelée , & fa convexité eft un peu arrondie. A cette extrémité il y a une échancrure qui forme deux dents , partageant
la concavité & la convexité en deux
moitiés , l'une droite & l'autre gauche,
prifes fur la largeur de l'extrémité de
fon demi-croiffant, ou de fa courbure :
cette extrémité eft large d'environ deux
lignes. A l'extrémité oppofée il y a
une mitte convexe du côté de fa tige,
& plate du côté oppofé. Cette mitte fert
à orner l'inftrument, & à le mieux affermir dans fon manche au moyen d'une
foie carrée fuffifamment longue que l'on

(a) Voyez la figure 2 de la planche 18 de
ce tome , pag. 149

cimente avec du maſtic dans la cavité du manche qui la reçoit : ce manche doit être en forme pyramidale & beaucoup plus gros par ſon extrémité oppoſée à la mitte : il doit être arrondi , ou à pluſieurs pans, de la longueur d'environ deux pouces : ſon gros bout doit être à-peu-près arrondi en forme de poire : la matiere la plus ordinaire dont on fait ces ſortes de manches , eſt l'ivoire , l'ébeine, ou quelqu'autre bois convenable.

Lorſqu'on veut ſe ſervir de cet inſtrument : on l'empoigne de façon que ſon manche appuie ſur le centre du dedans de la main : le pouce & les autres doigts l'embraſſent ; tantôt on allonge le pouce ſur la tige, tantôt l'indicateur, tandis que les dents de cet inſtrument appuyent ſur la dent, ou ſur le chicot que l'on veut enlever. On pouſſe la dent, ou le chicot de dehors en dedans, baiſſant le poignet. Lorſque c'eſt aux dents de la mâchoire inférieure qu'on fait cette opération, on donne un mouvement d'élévation avec le poignet, qui produit un effet à-peu-près ſemblable à celui que les doigts produiſent en ſaignant, lorſqu'on exécute la ponction & l'élévation.

Lorſqu'on ſe ſert du pouſſoir aux dents de la mâchoire ſupérieure ; l'on tient & l'on appuie de même cet inſtrument, en fléchiſſant le poignet de bas en haut , & l'on produit ainſi le même effet. On peut, ſi l'on veut, ajouter ſur la face convexe de cet inſtrument , une eſpece de crochet tourné à contre-ſens , ſemblable à l'extrémité dentelée du pouſſoir : ce crochet ſert à tirer en dehors de la bouche les racines, ou les dents qu'on ne peut enlever , en pouſſant de dehors en dedans.

Il y a encore un autre crochet ſimple (*a*) , dont les dimenſions ſont à-peu-près de même que celles de l'inſtrument précédent. Ce crochet ne diffère de cet inſtrument, que par ſa partie antérieure, qui eſt formée par un biſeau , dans la face duquel on a pratiqué une goutiere, qui s'étend depuis la face ſupérieure de la tige , juſqu'à l'intervalle des deux petites dents. Le crochet ſimple dont nous parlons , ſoit en biſeau , ſoit à ſurface convexe, eſt préférable au double ; parce que le double inſtrument à crochet eſt plus

(*a*) Voyez la figure 3 de la planche 18 de ce tome, pag. 149.

embarraffant en opérant, & qu'il ne
fauroit fervir à ceux dont la bouche
ne peut s'ouvrir facilement, ou à caufe
des brides, ou de quelqu'autre indif-
pofition. Ainfi un crochet plus crochu
étant néceffaire pour tirer les dents,
lorfqu'il s'agit d'opérer de dedans en
dehors, au lieu de mettre le pouffoir
& le crochet fur la même tige, il eft
à propos que chacun de ces deux inftrumens ait fa tige particuliere, & fon
manche particulier; de forte qu'on
ne doit fe fervir que du pouffoir,
ou crochet fimple, dont l'un eft employé, comme nous l'avons dit, pour
pouffer de dehors en dedans, &
l'autre pour attirer de dedans en dehors.

Ces deux inftrumens doivent être
d'un bon acier, modérément trempé.
Leurs dents feront affez pointues; parce
qu'il faut qu'elles entrent & s'engagent en quelque maniere en opérant
dans le colet, dans la racine, ou dans
le chicot de la dent que l'on veut ôter.
Comme la dent n'eft point émaillée
dans ces parties-là, les dents de cet
inftrument la pénetrent fuffifamment;
ce qui ne contribue pas peu à rendre
l'extraction de la dent, ou du chicot

qu'on veut ôter, plus facile & plus certaine.

Quand on ôte les racines des dents molaires du côté droit de la mâchoire inférieure, & qu'elles sont trop couvertes des gencives, le pélican ne pouvant agir sur elles, après qu'on a placé la personne sur un fauteuil, on fait avec la pointe du déchauffoir une incision longitudinale ou cruciale à la gencive, jusqu'à la racine que l'on découvre par cette incision, & si l'on connoît par le moyen de cette incision, que le bord intérieur des racines des dents soit entiérement détruit, on doit se servir du poussoir. Lorsque les racines ne tiennent pas beaucoup, la personne étant assise sur une chaise basse, le Dentiste étant placé à son côté droit, tient l'instrument de sa main droite, ayant son pouce & son doigt indicateur au long de la partie convexe du poussoir : il pose l'extrémité antérieure de cet instrument sur la surface extérieure des racines qu'il veut ôter : avant que de les pousser du côté de la langue, il passe son bras gauche par-dessus la tête du sujet, il place son pouce gauche entre les racines & la langue, afin d'empêcher cette partie d'être touchée par l'inſtrument, le doigt indicateur appuyant ſur la face extérieure des dents, qui ſont entre les inciſives & les racines qu'il veut ôter, & les autres doigts portant ſous le menton pour l'affermir : le Dentiſte pouſſe alors l'inſtrument, autant qu'il eſt néceſſaire pour faire ſortir les racines.

Quand il s'agit de faire la même opération au côté gauche de cette mâchoire, on paſſe du même côté, en ôtant ſon bras gauche de deſſus la tête du ſujet, pour y paſſer le bras droit, qui fait alors la même fonction que faiſoit auparavant le bras gauche de l'autre côté : on peut faire la même opération, ſi l'on veut, ſans changer de place, il ſuffit d'être ambidextre, & de changer l'inſtrument de main.

Lorſqu'il eſt queſtion d'opérer aux inciſives & aux canines avec le pouſſoir, on ſe met à ſon choix dans la ſituation la plus commode : on fait aſſujettir la tête du ſujet ſur le doſſier : on fait agir le pouſſoir de dehors en dedans, comme on a dit ci-deſſus. Après avoir ôté les dents ou leurs racines, il faut laiſſer un peu ſaigner la gencive & faire laver la bouche du malade avec de l'oxicrat un peu tiéde : il faut preſſer enfuite avec le pouce & le doigt indicateur les parois des gencives; foit qu'elles foient écartées ou non. Par ce moyen, on diminue le vuide, que la dent laiffe après fa fortie.

Les racines qui ne tiennent pas beaucoup, qui ont de la prife du côté de la langue, ou qui n'ont pas été détachées avec le pouffoir, doivent être attirées en dehors avec le crochet recourbé deftiné à cet ufage, le Dentifte étant pour lors placé à côté ou devant la perfonne.

Les racines ou chicots des dents de la mâchoire fupérieure feront ôtées avec le pouffoir, de même que celles des dents de la mâchoire inférieure, en faifant à chaque côté ce que nous avons dit de faire à celle d'en bas.

Il eft à propos, lorfque ces racines paroiffent un peu difficiles à ôter, que le Dentifte paffe derriere le fujet, pour lui affujettir la tête contre fon eftomac, après quoi, il doit faire les fonctions néceffaires pour opérer en chaque mâchoire, fuivant la méthode qu'on vient de donner.

S'il arrivoit, après s'être fervi du pouffoir, ou de quelque autre inftrument, que la racine fût encore attachée à quelque portion du fond de l'alvéole,

& qu'elle y fût comme perdue, il faudroit achever de l'ôter avec les pincettes en bec de grue ou de corbeau.

Lorfque les racines ou les dents, tiennent trop, pour être ôtées en les renverfant avec le poufloir, ou avec les autres inftrumens, de la maniere que je viens de le rapporter, on peut les ôter avec le poufloir, en obfervant les circonftances qui fuivent. On fait affeoir celui fur qui on doit opérer, fur une chaife très-baffe : le Dentifte fe place derriere : puis étant élevé au-deffus du fujet, il affermit fa tête contre fa poitrine, il pofe le poufloir fur la face extérieure des chicots ou de la dent, il fait enforte que le poufloir réponde en ligne directe au point d'appui fur lequel la tête fe trouve pofée : après cela, tenant l'inftrument de fa main gauche, il tient de fa main droite une livre de plomb en maffe, dont la face extérieure eft un peu concave & garnie de drap. Avec cette maffe de plomb, (a) il frappe fur le manche du poufloir, & d'un feul coup, s'il eft poffible, il jette la racine ou la dent du côté de la langue : il doit obferver de bien retenir le

(a) Voyez la figure 1 de la planche 28 de ce tome, page 214.

pouſſoir , pour éviter qu'il n'offenſe quelque partie de la bouche. Cette maniere d'ôter les dents ou les racines ſéparées de leurs corps, eſt la même, ſoit que l'on opere ſur l'une ou ſur l'autre mâchoire.

Lorſqu'il y a quelques dents ſur la ſurface intérieure ou extérieure des autres dents, c'eſt-à-dire, quelques ſurdents, qui n'ont pu être arrangées par aucuns moyens, & ſi elles nuiſent aux fonctions de la bouche, ou qu'elles ſoient cariées, douloureuſes ou difformes, il faut néceſſairement les ôter. Si elles ſont ſur la ſurface intérieure des autres-dents, on les ôte avec le pouſſoir ou avec les pincettes droites ; mais lorſque la carie ſe trouve du côté extérieur des autres dents, c'eſt-à-dire, à l'endroit où il faut poſer le pouſſoir, on doit abandonner cet inſtrument, pour ſe ſervir du pélican. On commence par limer la partie latérale des deux dents voiſines qui ſont à côté ; afin d'élargir ou d'augmenter l'intervalle, pour faciliter le moyen de tirer de dedans en dehors la dent cariée & mal arrangée. Lorſqu'une dent eſt poſée contre la ſurface extérieure des autres dents , on ſe ſert du pélican ou des

pincettes droites, s'il y a de la prife,
pour tirer cette dent ou ce chicot.

Pour ôter avec le pouffoir celles qui
font fur la furface intérieure des autres
dents, & qui ne tiennent pas beaucoup,
on n'a que faire d'employer la maffe de
plomb : le Dentifte fe met devant ou
au côté droit du fujet, s'il veut travailler à la mâchoire inférieure, ou il fe
met derriere, s'il s'agit de la mâchoire
fupérieure.

Lorfque les dents tiennent fi fort
qu'on eft obligé de fe fervir de la maffe
de plomb, le Dentifte fe place derriere
la perfonne, obfervant ce qui vient
d'être dit pour les autres.

Lorfque ces fortes de dents ont de la
prife, foit qu'elles foient fituées fur les
furfaces extérieures des autres dents, foit
qu'elles foient fituées fur les furfaces
intérieures des mêmes dents, on peut
les ôter avec les pincettes droites, pourvu qu'elles ne tiennent pas trop.

Si l'on fe fert des pincettes droites,
pour ôter les dents, & que les dents
qu'il s'agit d'ôter foient du côté droit,
ou au devant de la mâchoire inférieure,
le Dentifte fe place derriere le fujet,
tenant l'inftrument de fa main droite :

il ferre la dent, & éleve l'inftrument en devant, en donnant un tour de poignet : il enleve de cette façon la dent qu'il s'agit d'ôter. Pour ôter les dents du côté gauche, il tient l'inftrument de fa main gauche. Lorfqu'il opere à la mâchoire fupérieure, il eft fitué du côté droit ou devant le fujet, ayant un genou à terre, s'il en eft befoin. A l'égard des dents qui font fituées fur la furface extérieure des autres, il ne peut les ôter qu'avec le pélican, lorf-qu'elles tiennent beaucoup : la façon de les ôter ne differe point de celle dont nous parlerons dans la fuite.

En fuivant la méthode que je viens de décrire, on ôte fans rien craindre, les dents qui font hors de rang, & qui font placées fur la furface extérieure, ou fur la furface intérieure des autres dents.

L'inftrument de la troifieme efpece eft nommé pincette, parce qu'il pince & preffe le corps de la dent qu'on veut ôter. Quelques-unes de ces pincettes font courbes, d'autres font droites : il y en a auffi en façon de bec-de-perro-quet, dont la mâchoire fupérieure eft plus étendue, & fe recourbe de haut en bas : l'inférieure moins étendue fe recourbe de bas en haut. Il y a au contraire d'autres pincettes, dont les mâchoires font à côté l'une de l'autre, fe recourbant d'abord toutes deux de haut en bas, & de dehors en dedans.

De ces pincettes recourbées, il y en a encore qui le font en façon de bec de grue ou en bec de corbeau. Le davier ordinaire eft celui qui eft fait en bec de perroquet, dont l'extrémité de chaque mâchoire a deux dents formées par une échancrure : à la face concave de la mâchoire inférieure de cét inftrument, il faut obferver de rendre la cavité encore plus grande & plus profonde, pour mieux loger & embraffer la convexité du corps de la dent. Il faut que dans cet endroit-là cet inftrument foit en façon de chagrin ou dentelé, afin que l'inftrument ne gliffe pas fur la dent. Toutes ces pincettes, tant courbes que droites, feront à jonction paffée, leurs branches jointes enfemble par le moyen d'un clou rivé des deux côtés à rivure perdue, & d'une groffeur fuffifante pour réfifter avec force dans le tems que l'inftrument agit. Ce clou fert d'axe & de point d'appui, tandis que la réfiftance fe rencontre du côté

de la dent que les mâchoires de l'inſtrument embraſſent, & que la puiſſance
doit agir vers l'extrémité oppoſée de
ſes branches.

Les pincettes ou daviers, dont les
mâchoires ſont courbes de haut en bas,
& réciproquement recourbées de dehors en dedans, doivent avoir deux
petites dents à l'extrémité de chaque
mâchoire. Ces dents ſont ſéparées par
une petite goutiere : elles doivent auſſi
être dentelées dans leur ſurface intérieure juſqu'à l'extrémité de leurs dents,
de l'étendue de deux ou trois lignes :
la ſurface intérieure des mâchoires des
pincettes droites, doit être diſpoſée de
même.

La ſurface intérieure des mâchoires
des pincettes en bec de grue ou de
corbeau, doit avoir une goutiere un
peu plus ample que celles des précédentes.

Les deux ſortes de daviers, dont
nous venons de parler, ſervent à ôter
les dents de différentes eſpeces. Les
pincettes droites ſervent ſur-tout à ôter
les inciſives & les canines. Les pincettes en bec de grue ou de corbeau,
ſervent pour ôter certaines racines
profondes,

profondes, déja ébranlées, & qu'on ne peut ôter avec les autres inſtrumens.

Ces ſortes de pincettes ou daviers, ſont ſi connus & d'un uſage établi depuis ſi long-tems, qu'il me paroît ſuperflu de m'étendre davantage ſur leur ſtructure. Il ne me ſeroit pas difficile, ſi je voulois entrer dans un plus grand détail, de donner une deſcription exacte & circonſtanciée de chacun de ces inſtrumens(a), & de chacune de leurs parties; mais je la regarde comme inutile: il me paroît ſeulement qu'il n'eſt pas hors de propos de faire remarquer par quelle raiſon je rejette les reſſorts que l'on ajoute ordinairement à cet inſtrument, pour faciliter l'ouverture de ſes branches. Outre que le reſſort eſt ſouvent incommode, il arrive que, par ſa vertu élaſtique, il diminue la force de la main qui empoigne les branches de l'inſtrument pour opérer.

La quatrieme eſpece d'inſtrument qui ſert à ôter les dents, ſe nomme élévatoire ou levier (b). Cet inſtrument reſſemble en quelque maniere au traitoir, ou chien, dont les Tonneliers ſe

(a) V. les planches 19 & 20, pages 150 & 151.
(b) Voyez la figure 1, de la planche 21 de ce tome, page 202.

fervent , pour engager les cerceaux
autour de la futaille. Il eſt compoſé de
quatre pieces, ſavoir d'une tige, d'un
écrou en maniere d'olive, d'une branche courbée en crochet & d'une vis.
La tige ſe diviſe en pluſieurs parties,
ſavoir en ſa partie ronde vers ſon extrémité antérieure & en ſa partie tournée en vis, près de laquelle il y a une
mitte, qui ſépare la vis d'une ſoie.
Cette ſoie s'aſſujettit dans le manche
de cet inſtrument au moyen d'une ro-
ſette ſur laquelle elle eſt rivée : ce
manche eſt fait en forme de poire : la
tige de cet inſtrument oppoſée au manche eſt cylindrique, & coupée un peu
obliquement par ſon extrémité : cette
extrémité a dans ſon milieu une goutiere ſuivant ſon obliquité : les faces
obliques ſituées ſur les côtés de cette
goutiere, ſont dentelées : l'écrou en
olive eſt percé ſuivant ſa longueur, &
par ce moyen, il ſe monte ſur la tige,
en s'engageant dans ſa vis : il s'éleve
dans un endroit de la ſurface extérieure, une éminence plate par ſes parties
latérales, percée dans ſon milieu &
arrondie dans ſa circonférence : la
branche eſt courbée à l'extrémité antérieure, & depuis ſa courbure juſqu'à

l'extrémité poftérieure elle eft droite,
ayant une face plate inférieure, qui
s'étend depuis fa courbure, jufqu'à la
même extrémité poftérieure de cette
branche : route la circonférence oppofée à cette face, peut être arrondie, ou
à plufieurs pans : l'extrémité de la face
intérieure du crochet a une échancrure,
qui fépare la même extrémité en deux
dents pointues : la même furface eft
un peu dentelée : l'extrémité poften-
rieure de la branche fe trouve plus
large & plus épaiffe, que ne l'eft le
refte de fon étendue ; elle eft applatie
fur les côtés, & arrondie du côté du
dos & du côté du crochet : elle a
une féparation dans fon milieu, qui
fert à loger l'éminence de l'écrou : fes
parties latérales applaties font percées,
& le trou de la partie latérale gauche
eft placé à l'écrou, pour retenir la vis
lorfqu'elle a paffé dans le trou qui eft
de l'autre côté, & dans celui qui eft à
l'éminence de l'écrou. De cette affemblage, il réfulte une charniere, qui
affemble la branche à crochet avec
l'éminence de l'écrou. Pour affembler
cette branche avec la tige, il n'y a
qu'à faire paffer la tige dans l'écrou
percé à jour: tournant enfuite de gauche

G 2

à droite, la vis s'engagera plus ou moins dans l'écrou, fuivant que l'on tournera plus ou moins dans un fens ou dans un autre ; & par ce moyen l'extrémité de la branche recourbée s'éloignera ou fe rapprochera de l'extrémité antérieure de la tige.

Les dimenfions de cet inftrument, font les fuivantes. La longueur de la tige, y compris fa foie, eft d'environ quatre pouces : fa partie arrondie, depuis l'extrémité antérieure jufqu'à fa partie tournée en vis, eft d'environ un bon pouce : fa partie tournée en vis eft longue auffi d'environ un pouce, fa foie d'environ deux pouces, & fon manche de même, l'écrou en olive d'environ fix lignes, fa branche à crochet d'environ deux pouces quatre lignes, y compris fa courbure.

Il y en a qui font un affez grand ufage de cet inftrument ; mais comme le point d'appui fe trouve trop éloigné de la réfiftance ; que d'ailleurs l'extrémité antérieure de la tige appuie contre la partie extérieure de la dent qu'on veut ôter, tandis que le crochet de la branche eft porté fur la face intérieure de cette dent, il arrive que la tige & le crochet, fe trouvant horifontalement

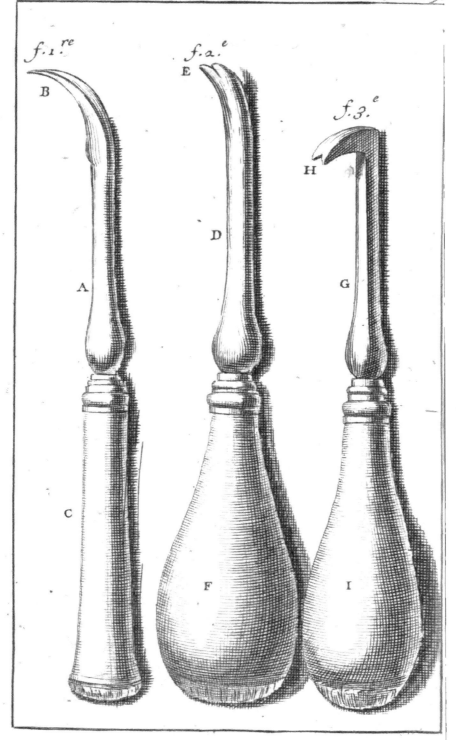

oppofés; cet inftrument eft auffi propre à caffer une dent, qu'à l'ôter : je
fais que M. Dionis le loue beaucoup,
& dit qu'il a été inventé de fon tems :
il ajoute qu'il n'a vu perfonne s'en
fervir, que feu M. Dubois, Chirurgien
Dentifte de Louis XIV. Pour moi, je
ne m'en fers que fort rarement, & feulement pour ôter les dents chancelantes
ou peu affermies, ce que le davier feul
peut faire avec plus de fûreté.

---

*Explication de la planche XVIII, qui
contient la figure de trois inftrumens qui
fervent à ôter les dents.*

LA figure I repréfente le déchauffoir
qui fert à féparer les gencives des dents,
vu latéralement.

A. Sa tige.

B. Son tranchant & fa courbure
pointue.

C. Son manche.

La figure II repréfente le pouffoir qui
fert à ôter les dents en pouffant de dehors en dedans, vu de façon que fa
courbure & fes deux petites dents font
apparentes.

G 3

D. Sa tige.

E. Son extrémité antérieure & recourbée, munie de deux especes de dents, séparées l'une de l'autre par une échancrure.

F. Son manche en forme de poire.

La figure III représente le crochet le plus recourbé, qui sert à tirer de dedans en dehors les dents ou chicots, vu latéralement.

G. Sa tige.

H. Sa courbure très-recourbée, munie de deux especes de dents assez pointues, & divisées l'une de l'autre par une espece d'échancrure ou goutiere.

I. Son manche.

Explication de la planche XIX, qui contient la figure de deux instrumens pour ôter les dents.

LA figure I représente le davier, vu de façon qu'on apperçoit les courbures de ses mâchoires & ses deux branches.

A. Le corps de cet instrument.

BB. Les extrémités dentelées & recourbées de chacune de ses mâchoires.

CC. L'extrémité la plus étendue de

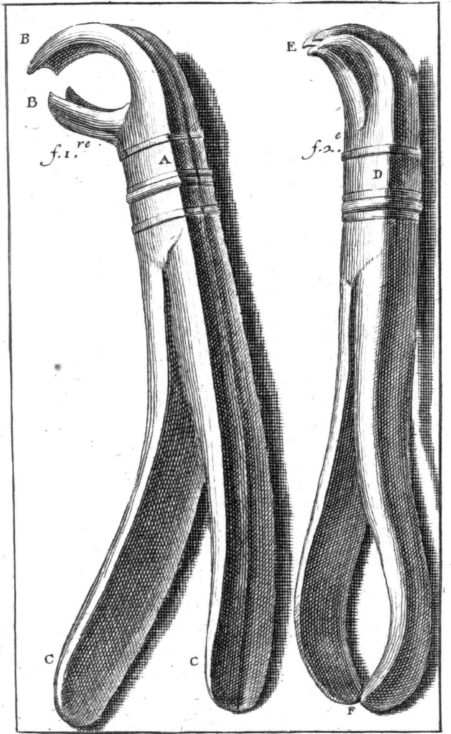

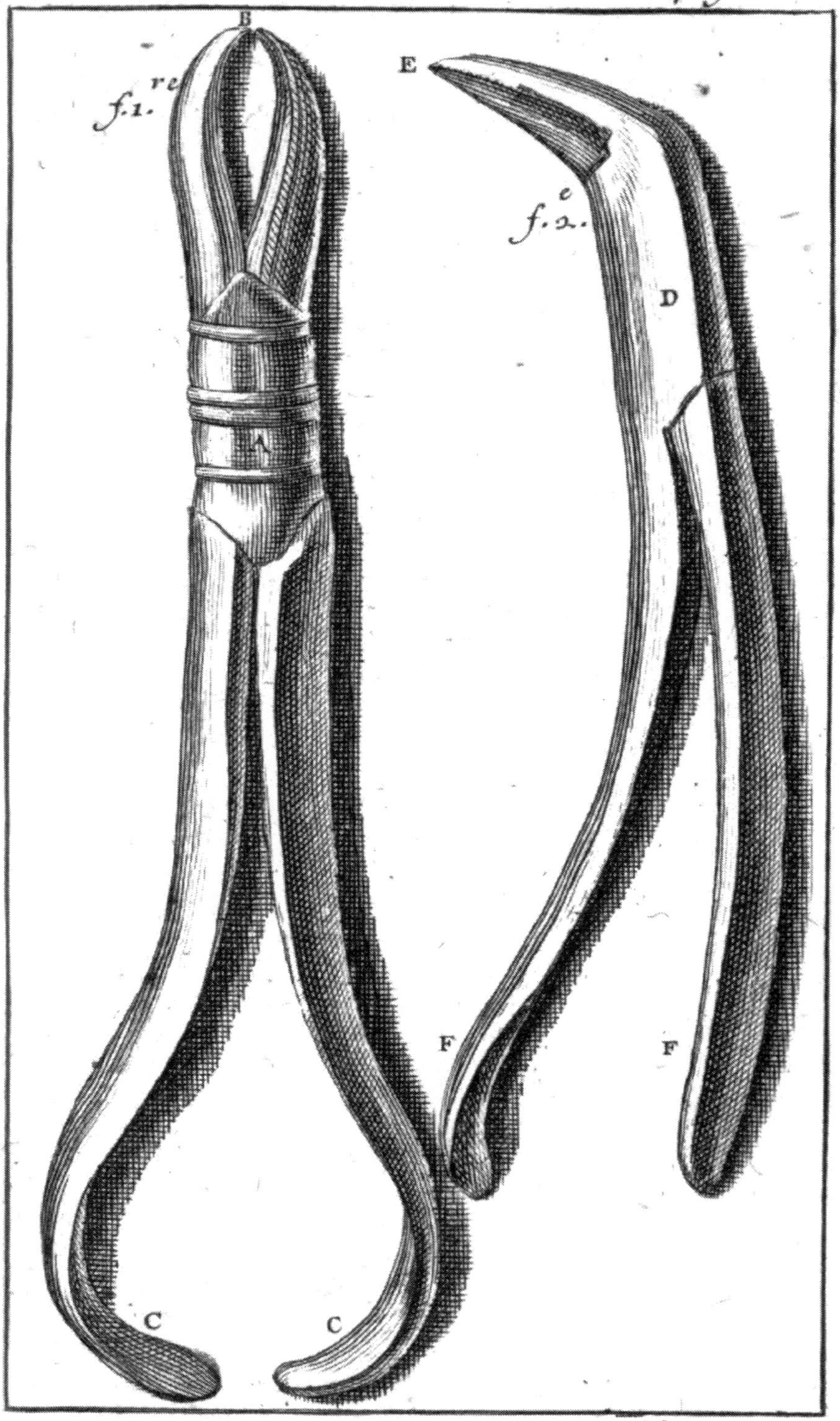
B
f. 1.re
E
f. 2.e
D
A
F
F
C
C

ſes branches, qui ſert de manche à cet inſtrument.

La figure II repréſente un autre davier ou pincette, dont les mâchoires ſont recourbées de haut en bas, de droite à gauche & de gauche à droite, qui ſert à ôter certaines dents pour des cas particuliers, vu dans toute ſon étendue, & de façon qu'on apperçoit les courbures de ſes mâchoires & ſes quatres dents.

D. Le corps de cet inſtrument.

E. Son extrémité antérieure recourbée & dentelée.

F. Son extrémité poſtérieure, ou ſes branches qui ſervent de manche.

Explication de la planche XX, qui contient la figure de deux inſtrumens, pour ôter les dents.

LA figure I repréſente les pincettes droites, vues latéralement, qui ſervent à ôter certaines dents.

A. Le corps de cet inſtrument.

B. Son extrémité antérieure, à laquelle on remarque la courbure de ſes

G 4

deux mâchoires & la dentelure de la surface intérieure.

CC. Son extrémité postérieure ou ses deux branches qui servent de manche.

La figure II représente les pincettes en bec de gruë ou de corbeau, vues latéralement, qui servent à ôter les racines des dents ou chicots.

D. Le corps de cet instrument.

E. Les deux mâchoires fermées, recourbées, pointues & dentelées en dedans.

FF. Les deux branches de cet instrument qui servent de manche.

CHAPITRE XI.

Description circonstanciée d'un nouveau pélican, & les imperfections de ceux dont on se servoit auparavant.

LA cinquieme & derniere espece de ces instrumens est nommée pélican. Cet instrument sert à tirer en dehors les dents ou les chicots. Les uns font faire le pélican d'une façon, les autres d'une autre. Celui que je m'en vais décrire, est construit d'une maniere qui n'a point encore paru, & j'ose dire qu'on peut s'en servir avec plus de sûreté & de facilité, que de tous ceux qu'on a employés jusqu'à présent.

Le pélican dont il s'agit, doit être en premier lieu considéré de plusieurs façons, par rapport aux différens usages qu'on en doit faire, suivant la différente situation des dents, tant à la mâchoire supérieure, qu'à l'inférieure.

Si nous considérons ce pélican propre à ôter les dents plus ou moins éloignées, & plus ou moins grosses du côté droit de la mâchoire inférieure, & capable en même-tems de les ôter au côté gauche de la mâchoire supérieure, n'ayant pour lors qu'une seule branche à crochet, nous le devons regarder comme simple. Si nous le considérons comme capable de produire le même effet, ayant encore une seconde branche à crochet, tournée dans le même sens par rapport à ses courbures; mais appliquée sur le corps de cet instrument à l'opposite de la premiere; nous le devons regarder comme répété, double ou jumeau sur un même corps.

G 5

Si nous confidérons ce pélican par
rapport à l'ufage qu'on peut en faire au
côté gauche de la mâchoire inférieure,
& au côté droit de la mâchoire fupérieure, nous le regarderons comme
femblable à celui qu'on vient de décrire, excepté que les courbures de
fes deux branches, & celles des de-
mies roues feront tournées dans un
fens différent, quoique d'ailleurs elles
foient les mêmes; & pour lors c'eft un
fecond pélican jumeau de celui auquel
il reffemble. Tout cela établit quatre
pélicans femblables, montés deux à
deux fur deux corps différens, quoique d'ailleurs conformes, & ne différant entr'eux que par les divers fens
de la courbure de leurs branches, par
les différens fens de leurs demi-roues,
& par les divers ufages qu'ils produifent en opérant fur les dents, aux deux
côtés de l'une ou de l'autre mâchoire;
tantôt en tenant cet inftrument avec la
main droite au côté droit, & avec la
main gauche au côté gauche. La fimi-
litude qui fe rencontre entre ces pélicans, aux circonftances près que je
viens de rapporter, fait qu'il fuffit
d'en décrire un feul, pour donner une
idée parfaite de la ftructure de tous les

autres, & de leur ufage en particulier.

Le pélican fimple, (*a*) eft celui qui n'a qu'une feule branche coudée, & une feule demi-roue. Il eft compofé d'un corps ou d'une piece de bois, d'un effieu, d'une goupille, d'une branche, d'un petit crochet en forme de fer à cheval & d'une vis; le tout d'acier.

Le corps de cet inftrument (*b*), doit être d'un bois ferme & folide, tel que le bois de buis, de cormier, &c. de la longueur d'environ cinq pouces, de l'é-paiffeur d'environ dix lignes, & de la largeur, dans fa plus grande étendue, d'environ un pouce : dans les dimenfions de cet inftrument, il y a plufieurs chofes à confidérer : fon corps proprement pris, comprend le centre & la partie moyenne de fa longueur : fa furface latérale gauche eft convexe; cette convexité fert à deux fins ; 1°. pour rendre l'inftrument plus propre à être empoigné ; 2°. pour le fortifier davantage dans l'endroit où il eft percé d'un trou très-confidérable, qui fert à recevoir l'effieu & à le forti-fier. Pour donner encore plus de force au corps de cet inftrument, on prend

(*a*) Voyez la planche 23 de ce tome, p. 206.
(*b*) Voyez la figure 2 de la planche 21, *idem*, page 202.

G 6

deux lames de fer ou de laiton, suffi-
famment épaiſſes & larges : on les engage en dedans & en dehors , ſuivant
la longueur du manche, ſans qu'elles
excedent le niveau de ſa ſurface : on les
y aſſujettit par quatre goupilles rivées à
rivures perdues, perçant de part en part :
ſon extrémité antérieure doit être re-
gardée comme la partie qui ſert de
point d'appui ſur les dents & ſur les
gencives, en opérant, & la poſtérieure
comme le manche de cet inſtrument.

A l'extrémité antérieure , eſt placée
une eſpece de demi-roue ovale qui lui
eſt contigue : cette demi-roue eſt plate
dans ſes côtés , large d'environ dix
lignes, élevée d'environ cinq à ſix lignes, & épaiſſe d'environ deux lignes :
cette demi-roue eſt priſe dans l'extrémité antérieure de la tige ou corps de
cet inſtrument : là, elle eſt ſituée de
telle façon qu'elle incline un peu obliquement de dehors en dedans , & de
haut en bas : l'extrémité gauche de
l'ovale , que ſa circonférence décrit,
excede la ſurface latérale gauche d'environ deux lignes , tandis que celle
qui lui eſt oppoſée, eſt quaſi à niveau
de la ſurface extérieure de l'extrémité
du corps de cet inſtrument : la ſurface

plate inférieure de cette demi-roue, est enfoncée d'environ une ligne, près du bord oblique de la face inférieure du corps de cet instrument : la même surface de la demi-roue inclinée, comme nous l'avons dit, excede un peu, du côté de la circonférence, le niveau de la surface inférieure de l'arbre ou tige du corps de cet instrument. Toutes ces dispositions servent à porter la demi-roue du côté du crochet de la branche recourbée, tandis que par ses courbures cette branche s'éloigne d'elle : ces courbures servent encore à faire porter la demi-roue, dont la circonférence n'est que très-peu convexe, sur plusieurs dents à la fois, en inclinant du côté des gencives, & même appuyant en partie sur elles.

Sur toute la circonférence de cette demi-roue, on ajoute un ou deux morceaux de peau de bufle, proportionnés à son épaisseur : on les attache avec de la colle forte ; & pour mieux fortifier cette demi - roue, on colle aussi sur ses surfaces plates, un ou deux morceaux de taffetas ou de toile fine. On met par-dessus le tout un linge, qu'on arrête proprement par une ligature de fil à l'endroit de la jonction de la demi-roue au corps de cet inftrument, & pour la propreté on change de tems en tems ce linge.

A la face fupérieure de cet inftrument eft pratiquée une entaille prife dans l'épaiffeur de fon corps, qui fe portant obliquement de dehors en dedans, en s'étendant davantage, fe termine par un demi-cercle, au-delà du centre de la furface fupérieure.

Cette entaille eft profonde dans cet endroit d'environ deux lignes, un peu moins du côté de la demi-roue; & cela pour écarter davantage la furface fupérieure de la demi-roue de la furface inférieure de la branche à crochet. Ces furfaces fe trouvent d'ailleurs éloignées l'une de l'autre par un vuide d'environ deux lignes, qui regne entre la furface de l'entaille, & la furface fupérieure de la demi-roue. Au centre du corps de cet inftrument, il y a un trou d'environ quatre lignes de diametre: ce trou perce d'outre en outre; il eft d'environ cinq lignes de diametre: il fert à loger un effieu (a), qui

(a) Voyez la figure 1 de la planche 22 de ce tome, page 103.

s'affujettit par fon milieu dans ce même trou, au moyen d'une goupille (a), qu'on place dans une engrainure pratiquée dans l'entaille fuivant fa longueur, & qui s'introduit enfuite dans un trou pratiqué dans le corps de l'effieu. Il faut obferver que l'effieu, dont le corps doit avoir un diametre proportionné à ce trou, eft plus gros dans un endroit que dans l'autre ; c'eft pourquoi on l'arrête avec la goupille par la partie la plus étroite de fon corps.

La partie de cet effieu qui excede l'entaille, fert à recevoir la branche recourbée, en faifant la fonction de pivot. Il reçoit auffi un crochet qui fert à arrêter la branche par une engrainure près de fa tête ou de fon extrémité : la longueur de cet effieu, lorfqu'il doit fervir à arrêter deux branches, eft en tout d'environ un pouce ; celle de fon corps, fervant de piédeftal, d'environ cinq lignes & demie ; celle de chaque tige ou pivot, (car il en doit avoir deux, lorfqu'il fert à recevoir deux branches à un pélican double) doit être d'environ deux lignes ; fon diametre d'environ trois lignes d'épaif-

(a) Voyez la figure 2 de la planche 22 de ce tome, page 203.

feur ; l'excédant de la longueur de cet
effieu eft employé pour les deux gorges
ou rainures, & pour les têtes qui les
couvrent. Chaque rainure eft profonde
dans toute fon étendue d'environ une
demi-ligne, & large d'autant.

La branche recourbée (a) fe divife
en trois parties, en tige, en extrémité
antérieure ou crochet, & en extrémité poftérieure ou annulaire. Sa tige
eft carrée : elle a une furface fupérieure percée en forme d'écrou, pour
recevoir la vis qui foutient le crochet
en fer à cheval, (b) une furface inférieure, & deux latérales. Cette tige eft
épaiffe d'environ deux lignes, large de
trois du côté de fon extrémité poftérieure, & de deux lignes vers la premiere recourbure. La longueur de
cette tige eft depuis l'anneau jufqu'à la
premiere recourbure, pour l'ordinaire,
d'environ un pouce & dix lignes : le
refte de cette tige ou branche, s'emploie à fe recourber en différens fens,
& à former fon crochet. La premiere
courbure fe porte de droite à gauche,

(a) Voyez les figures 3 & 4 de la planche 22
de ce tome, page 203.
(b) Voyez les figures 5 & 6 de la planche 22 ;
idem.

la seconde dedans en avant, & de gauche à droite; & la troisieme, en se courbant de haut en bas, forme le crochet.

La premiere courbure est d'environ sept lignes d'etendue hors d'œuvre; la seconde a la même étendue, & la troisieme est d'environ six lignes.

A la face intérieure du crochet, il y a une goutiere qui regne dans toute son étendue, & dont les bords sont dentelés jusqu'à l'extrémité du crochet par de petites traces, ou sillons traversés faits à la lime : une échancrure divise l'extrémité de ce crochet en deux petites dents égales : son extrémité postérieure ou annulaire, est plate, arrondie par sa circonférence, & percée dans son centre d'outre en outre par un trou d'environ trois lignes de diametre. L'épaisseur de cet anneau est d'environ deux lignes du côté de la surface plate, & il a la même epaisseur du côté de la surface circulaire.

Il faut remarquer que si l'on monte une seconde branche à crochet sur le corps de ce même pélican, elle sera recourbée dans le même sens; mais appliquée à la face & à l'extrémité opposée à celle que la premiere branche

occupe. On obfervera la même circonftance pour la fituation de la feconde
entaille qui la doit recevoir.

On obfervera encore qu'au pélican
qui fert à ôter les dents du côté gauche
de la mâchoire inférieure, & du côté
droit de la mâchoire fupérieure, les
courbures de la branche doivent être
tournées à celui-ci dans un fens oppofé,
c'eft-à-dire, de gauche à droite, & de
droite à gauche, excepté la derniere,
qui fera dans les unes & dans les autres
de ces branches recourbées, toujours
de haut en bas, formant ainfi le crochet de leur extrémité antérieure.

La branche recourbée eft arrêtée dans
l'entaille en fa partie annullaire par le
petit crochet en fer à cheval, qui s'engage dans la rainure de la partie de
l'effieu, qui fert de pivot. Ce crochet
a de plus une queue formée par une
petite lame percée d'un trou à fon extrémité, pour donner paffage à une
petite vis (a), qui l'affujettit dans le
petit écrou pratiqué à la furface fupérieure de la tige de la branche à crochet. La longueur de cette queue ou
lame, eft d'environ dix lignes, fon

_____

(a) Voyez les figures 7 & 8 de la planche 22
de ce tome, pag. 203.

épaisseur d'environ une demi-ligne,
de même que celle de son fer à cheval,
qui en se logeant dans la rainure du pivot, entre sa tête & la surface plate de
l'anneau, assujettit la branche par sa
partie la plus étendue dans la cavité
demi-circulaire de l'entaille, tandis
que le reste de la branche se loge, en
s'avançant du côté de la demi-roue
dans l'entaille. De cette façon l'instrument se trouve monté, & en état
d'agir, l'extrémité postérieure tenant
lieu de manche, quoiqu'on y ait monté
une seconde branche, & qu'on y ait
pratiqué une seconde demi-roue; &
alternativement le Dentiste se servant
de l'autre branche, le premier pélican
servira de manche à l'autre.

Le tout ainsi disposé, on peut, à sa
volonté, ôter ou remettre toutes sortes
de branches à cet instrument, pourvu
que d'ailleurs chacune soit garnie d'un
petit crochet en fer à cheval; pourvu
aussi qu'elles ayent leur anneau proportionné à la grosseur du pivot; que
de même la circonférence de l'anneau
soit proportionnée à l'étendue de la partie circulaire de l'entaille qui la doit
recevoir, sans que la surface supérieure
de la branche, excede le niveau de la

surface supérieure du corps du pélican,
& que le fer à cheval soit proportionné
à la rainure, qui doit le recevoir.

En suivant les circonstances que je
viens d'indiquer, on multipliera ces
pélicans jusqu'au nombre de quatre,
qui se réduiront à deux pélicans doubles; lesquels seront propres & convenables à exécuter tout ce qui se peut
pratiquer avec le pélican, bien mieux
que ne le feroient ensemble tous ceux
que l'on a inventés, rectifiés, & mis
en usage jusqu'à présent.

Chaque branche du pélican recourbée à crochet, doit être d'un bon acier;
ces branches seront polies & unies,
sans aucun autre ornement, tous leurs
angles mousses, & ceux de leurs recourbures obtus, afin de ne point incommoder les levres ou les joues.

On fait ces branches plus ou moins
longues, proportionnant la longueur
des recourbures à celle de la tige,
ainsi que la grosseur du crochet, qui
est plus grande dans les plus grandes
branches, & plus petite dans les plus
petites. Il faut observer que la tige de
chaque branche ait toujours par sa partie postérieure & par sa tige une dimension égale, & qu'on ne doit diminuer

léur volume, que vers leur extrémité
antérieure.

La premiere de ees circonstances sert
à rendre toutés sortes de branches propres à tourner sur le même pivot, & à
se placer dans la même entaille. La
seconde circonstance fait que diversi-
fiant les proportions antérieures des
branches, on en aura par ce moyen,
dont le crochet sera proportionné à tirer
certaines dents ou racines, & d'autres
à tirer des dents & racines d'un différent volume & d'une différente figure :
en un mot, pour suppléer à tous les
cas que l'on peut rencontrer dans l'extraction des dents, les branches seront
plus ou moins longues par leurs recourbures, selon que l'on voudra éloigner
plus ou moins de la demi-roue la derniere courbure que forme le crochet.

Quand à la trempe de ces branches,
elles doivent être très-modérément
trempées, un peu plus vers les dents du
crochet, afin qu'elles soient moins cas-
santes ; mais il faut pourtant qu'elles
ayent une force suffisante, pour ne pas
plier dans l'effort, & afin que les dents
du crochet ne s'écrasent pas, & qu'elles
ne viennent pas à se fausser.

Quoique le pélican, dont je viens de

donner la defcription, ait affez de rapport à ceux dont on fe fert ordinairement, il ne laiffe pas d'en être différent : ce qu'on reconnoîtra en exami-
nant bien fa conftruction ; & encore
mieux lorfque l'ufage fera voir la différence avantageufe de fes effets.

Dans celui-ci les entailles affermif-
fent les branches dans leur action ; avantage qui ne fe rencontre pas dans les
pélicans, dont on s'eft fervi jufqu'à
préfent ; parce qu'il faut à ceux-là en-
velopper la branche de linge, ou
d'autre matiere femblable, pour l'affermir avec fon corps, & que non-
obftant cette précaution, elle eft fouvent peu ferme ; ce qui rend par conféquent fon action moins sûre.

Les demi-roues fe trouvent un peu
plus baffes que l'extrémité des crochets,
afin qu'elles appuyent en partie fur la
gencive, & beaucoup moins fur les
dents, que ne font les demi-roues des
autres pélicans, ces dernieres étant
fujettes à enfoncer, ou à ébranler les
dents ; parce qu'elles ne portent pas en
partie fur la gencive & en partie fur
la dent, comme le font celles que je
propofe.

La convexité de l'ovale de la demi-

roue du pélican dont je parle, répond
par sa pente à l'extrémité de la face intérieure du crochet; ce qui fait que sa
puissance agit mieux. La garniture mo-
lette de la convexité empêche que la
gencive ne soit froissée ni contusionnée;
& lorsque la demi-roue est posée sur la
gencive, comme nous l'avons dit, la
levre se trouve logée à la partie inférieure de la demi-roue, sur la face opposée aux entailles.

Il y a des pélicans, qui, au lieu de
demi-roue convexe, ont une piece
ajoutée & mouvante, en forme de de-
mi-croissant, d'environ un pouce de
longueur & d'environ deux lignes de
largeur : cette piece est concave à sa
face antérieure, & lorsqu'elle est montée, sa concavité pose contre plusieurs
dents, qui doivent lui servir d'appui,
tandis que le pélican agit. Cette piece
ajoutée doit être fixe; mais elle ne
l'est pas toujours sur le même appui,
pendant que le corps de l'instrument sur
lequel elle est montée, a la liberté de
se mouvoir de droite à gauche, & de
gauche à droite, sans que l'extrémité
engagée dans la charniere, qui la joint
à la demi-roue en croissant, puisse se

transporter d'un lieu à un autre sans déplacer ce croiffant ; ce qui produiroit un mauvais effet : l'écartement, que ce mouvement produit, agiffant dans l'endroit du pivot, avance ou recule la branche. Pendant qu'il produit cet effet, il arrive fouvent un inconvénient qui en produit un autre, & qui confifte en ce que ce croiffant attaché par le moyen de la charniere à l'extrémité antérieure de la tige, fe trouve fouvent déplacé, lorfque le corps de cet inftrument décrit une ligne oblique, en fe portant de gauche à droite, & de droite à gauche : il réfulte de-là, que le croiffant étant déplacé, il ne fe rencontre plus de réfiftance, & que par conféquent la puiffance ne peut plus agir. D'ailleurs il n'eft pas poffible de fe fervir de cet inftrument dans plufieurs cas, qui, quoique particuliers, ne laiffent pas d'être affez ordinaires ; ce qui fait que cette efpece de demi-roue ou de croiffant, étant concave par fa face antérieure, fi les deux, ou trois dents voifines de celles qu'on veut ôter manquent, l'on ne peut plus appuyer ce croiffant fur les dents voifines de la breche, de même que l'on appuie la
demi-roue

demi-roue de mon pélican. Lorfqu'il s'agit d'ôter la derniere, ou l'avant derniere des dents, ou quelque autre qui eft reftée feule, après la perte de plufieurs autres du même côté, la demi-roue en croiffant, ne pouvant point s'appuyer fur les gencives, il arrive que ces pélicans ordinaires deviennent inutiles dans ces deux derniers cas, comme dans plufieurs autres.

En inclinant & courbant de haut en bas les demi-roues de mon pélican, je l'ai rendu propre à fervir en toutes fortes d'occafions, obfervant les circonftances que j'ai dites. Ce n'eft qu'après plufieurs expériences dont le fuccès a heureufement répondu à mes intentions, que je lui donne la préférence fur tous les autres pélicans. Par les raifons que je viens d'expofer, il eft aifé de comprendre les inconvéniens auxquels les pélicans ordinaires font fujets.

Les courbures des branches du pélican dont je me fers, facilitent beaucoup l'extraction des dents, parce qu'elles les tirent dans un fens horizontal & prefque vertical, en même tems & de dedans en dehors, quoique les dents foient éloignées, pourvu que l'on fache d'ailleurs manier cet inftrument ; au lieu qu'il n'eſt pas poſſible de bien tirer de l'alvéole une dent éloignée , avec les branches droites, ſans riſquer d'intéreſſer les dents qui ſont à côté, & ſans gêner beaucoup les commiſſures des levres.

La commodité de la premiere courbure ſert à loger la commiſſure des levres ſans les fatiguer, quoiqu'on éloigne le crochet de la demi-roue. On s'apperçoit par ce ſeul uſage, que les branches droites n'ont point ces avantages ; car elles gênent conſidérablement les commiſſures lorſqu'on eſt obligé d'éloigner le crochet de la demi-roue : d'ailleurs elles ébranlent, ou renverſent ſouvent les dents, qu'on veut conſerver dans leur place, en portant obliquement ſur elles celles que l'on ôte.

Pour profiter des avantages que mon pélican peut produire, il faut en avoir deux ſemblables, montés chacun de deux branches recourbées, à la différence près que ces branches ſoient recourbées dans un ſens différent, de même que les demi-roues, pour ôter les dents des deux côtés des deux mâchoires : l'un ſert pour le côté droit de la mâchoire inférieure, & le côté gauche de la mâchoire ſupérieure ; l'autre

au contraire fert pour le côté gauche de
de la mâchoire inférieure, & le côté
droit de la mâchoire fupérieure : les
longues branches fervent aux dents
éloignées, & les courtes à celles qui
approchent des incifives.

Il faut remarquer que le pélican
qui fert au côté droit de la mâchoire inférieure, ne peut fervir au côté gauche
de la mâchoire fupérieure, qu'en le
changeant de main. De même celui qui
fert au côté gauche de la mâchoire inférieure, ne peut fervir au côté droit de
la mâchoire fupérieure qu'en le changeant auffi de main.

L'on pourroit encore faire un pélican double (a) qui ferviroit à ôter les
dents en tous les endroits de l'une &
de l'autre mâchoire ; pourvu que les
branches & les demi-roues fuffent
tournées & courbées dans un fens oppofé, c'eft-à-dire, que lorfque la demi-roue & la branche feroient tournées à une extrémité de droite à gauche, la demi-roue & la branche de
l'extrémité oppofée fuffent tournées de
gauche à droite, celui-ci me paroît
plus commode ; mais comme le crochet

[a] Voyez la planche 14 de ce tome, page
207.

H 2

d'une de ſes branches tourneroit du côté du dedans de la main, tandis que l'on opéreroit avec l'autre, & qu'il pourroit incommoder en opérant, je me ſuis déterminé à donner la préférence aux autres.

Je conſeille d'en avoir deux, chacun monté de deux branches, dont la courbure ſoit tournée dans l'un, en chaque branche de droite à gauche (a), & dans l'autre de gauche à droite (b), de même que je l'ai dit dans ce chapitre; parce qu'il ſe peut trouver deux ou trois dents à tirer à la même perſonne, & qu'elles peuvent n'être pas du côté où cet inſtrument pourroit les tirer ſeul. Le Dentiſte ayant dans ſes deux mains les deux pélicans montés de branches convenables par rapport à leur proportion & à celle des dents qu'il doit ôter, il lui eſt facile de tirer pluſieurs dents de ſuite, ſans quitter la bouche du malade; au lieu qu'on ne peut le faire avec ceux dont je viens de parler, lorſque les dents ſont placées aux deux côtés de l'une, ou de l'autre mâchoire, à moins que de ſuſpendre l'extraction de la ſeconde dent, quand

[a] Voyez la planche 25 de ce tom. pag. 208.
[b] Voyez la planche 26, *idem*, pag. 209.

on en a ôté une, afin d'avoir le tems de changer de branche, ce qui eſt impatientant & incommode, tant pour le Dentiſte, que pour ceux qui ſe trouvent dans la fâcheuſe néceſſité de ſouffrir ces opérations.

CHAPITRE XII.

Les uſages du pélican qui ſert à ôter certaines dents, qu'on ne ſauroit tirer auſſi facilement avec tout autre inſtrument.

DE tous les inſtrumens qui ſervent à ôter les dents, un pélican tel que celui que je décris, me paroît être le plus utile : ſon effet eſt plus prompt, plus aſſuré que celui de tous les autres, quand on le ſait bien manier; ſans quoi le pélican, quelque parfait qu'il puiſſe être, eſt le plus dangereux de tous les inſtrumens qui ſervent à ôter les dents : en obſervant les circonſtances requiſes, nous ôtons par ſon moyen quantité de dents, & quantité de racines que nous ne pourrions pas ôter, s'il n'avoit pas la perfection que je lui ai donnée.

H 3

Si l'on se sert du pélican, le malade étant situé d'une façon convenable, on observera avec attention les circonstances suivantes.

Lorsqu'on ouvre la bouche de quelqu'un pour lui ôter une dent, il faut observer de ne pas trop éloigner la mâchoire inférieure de la supérieure ; parce que négligeant cette précaution, on s'expose à causer une luxation à cette partie, comme il arriva à Angers à une Religieuse de Sainte-Catherine, suivant le rapport de la Religieuse même & des autres Religieuses du même monastere : le Chirurgien en fut si effrayé, qu'il ne sut comment s'y prendre pour y remédier ; ce qui obligea d'avoir recours à un autre Chirurgien plus expérimenté que celui-là.

Les racines & les dents qui tiennent beaucoup, & qui ont de la prise du côté de leur surface intérieure, sont tirées avec le pélican. La manœuvre qu'on pratique pour tirer les racines en particulier avec cet instrument, ne differe point de celle qui convient pour ôter les dents entieres. On observe que la position de la demi-roue & du crochet ne doit point différer en l'un & en l'autre côté des mâchoires, qu'autant qu'il est nécessaire d'éloigner, ou d'approcher la demi-roue du crochet, à proportion que la dent qu'on veut ôter est éloignée des incisives , & celle-ci des molaires.

Pour affermir la branche contre le corps de cet instrument, on éloigne le crochet de la demi - roue , & on met entre la branche & la feuillure , ou entaille, un petit morceau de papier roulé : si la branche s'en écartoit, on l'y arrêteroit avec un petit lacet, dont on entoureroit l'instrument.

Les dernieres molaires de la mâchoire inférieure sont quelquefois très-difficiles à ôter , à cause de leur éloignement, & de l'épaisseur de l'os en cet endroit : il y a même des cas, où il est impossible d'en venir à bout avec le pélican ; sur-tout lorsque le nombre de trente-deux dents est complet, à cause du peu de prise que le crochet du pélican trouve quelquefois sur la couronne de ces sortes de dents. Lorsqu'elles percent, souvent il arrive des accidens si fâcheux , qu'on est obligé de les ôter de quelque maniere que ce soit.

Il y a des grosses molaires qui sont encore très-difficiles à tirer , lorsque elles ont plusieurs racines , & qu'elles

H 4

font adhérentes, écartées ou barrées.
Quand elles font écartées, elles rompent, ou dilatent l'alveole; parce que
le colet de la dent eft plus menu que
le corps, & que leurs racines font trop
écartées les unes des autres par leur
extrémité.

Pour remédier à la fracture de l'alvéole, lorfqu'on a tiré une pareille
dent, il faut preffer les gencives avec
le pouce & le doigt indicateur: on rapproche ainfi les parties qui font divifées
ou rompues, lefquelles fe rétabliffent
bientôt d'elles-mêmes, les fibres de cet
os étant peu ferrées.

S'il arrive que quelques portions des
parois offeux de l'alvéole, foient écartées, ou ayent fouffert un déplacement
total, on doit abfolument ôter ces portions d'alvéoles, parce qu'elles ne peuvent pas fe réunir. En ce cas, il faut les
regarder comme un corps étranger &
nuifible. Quant aux pieces offeufes, qui
font encore attachées par quelqu'une
de leurs parties, il faut les rétablir
dans leur lieu naturel avec une fonde,
ou avec quelqu'autre inftrument convenable qu'on introduit pour cet effet
dans l'alvéole. Après avoir rétabli les
alvéoles, on comprime les gencives
fuffifamment pour les rapprocher.

Les dents dont les racines font barrées, font plus dangereufes à ôter, que
celles qui font écartées ; parce que cette
fubftance-fpongieufe de laquelle nous
avons parlé ailleurs, fe trouvant ren-
fermée dans l'efpace de leurs racines,
il eft impoffible de les tirer, fans emporter cette portion fpongieufe, ou fans
rompre les racines de la dent qu'on veut
ôter : voilà ce qui a donné occafion à
l'erreur du peuple, qui croit que ces
fortes de dents ont une barre, qui
prend de l'une des racines à l'autre.

Si les dents qui ont leurs racines cro-
chues, emportent ou écartent certaines
portions de l'alvéole, cela n'arrive que
parce que les dents ont plus de force,
que la portion de l'os qui s'oppofe à
leur fortie : fi au contraire les dents
font plus foibles que les alvéoles, elles
fe caffent, & leurs racines reftent dans
les cavités de l'alvéole où elles font
enchaffées.

Ce ne font pas feulement les dents
barrées qui font difficiles à ôter, il y
en a de figurées par leur racine, & de
recourbées en divers fens, de maniere
qu'il n'eft pas poffible de les ôter, fans
s'expofer aux mêmes inconvéniens,
quelque parfait que foit l'inftrument

H 5

dont on fe fert, & quelque précaution que prenne le Dentifte le plus adroit.

Il y a des dents adhérentes aux alvéoles , & avec les parois defquels elles fe trouvent confondues & intimement unies. Ces dents ne peuvent être ôtées, qu'une portion de l'os maxillaire , & même de la cloifon des alvéoles ne les fuive , à moins que la dent ne fe caffe. Ce qu'il y a de plus fâcheux en cela , c'eft qu'avant que d'opérer , on ne peut nullement diftinguer cette fâcheufe difpofition , & que d'ailleurs quand on la reconnoîtroit , on n'en tireroit aucun autre avantage , que celui de faire un pronoftic défavantageux au fujet , & capable de l'intimider. On ne peut dans un cas femblable fe mettre à couvert de la violence que l'on a été obligé de faire malgré foi , qu'en faifant connoître à la perfonne à qui on a tiré de pareilles dents , qu'il n'a pas été poffible de les lui ôter autrement , lui faifant comprendre que ce ne font que les circonftances fâcheufes qui rendent ces fortes d'opérations laborieufes & fujettes à cet inconvénient.

Pour ôter avec le pélican, les racines , ou les dents molaires & canines

du côté droit de la mâchoire inférieure,
on fait affeoir le fujet fur une chaife
baffe : enfuite le Dentifte fe met derriere, & il appuie la tête du fujet
contre fa poitrine pour l'affermir : il
porte le doigt indicateur de la main
gauche fur la furface extérieure des
dents de cette mâchoire, le doigt du
milieu fur le menton, l'annulaire &
& l'auriculaire deffous, entre la fym-
phife & l'angle droit inférieur de la
mâchoire inférieure : il tient l'inftrument de la main droite : il pofe fa
demi-roue fur la gencive & les dents
les plus proches des racines, ou de
la dent qu'il veut ôter. Après cela,
il pofe le crochet du pélican fur la
partie moyenne de la furface intérieure
de la dent qu'il doit enlever, ou il le
defcend plus bas. S'il n'y a point de
prife pour affermir ce crochet dans cet
endroit, & aider fon action, le Dentifte pofe le pouce de la main gauche deffus, & le doigt indicateur à côté,
ou bien il fait fervir le doigt indicateur
à abaiffer la levre, & tirant & élévant le
tout un peu de droite à gauche, il fait
fortir ainfi les racines, ou la dent de
l'alvéole. Les dents femblables du côté

gauche de cette mâchoire, feront tirées de même, en tenant l'inftrument
de la main gauche, faifant agir la main
droite de la même maniere que l'on a
fait agir la gauche de l'autre côté.

Pour ôter les incifives de cette mâchoire, le Dentifte doit être placé
devant le fujet, tenant l'inftrument de
fa main droite, ou de fa main gauche,
s'il eft néceffaire. Enfuite il pofe le crochet & la demi-roue du pélican, comme
il vient d'être dit, tenant les dents voifines avec le doigt indicateur & le pouce
de la main oppofée à celle qui tient
l'inftrument, pour affujettir la mâchoire
dans les mouvemens qu'il faut faire
pour ôter la dent.

A l'égard des racines, ou des canines
& molaires du côté droit, ou du côté
gauche de la mâchoire fupérieure, le
manuel eft le même que pour celles de
l'inférieure ; parce qu'il faut du côté
droit, ou du côté gauche, tenir l'inftrument de la main du même côté que fe
trouve la racine, ou la dent qui doit
être ôtée, & porter le pouce de la main
oppofée à celle qui tient l'inftrument,
fur la partie inférieure de la furface extérieure du crochet : le doigt indicateur

fe pofe également fur la furface extérieure, mais au-deffus du crochet, afin
que ces deux doigts conduifent & pouf-
fent le crochet dans fon action. Lorfque les dents qu'on veut ôter, ne font
pas des plus éloignées, on affermit le
menton avec les autres doigts ; au lieu
que quand elles le font, on ne peut
porter que le pouce, fur la partie inférieure du crochet.

Si l'on veut ôter les incifives de la
mâchoire fupérieure, le fujet étant
affis fur une chaife baffe, le Dentifte eft
fitué derriere lui, & affermit fa tête,
comme il a été dit. Pour ôter celles
du côté droit, il tient l'inftrument de
fa main droite, appuyant le pouce &
l'indicateur de fa main gauche fur le
crochet, pour faciliter la fortie de la
dent ; le refte des doigts de cette main
portant deffus & deffous le menton,
pour l'affujettir. Lorfqu'on veut tirer
les dents du côté gauche, on obferve
les mêmes circonftances, changeant
feulement les fonctions de l'une & de
l'autre main.

S'il arrive qu'une dent fe caffe fous
l'inftrument, il faut faire tout fon poffible pour ôter ce qui en refte. S'il y a

en cela trop de difficulté, il faut différer l'opération, en attendant que la
difposition devienne plus favorable, à
moins qn'une hémorrhagie produite par
l'artere qui fe trouve toujours dans le
canal de chaque racine d'une dent, ne
fournisse trop de fang, & que cette
hémorrhagie n'ait pu être arrêtée par
les moyens indiqués dans la fuite de
ce chapitre, ou à moins que la douleur
ne nous y oblige, parce qu'avec le tems
ces racines fe découvrent de deffous les
chairs en fe détachant peu-à-peu de
l'os de l'alvéole qui les comprime ; ce
qui fait qu'elles font alors plus aifées à
ôter, & que le déchirement n'eft pas fi
confidérable.

S'il y avoit des fecrets pour tirer les
dents avec autant de facilité, que les
Opérateurs des carrefours & places pu-
bliques, tâchent de le perfuader au
peuple, je conviens qu'on ne pourroit
affez les payer, puifqu'on épargneroit
beaucoup de douleur à ceux qui ont le
malheur d'être attaqués du mal de dents,
& d'en être violemment tourmentés :
la connoiffance que j'ai des dents &
des maladies qui les affligent, m'a
toujours fait croire, que ces fortes de

gens n'avoient qu'une méthode propre
à fafciner les yeux du public : la peine
que j'ai prife, pour tâcher de découvrir le myftere de ces affronteurs,
m'a éclairci & mis entiérement au fait
de leur fupercherie : toute leur adreffe
confifte à gagner quelques pauvres mal-
heureux, qui fe fourrent parmi la po-
pulace attentive au récit des promeffes
de l'impofteur empyrique : les feints
malades à gages, fe préfentent à divers tems, & le prétendu Opérateur
qui tient dans fa main une dent toute
prête enveloppée dans une membrane
très-fine avec du fang de poulet, ou
d'un autre animal, introduit fa main
dans la bouche du feint malade, &
y laiffe la dent qu'il tenoit cachée :
après quoi il n'a qu'à toucher, ou
faire femblant de toucher la dent avec
une poudre, ou une paille, ou avec
la pointe de fon épée : il n'a même,
s'il veut, qu'à fonner une clochette à
l'oreille du prétendu patient, qui écrafe
pendant ce tems-là ce qu'on lui a mis
dans la bouche : on le voit auffi-tôt
cracher du fang & une dent enfanglan-
tée, qui n'eft pourtant que la dent que
l'impofteur, ou le fuppofé malade

avoit introduite dans fa bouche. Si dans la foule quelqu'un trompé par ce ftratagême, fe préfente pour fe faire tirer une dent, la poudre, la paille, &c. n'étant plus de mife, l'Opérateur ambulant trouvera bien-vîte une dé-faite : il ne manquera pas de fuppofer que la fluxion eft trop forte ; qu'il faut patienter encore quelques jours, ou bien que cette dent eft une dent œil-lere qu'il ne faut point tirer ; parce que ces fortes de dents, &c. font, comme ces empyriques le prétendent, relatives à l'œil, qui feroit, difent-ils, bientôt perdu, fi on les ôtoit. Si ces affronteurs avoient bien appris la partie de la Chirurgie qu'ils avilif-fent par une impudente pratique & une ignorance groffiere ; s'ils avoient étudié l'anatomie, ils auroient con-nu que les nerfs qui vont aux canines, fortent de la même fource que ceux des autres dents, & que l'œil n'a pas plus de communication avec les dents qu'ils appellent œilleres, qu'avec les autres.

Il y a autant de dents œilleres pour ces prétendus Dentiftes, qu'il y a de dents dans la bouche ; car pour peu qu'ils en rencontrent qui leur paroiffent difficiles à ôter, ils rengaînent bien-vîte leur épée, avec la pointe de laquelle ils fe vantoient de les ôter, & remettent ainfi dans le fourreau tous les coups adroits, dont ils font parade dans les Provinces, & à Paris fur le Pont-neuf, théâtre ordinaire de ces impofteurs, qui ayant alarmé les malades par cette fauffe opinion des dents œilleres, les affurent après cela que moyennant une certaine fomme, ils ne laifferont pas de les guérir, & qu'ils ont pour leur mal, un remede immanquable, dont ils poffedent eux feuls le fecret : les malades qui ont la foibleffe de les croire, fe trouvent à la fin les dupes de leur pratique téméraire, auffi-bien que de leur mauvaife théorie.

Afin de détromper le vulgaire au fujét des dents œilleres, je me fens obligé d'avertir que j'en ai tiré un grand nombre, fans qu'il foit arrivé aucuns des accidens dont on fe laiffe ordinairement intimider, même fans m'être apperçu, qu'il arrive plus d'accidens à ces fortes de dents-là, qu'aux autres. Les Praticiens & les Auteurs de bonne foi ont obfervé la même chofe.

Pour éviter la fracture de l'alvéole,

dans le cas où les dents ont leurs racines longues & adhérentes, il faut les ébranler seulement avec le pélican ; ce qui se fait comme si l'on vouloit les ôter. Lorsqu'on a ébranlé une dent à la mâchoire supérieure, on acheve, sans sortir de sa place, l'opération avec le davier. Si le davier ne convient pas, on passe devant le sujet, & on a recours aux pincettes droites, pour tirer la dent de haut en bas.

Si l'on a ébranlé quelque dent à la mâchoire inférieure avec le pélican dans le dessein de l'ôter, après l'avoir ébranlée, on l'ôte avec le davier, en la tirant de bas en haut. Si les incisives ne peuvent se tirer avec cet instrument, il faut passer du côté gauche de la personne, & porter le bras droit par-dessus sa tête, pour tirer la dent avec les pincettes droites.

On ne doit pas ignorer que les dents, après avoir été ôtées de leurs alvéoles, peuvent reprendre, étant remises sur le champ dans leur place, quand même elles seroient cariées ; pourvu qu'elles le soient légérement, & qu'on ait la précaution, après qu'elles seront de nouveau unies à l'alvéole, d'en ôter toute la carie, & de les plomber : elles pourroient même, en cas de besoin, être transférées d'une bouche dans une autre, & y reprendre avec la même facilité que celles qui sont saines. Dans ces sortes de transports de dents, on doit toujours préférer la dent parfaitement saine.

Il ne faut pas que l'on regarde comme une fable le transport d'une dent avec succès d'une bouche dans une autre, non-seulement parce qu'il y a d'anciens Auteurs qui le proposent, tel qu'Ambroise Paré & plusieurs autres ; mais encore parce qu'on voit par des expériences journalieres, que des dents transplantées d'un alvéole dans l'alvéole d'une bouche différente, se sont conservées plusieurs années fermes & solides, sans recevoir aucune altération, & servent à toutes les fonctions auxquelles les dents sont propres ; jusques-là qu'il s'en est vu résister à la violence du mercure après la salivation tandis que leurs voisines en étoient ébranlées, quoique naturelles. A plus forte raison, les dents remises dans leurs alvéoles naturels doivent tenir & durer long-tems ; à moins que quelque accident ne les attaque, de même qu'il pourroit attaquer les dents les plus

faines, & qui n'ont jamais été déplacées; c'est pourquoi il ne faut point négliger: lorfque la dent n'est point trop
gâtée , de la remettre dans fon alvéole,
lorfqu'on l'a ôtée par méprife , ou que
la violence de la douleur nous y a obligé ; puifque l'on peut par là guérir le
malade , & lui rendre fa dent. Cette
opération réuffit fort bien aux incifives
& aux canines, & bien fouvent aux petites molaires , lorfqu'il n'y a pas trop
d'écartement.

Elle a réuffi tant de fois , que je fuis
étonné qu'il y ait encore aujourd'hui
des Auteurs & des Praticiens qui la
prétendent impoffible : on peut voir
au chapitre 30 du tome premier, quel
eft le fuccès que j'ai eu dans de femblables opérations : ce qui fe trouve
fort oppofé au fentiment du célebre
M. Dionis. Cet Auteur fuit en cela
l'opinion de M. Verduc (a) , qui tient
que de tels faits font apocriphes , &
qu'il n'eft pas poffible de raffermir dans
les alvéoles , les dents remifes & tranf-
plantées. Je fuis d'autant plus furpris
que ces deux Auteurs fe récrient de la

[a] Il étoit Maître Chirurgien à Paris, célebre
Anatomifte, & Auteur de plufieurs livres de
Chirurgie.

forte, à l'occasion d'une dent que M.
Carmeline (*a*) avoit ôtée & remise sur
le champ avec succès, que ce fait étoit
constant, rapporté & vérifié par M.
Carmeline. Le cas étant devenu assez
commun, j'espere qu'à l'avenir on n'aura pas de peine à le croire.

Les dents qu'on remplace pour l'ordinaire, sont les incisives, les canines
& les petites molaires; parce que ce
sont celles qui servent le plus à la prononciation & à l'ornement de la bouche. Il est important d'observer, pour
y bien réussir, que la personne à qui
on fait cette opération, soit d'une bonne
santé; que l'alvéole & les gencives dans
lesquelles on veut remettre une dent,
n'aient point trop souffert de déchirement dans l'extraction de la dent qu'on
doit remplacer; que la personne ne soit
pas d'un âge trop avancé, & que les
gencives & l'alvéole ne soient point
trop affaissées.

Outre ces circonstances, il faut encore que la dent étrangere, que l'on
veut transplanter d'une bouche dans
une autre, soit de la même espece &
proportionnée à celle qui est gâtée,

[a] Il étoit Maître Chirurgien à Paris, &
célebre Dentiste.

qu'on veut ôter & remplacer. Cette proportion doit être plus exacte entre la racine & l'alvéole qui doit la recevoir, qu'au reste de la dent. En un mot, il faut que les proportions de ces deux parties soient assez justes, pour que les liqueurs & le suc nourricier qui doivent s'y porter, les puissent unir, les fortifier & les rendre aussi solides qu'il arrive ordinairement aux dents que l'on a ôtées & remises sur le champ dans leur même alvéole.

Si l'on veut transplanter une incisive ou une canine d'une bouche dans une autre ; il faut que la personne à qui on veut mettre la dent étrangere, ait encore dans sa bouche la dent ou la racine de la dent pareille, non-seulement pour pouvoir considérer la place, mais aussi la grosseur, la longueur, & la figure du corps de la dent qu'on veut substituer ; ce qu'on doit observer autant qu'il est possible : en ce cas, on commence par tirer la dent, qui doit remplacer celle dont il s'agit ; car, si l'on ôtoit l'autre auparavant, le sang se coaguleroit dans son alvéole ; ce qui pourroit par la suite empêcher l'union de la dent qu'on y veut introduire : si pourtant après avoir ôté la dent qui doit être

remplacée, celle qu'on a tirée la premiere ne se trouvoit pas propre, &
qu'il fallût en tirer une autre, il faudroit en ce cas ôter avec une fausse tente
ébarbée le sang qui se seroit coagulé
dans l'alvéole, où l'on veut replacer
la dent. On ôte ces dents avec précaution, crainte de casser l'une ou
l'autre; c'est pourquoi, il ne faut point
tirer tout d'un coup celles qu'on doute
être adhérentes; mais il faut les tirer
peu-à-peu : lorsqu'elles sont suffisamment ébranlées avec le pélican, on
acheve de les tirer avec les pincettes
droites ou avec le davier. Pour mieux
ménager la gencive de la mauvaise
dent ou racine que l'on veut ôter &
remplacer, il faut auparavant déchauf-
fer la dent ou la racine avec un déchauffoir bien tranchant.

La dent qui doit faire place à celle
qu'on a dessein de remettre, ne doit
être ôtée que dans l'instant qu'on veut
la remplacer. Lorsque la dent, qui a
été ôtée la premiere, est mise dans sa
place, on l'assujettit aux dents voisines
avec le fil pendant douze à quinze
jours, & même plus s'il est nécessaire.

Avant que de tirer ces sortes de dents,
on doit en mesurer & compasser les

proportions autant qu'il eft poffible,
& fi la dent que l'on veut remettre,
fe trouvoit trop large ou trop longue,
on peut en diminuer le corps avec la
lime, avant que de la tirer & de la
remettre.

Il y a une autre maniere de remettre des dents humaines ou naturelles,
que je n'ai encore vu pratiquer que par
un Dentifte de Province, dont j'ignore
le nom. Cette maniere eft finguliere,
& pourroit bien être bonne, fur-tout
quand les perfonnes font encore jeunes
& d'une parfaite fanté, que les alvéoles
& les gencives ne font point trop affaiffées, & que la racine de la dent qu'on
veut ôter, eft affez longue, pour que
celle qu'on lui fera fuccéder fe trouve
logée & établie de façon à durer long-
tems.

Si quelqu'un a une dent incifive ou
une canine qui foit cariée jufqu'au
point d'être noire, douloureufe, &
même rompue, & que l'on veuille s'en
défaire, il faut l'ôter avec toutes les
précautions néceffaires, pour que la
gencive, ni l'alvéole, n'en foient point
trop intéreffés, c'eft-à-dire, qu'il n'y
ait point trop de déchirement à ces
deux parties. Enfuite on choifira une
pareille

pareille dent humaine : il eſt indifférent qu'elle ſoit ou récemment ou depuis long-tems tirée. On l'ajuſtera de
maniere qu'elle ſoit proportionnée en
tous ſens, autant qu'il ſera poſſible, à
celle qu'on veut remplacer : on y fera
des coches ou des petites entailles,
d'environ une bonne ligne de largeur,
& d'une demi-ligne de profondeur,
ſur trois ou quatre endroits de ſa racine : cela fait, on introduira cette
dent dans l'alvéole où étoit la mau-
vaiſe ; elle y ſera aſſujettie au moyen
d'un fil de ſoie, dont on fera pluſieurs
tours circulaires & croiſés ſur cette dent
& ſur celles qui lui ſont voiſines, en
paſſant & repaſſant le fil dans leurs intervalles, ſans néanmoins que les gencives en ſojent trop incommodées : après
que cette dent aura été ainſi placée, &
qu'elle ſera reſtée en cet état pendant
vingt-cinq ou trente jours, on ôtera le
fil de ſoie, & elle ſe trouvera raffermie
dans l'alvéole, qui ſerrant de tous côtés
la racine de cette dent, aura pu pouſſer
des accroiſſemens dans les coches ou
entailles qu'on y aura faites. C'eſt ainſi
que cette dent pourra reſter incruſtée &
ſubſiſter pendant un tems conſidérable.

Pour en augmenter la ſtabilité & la durée, on peut, avant que de la mettre en place, la percer d'une de ſes parties latérales à l'autre, en y faiſant deux petits trous de chaque côté, très-près de la gencive, pour donner paſſage à un fil d'or d'une groſſeur convenable, qu'on introduira dans l'intervale d'une ou de deux dents voiſines, où il ſera aſſujetti & arrêté, en le tordant par les deux bouts, qu'on prendra enſemble avec les pincettes à horloger. Ce dernier conſeil que je donne me paroît plus ſûr que tout le reſte, & je ſuis très-convaincu que la dent tiendra beaucoup mieux, par le moyen que je propoſe.

Après avoir tiré une dent ou une racine, ſes vaiſſeaux ſanguins ou ceux de l'alvéole, fourniſſent quelquefois une hémorrhagie, qui, quoique petite en apparence, ne laiſſe pas ſouvent d'être de durée, d'effrayer le malade & les aſſiſtans, & d'embarraſſer le Dentiſte, s'il ne ſait pas y remédier.

Si l'hémorrhagie eſt produite par la rupture des racines, en voulant ôter la dent, & qu'on ſoit aſſuré qu'elle vienne du rameau d'artere, qui portoit auparavant la nourriture à la dent, il faut

examiner d'où le fang fort, & mettre
fur le vaiffeau le ftiptique ou le cautere actuel : quand on ne voit point
l'extrémité du vaiffeau, il faut néceffairement ôter les racines de la dent, fans
quoi l'hémorrhagie fubfifteroit toujours.
Les ftiptiques qu'on emploie pour l'une
& pour l'autre de ces hémorrhagies,
font, ou l'eau alumineufe, l'eau ftiptique de Rabel, ou celles dont voici les
compofitions, & qui ne font pas moins
efficaces.

Prenez du vitriol d'Angleterre, ou
de la couperofe la plus verte, une livre,
& de l'eau-de-vie une pinte : mettez le
vitriol dans un grand creufet ou pot
de terre, couvert d'un tuileau, ou à
fon défaut, dans un plat de terre un
peu grand & non verni, couvert d'un
autre plat de la même grandeur : enfuite mettez le vaiffeau dans un feu de
roue recouvert de charbon allumé : en-
tretenez le feu pendant cinq à fix heures, afin que le vitriol fe déflegme, &
qu'il devienne rouge comme du fang :
après quoi, retirez-le du feu pour le
laiffer refroidir & le mettre en poudre : cette poudre fera mife dans un
grand matras, & par-deffus on verfera

l'eau-de-vie, laquelle ne doit aller
qu'à la moitié du matras à caufe de la
fermentation de ces drogues : le matras étant bien bouché, on le met pendant vingt-quatre heures fur les cendres chaudes, qui feront pour cet effet
dans un grand plat, que l'on mettra
fur un fourneau ou réchaut garni de
feu, capable d'entretenir une chaleur
douce & tempérée : on aura foin de
remuer de tems en tems le matras, &
lorfqu'on le retirera, on le laiffera re-
pofer, pour verfer la liqueur à clair
dans des bouteilles, qu'on tiendra bien
bouchées. Pour fe fervir de cette liqueur,
on en imbibe plufieurs petits tampons
de charpie, qu'on met les uns fur les autres dans la cavité qui fournit le fang,
& l'on applique par-deffus un plumaceau imbibé. Si l'alvéole & les gencives ont fouffert du déchirement, on
affermit le tout pendant un quart-
d'heure avec le doigt indicateur & avec
le pouce, & on preffe les deux côtés de
la genéive. Lorfque ces parties n'ont
point été déchirées, ni écartées, on
met fur le plumaceau une ou deux petites compreffes, afin que le malade
venant à fermer fa bouche, le tout foit

comprimé par les dents de la mâchoire
oppofée ou par la gencive, s'il ne fe
trouve pas de dents vis-à-vis.

Quand l'hémorrhagie eft grande,
après avoir imbibé ces bourdonnets de
la liqueur, on les roule dans de la poudre d'éponge brûlée, & on les laiffe
dans la cavité de l'alvéole jufqu'à ce
qu'ils tombent d'eux-mêmes. Le malade ne doit manger que quelques heures après l'application de ce remede,
& il ne doit rien faire qui foit capable
de l'émouvoir ou de l'échauffer.

J'ai toujours préféré ce ftiptique à
tout autre, parce qu'il fait ordinairement fon effet dans une feule application. On peut cependant fe fervir avec
beaucoup d'utilité de celui que M. Lé-
mery donne dans fon Cours de Chymie,
page 504, dont voici la compofition.

Prenez du colcothar ou vitriol rouge,
qui refte dans la cornue après qu'on en
a tiré l'efprit & l'huile, cinq dragmes;
de l'alun de Rome & du fucre candi,
de chacun demi-once; de l'urine d'une
jeune perfonne, & de l'eau de rofe, de
chacun quatre onces; de l'eau de plantain feize onces. Agitez le tout enfemble long-tems dans un mortier; puis ren-
verfez ce mélange dans une bouteille:

I 3

il faudra verfer par inclination la liqueur, quand on voudra s'en fervir.

En certains cas, qui à la vérité ne
font pas ordinaires, l'hémorrhagie eft
occafionnée, ou par l'extraction de
quelque dent, dont le volume ou dont
l'écartement des racines eft fort grand,
ou parce que les alvéoles font adhérentes aux racines des dents, à un tel point
que la dent & l'alvéole ne font plus
qu'un même corps : alors il fe fait des
éclats ou des déperditions de fubftance,
non-feulement de l'alvéole, mais encore de la gencive : ce qui peut occa-
fionner des hémorrhagies prefque in-
furmontables ; parce que la diftribu-
tion des vaiffeaux varie fouvent dans
le corps de l'homme. On en a vu mou-
rir par de femblables accidens ; c'eft
pourquoi il eft bon de favoir tous les
moyens qui peuvent fervir à y remédier, & les caufes qui ont rendu quelquefois inutiles les applications des af-
tringens, des ftiptiques, du bouton de
vitriol, & même du cautere actuel &
potentiel. L'inutilité de tous ces remedes dépend du défaut de compref-
fion, ou de ce qu'elle n'eft pas affez
long-tems continuée : ces fortes de remedes ne pouvant produire que très-

imparfaitement leur effet, sans le secours de la compression, parce que les
impulsions réitérées, qui se produisent
continuellement dans les arteres, à
l'abord des colonnes de sang actuelle-
ment déterminées à s'y porter par chaque contraction, qui se produit dans le
cœur & dans l'artere même, chassent
& expulsent tout ce qui n'est pas capable de leur résister. De-là vient le peu
d'effet des stiptiques dans certains cas,
& la nécessité de la compression dans
l'application de tous les remedes qu'on
met en usage, pour arrêter les hémorrhagies. C'est pourquoi, on ne sauroit
assez recueillir les observations qui ont
du rapport au cas dont nous parlons, ni
ramasser trop de circonstances, pour les
mettre en pratique dans les différentes
occasions qui se présentent à l'imprévu.

Il survient quelquefois des fluxions
aux gencives & aux joues, après qu'on
a ôté une dent; soit que cela vienne
d'une disposition qui s'y rencontroit
auparavant, soit que l'ébranlement ou
l'écartement de l'alvéole, qui est arrivé
par la sortie de la dent, l'ait produite.
Il faut y remédier en faisant user au malade de rafraîchissemens convenables,
& en le faisant saigner; si la fluxion est

I 4

grande. D'ailleurs, on aura recours, s'il eſt néceſſaire, aux topiques déja propoſés en ſemblables occaſions.

Si l'on obſerve réguliérement tous les moyens que j'ai donnés pour la conſervation des dents, on évitera ſouvent d'être réduit à la fâcheuſe néceſſité de les détruire. Ce n'eſt qu'avec regret que je me détermine à ôter des dents, non pas par rapport à la violence de l'opération, qui n'eſt jamais ſi conſidérable, que les douleurs qu'elles cauſent, ni par rapport aux ſuites fâcheuſes qui peuvent en arriver; mais j'héſite, j'élude & je differe à les ôter par le grand cas que j'en fais, & à cauſe de l'importance de leur uſage. Si chacun avoit les mêmes égards, on conſerveroit autant de dents, que l'on en détruit mal-à-propos, & on n'auroit pas tant de mépris pour ceux qu'on appelle Arracheurs de dents, dont quelques-uns à la vérité ne méritent qu'un tel titre, tandis que bien d'autres méritent celui de Conſervateurs de dents; puiſqu'ils les conſervent non-ſeulement autant que les regles de l'art le peuvent permettre, mais encore qu'ils emploient leur génie, en imitant la nature, à réparer les défauts qui reſtent à une bouche, lorfque l'ouvrage de cette même nature vient à manquer. On ne fauroit refufer à ces derniers le titre de Chirurgiens Dentiftes, puifqu'ils pratiquent exactement dans toute fon étendue une partie de la Chirurgie, qui certainement n'eft qu'eftimable par elle-même, & qui n'a jamais pu devenir méprifable que par l'abus qu'en ont fait certaines gens qui s'en font emparés, qui l'ont pratiquée fans jamais avoir acquis les connoiffances néceffaires & fuffifantes, & qui ont trompé & rebuté le Public. De-là il eft arrivé que le vulgaire, qui n'eft pas toujours capable de faire une jufte eftimation du mérite, a confondu l'homme de bonne foi avec le fourbe, l'expérimenté avec l'ignorant; & qu'enfin, on a méprifé le Dentifte & fa profeffion, qui, fans de tels inconvéniens auroit toujours été confidérée autant que plufieurs autres parties de la Chirurgie, qui ne font ni plus utiles, ni plus importantes à la confervation de l'homme.

*Explication de la planche XXI, qui con-
tient les figures du levier & du corps du
pélican, qui servent à ôter les dents.*

LA *figure I* représente l'instrument
nommé levier, vu latéralement dans
toute son étendue.

    A. La tige.

    B. La goutiere située à l'extrémité
antérieure de cette même tige.

    CC. La vis de cette tige.

    D. Son manche.

    E. Un écrou roulant sur la vis de cette
tige.

    F. Sa branche.

    G. Son crochet recourbé & muni de
deux petites dents formées au moyen
d'une goutiere.

    H. La vis sur laquelle est monté le
crochet.

    La figure II représente le corps du pé-
lican, détaché de ses branches & contigu
aux deux demi-roues, vu par sa surface
supérieure dans toute son étendue.

    I. Le centre, ou sa partie la plus
étendue en largeur, & la plus convexe.

    KK. L'entaille.

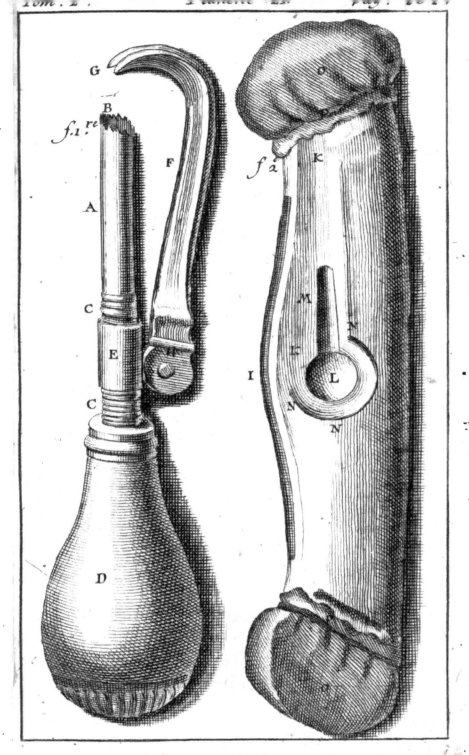

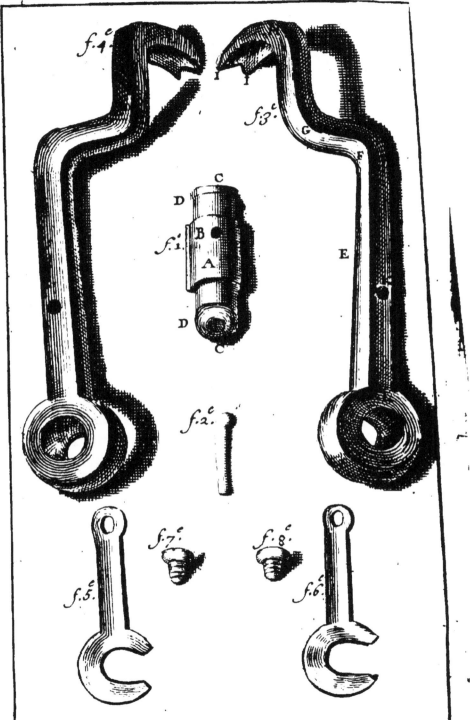

L. Le trou qui doit recevoir l'essieu.

M. L'engrainure pratiquée dans l'entaille qui sert à loger une goupille qui affermit l'essieu.

NNN. La circonférence arrondie de l'entaille.

OO. Chaque demi-roue garnie d'un linge.

PP. Le lien qui assujettit le linge qui enveloppe chaque demi-roue.

Explication de la planche XXII, qui contient la figure de plusieurs pieces du nouveau pélican, démontées & séparées les unes des autres.

LA *figure I* représente une piece nommée essieu, laquelle doit être engagée dans le corps du pélican, en maniere d'axe, ses deux extrémités servant de pivot, cette piece vue de façon qu'on apperçoit distinctement son trou, son engrainure & toutes ses parties.

A. La partie la plus saillante de cet essieu.

B. Le petit trou qui reçoit la goupille qui sert à l'affermir.

CC. Les deux extrémités de cet essieu faisant fonction de pivot.

I 6

DD. La rainure recevant le crochet en fer à cheval, lorfque les branches font montées.

La figure II repréfente une goupille qui affujettit l'effieu dans fa fituation.

La figure III repréfente la branche du pélican, recourbée de droite à gauche, vue par fa furface fupérieure & par l'une de fes furfaces latérales.

E. La partie droite & la plus étendue de cette branche.

F. La premiere recourbure.

G. La deuxieme recourbure.

H. La troifieme recourbure.

II. Les dents, la goutiere & les dentelures de la face interne de la recourbure qui forme le crochet.

K. Un petit écrou, fitué à la furface fupérieure de la branche.

L. La partie annulaire de la branche qui fert à l'affujettir & à tourner autour du pivot de l'effieu.

La figure IV repréfente la branche du pélican, recourbée de gauche à droite, & ne différant de la premiere dans aucune de fes parties, hors qu'elle a fes courbures tournées de gauche à droite, à la différence de la premiere, qui les a tournées de droite à gauche.

Les figures V & VI repréfentent deux

crochets en fer à cheval, semblables entr'eux.

Les figures VII & VIII repréſentent les vis qui ſervent à attacher chaque crochet en fer à cheval ſur chaque branche, leſquels crochets étant ainſi montés, aſſujettiſſent chaque branche avec le pivot de l'eſſieu.

Explication de la planche XXIII, qui contient la figure d'un pélican simple, composé d'une seule branche retournée de
droite à gauche, l'extrémité opposée à
la demi-roue qui sert de manche, vu antérieurement dans toute son étendue.

A. Représente la partie moyenne &
antérieure du corps du pélican simple.

B. Sa demi roue.

C. Son manche.

D. Sa branche montée & logée dans
l'entaille, assujettie par le crochet en
fer à cheval, avec le pivot de l'essieu.

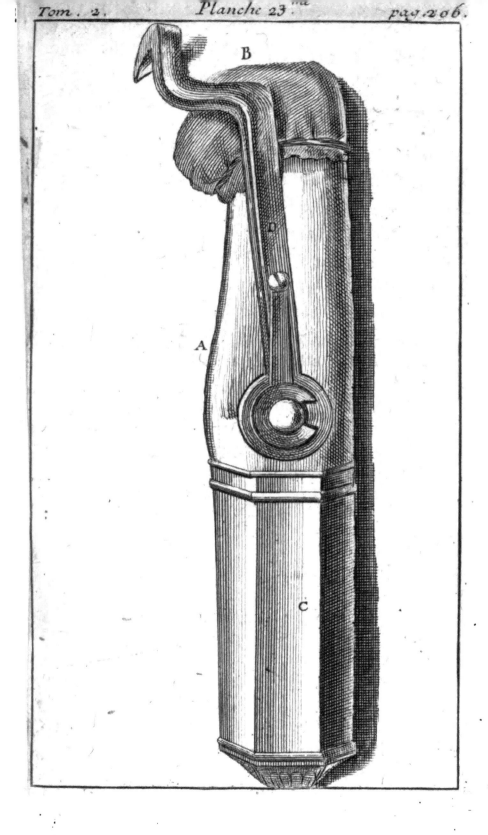

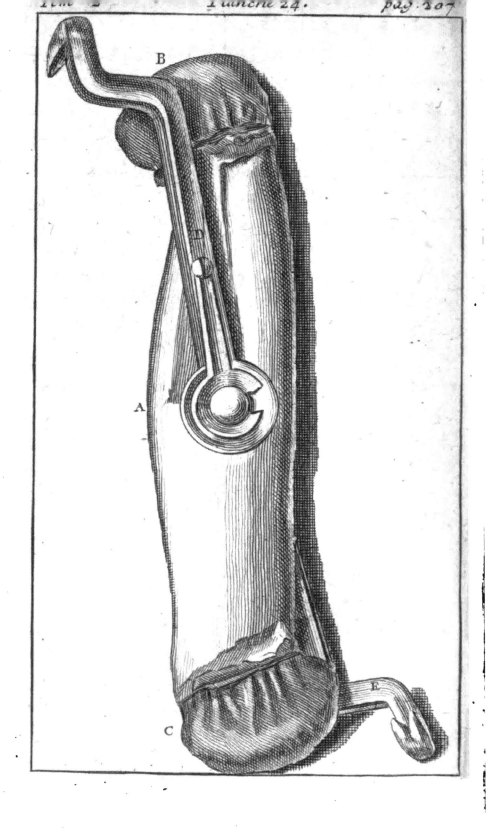

Explication de la planche XXIV, qui con-
tient la figure d'un pélican à deux bran-
ches tournées en differens sens, vu dans
toute son étendue.

A. Représente le corps de ce pélican.

B. La demi-roue tournée de droite à gauche.

C. La demi-roue tournée de gauche à droite.

D. Sa branche tournée de droite à gauche, qui sert au côté droit.

E. Son autre branche tournée de gauche à droite, qui sert au côté gauche.

Explication de la planche XXV, qui contient la figure d'un pélican double, lequel fert au côté droit de la mâchoire inférieure & au côté gauche de la mâchoire fupérieure, compofé de deux branches, & une plaque de plomb propre à fervir en cas d'hémorrhagie caufée par les dents.

LA figure I repréfente un pélican monté de deux branches avec deux demi-roues tournées de droite à gauche, vu dans toute fon étendue.

A. Le corps de ce pélican.

BB. Ses deux demi-roues.

CC. Ses deux branches recourbées de droite à gauche.

La figure II repréfente une plaque de plomb propre à contenir & à affujettir l'appareil en cas d'hémorrhagie, à l'occafion de l'extraction des molaires, particuliérement lorfque leurs racines trop écartées ou adhérentes aux alvéoles, caufent un délabrement aux alvéoles & aux gencives.

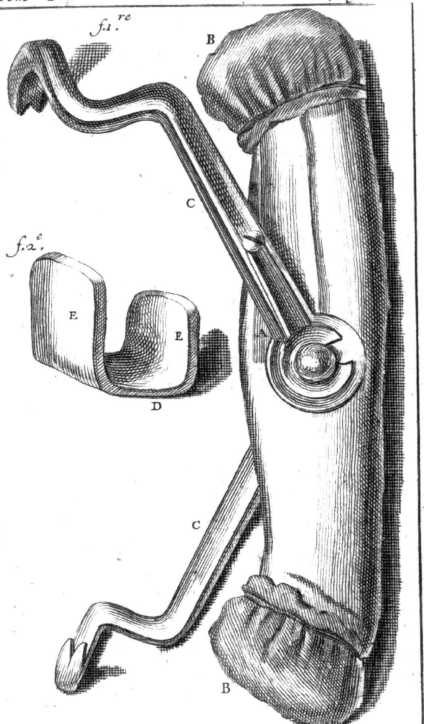

f.1.re

B

C

f.2.^e

E

E

D

C

B

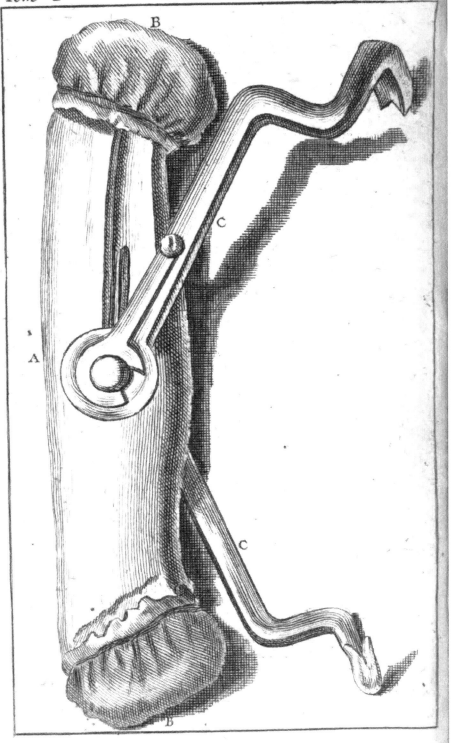

D. La partie de cette plaque qui appuie fur la couronne des dents qui la compriment.

EE. Les joues de cette plaque qui embraffent l'appareil.

Explication de la planche XXVI, qui contient la figure d'un pélican double, qui fert au côté gauche de la mâchoire inférieure, & au côté droit de la mâchoire fupérieure, compofé de deux branches, vu d'un feul côté dans toute fon étendue.

A. Le corps de ce pélican.

BB. Ses deux demi-roues inclinées de gauche à droite.

CC. Ses deux branches recourbées de gauche à droite.

Explication de la planche XXVII, qui contient des figures de dent extraordinaires.

LA *figure I* repréfente une groffe molaire fupérieure, dont les racines font au double plus écartées les unes des autres, que le colet n'eft large. Une dent ainfi conformée, ne peut être ôtée fans faire éclater l'alvéole.

La figure II repréfente une autre molaire fupérieure, dont les racines font encore plus écartées les unes des autres refpectivement à fon colet : une dent femblable ne peut être ôtée que l'alvéole ne fe fracture.

La figure III repréfente une derniere molaire de la mâchoire inférieure, dont les racines font recourbées l'une fur l'autre, fe joignant prefque enfemble, étant d'un plus grand volume que le corps : cette difpofition eft caufe que ces fortes de dents font très-difficiles à ôter, fans que l'alvéole s'éclate.

La figure IV repréfente une groffe molaire de la mâchoire inférieure, dont les racines fe rapprochent en fe recourbant beaucoup l'une vers l'autre, &

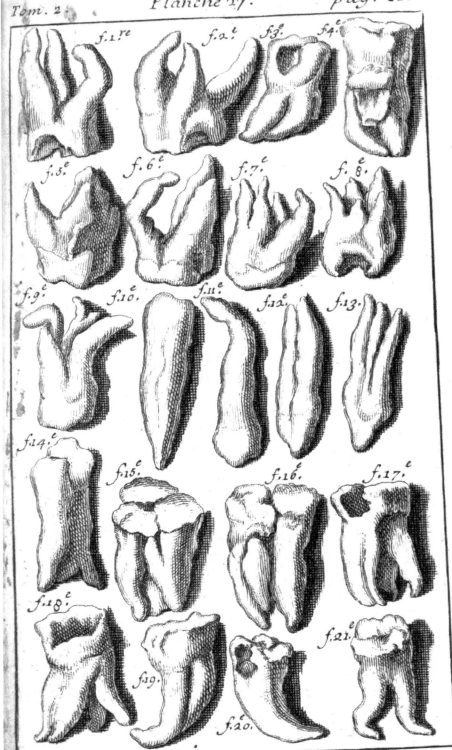

font intimement adhérentes à la cloison mitoyenne de l'alvéole; de-là vient qu'une dent de cette nature ne peut être ôtée sans que la cloison la suive.

La figure V représente une grosse molaire de la mâchoire supérieure, dont les racines sont non-seulement écartées les unes des autres ; mais encore intimement adhérentes à la cloison de l'alvéole, ne faisant qu'un même corps avec elle : on ne peut ôter ces sortes de dents, sans qu'une portion de l'alvéole ne reste attachée à leurs racines.

La figure VI représente une grosse molaire supérieure, avec une racine secourbée en forme d'arc, se réunissant presque avec les autres racines vers leur extrémité & embrassant les cloisons de l'alvéole : ces sortes de dents fracassent l'alvéole quand on les ôte, ou se cassent elles-mêmes.

La figure VII représente une autre grosse molaire de la mâchoire supérieure à quatre racines : il n'est pas ordinaire que ces dents aient quatre racines.

La figure VIII représente une des dernieres grosses molaires de la mâchoire supérieure à cinq racines : il est extraordinaire de voir des dents à cinq racines.

La fig. IX repréſente une petite molaire de la mâchoire ſupérieure à trois racines recourbées en dehors en forme de crochet & en différens ſens : une dent ſemblable ne peut être ôtée ſans faire éclater l'alvéole.

La fig. X repréſente une dent canine de la mâchoire inférieure, de longueur & de groſſeur extraordinaire, ôtée à un jeune-homme de vingt ans.

La fig. XI repréſente une autre canine de la mâchoire ſupérieure, très-longue, par rapport à la longueur ordinaire de ces dents, & dont la racine eſt recourbée.

La fig. XII repréſente une canine de la mâchoire ſupérieure à deux racines : les canines n'en ayant qu'une, il n'eſt pas commun d'en voir de même.

La fig. XIII repréſente une canine de la mâchoire ſupérieure à trois racines ; ce qui eſt encore plus rare.

La fig. XIV repréſente une petite molaire de la mâchoire inférieure à trois racines : ce que l'on ne voit que rarement.

La fig. XV repréſente une groſſe molaire à trois couronnes ; ce qui eſt très-rare & très-remarquable.

La fig. XVI repréſente une molaire à deux couronnes, ayant une autre dent placée dans la voûte de ſa racine ; ce qui eſt tout-à-fait rare & ſingulier.

La fig. XVII repréſente une groſſe molaire de la mâchoire inférieure à trois groſſes racines ; ce qui n'eſt pas commun, les molaires de la mâchoire inférieure n'ayant ordinairement que deux racines.

La figure XVIII repréſente une autre groſſe molaire de la mâchoire inférieure à quatre racines ; ce qui ne ſe rencontre que rarement.

La fig. XIX repréſente une des derniere molaires de la mâchoire inférieure , ayant les racines courbes & recoquillées : une dent de cette eſpece eſt difficile à ôter.

La fig. XX repréſente une autre derniere molaire de la mâchoire inférieure, n'ayant qu'une racine très-recourbée.

La fig. XXI repréſente une des molaires de la mâchoire inférieure à deux racines recourbées en différens ſens.

Explication de la planche XXVIII , qui contient la figure de la maffe de plomb, du fil d'or , & de deux lames de plomb.

LA *figure I* repréfente une maffe de plomb pour frapper fur le manche du pouffoir, lorfqu'on ôte certaines dents ou chicots de dehors en dedans.

A. Partie de fa convexité.

B. Sa concavité.

La fig. II repréfente un fil d'or d'une groffeur affez confidérable, recourbé en ligne fpirale.

La fig. III repréfente un autre fil d'or moins gros que le précédent.

La fig. IV repréfente une lame de plomb , pour affujettir les dents en dedans.

La fig. V repréfente une autre lame de plomb, pour affujettir les dents en dehors.

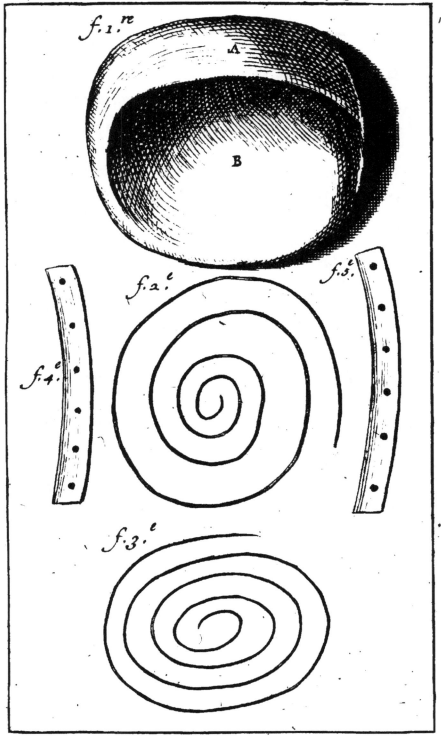

CHAPITRE XIII.

Des dents artiſtement figurées pour rem-placer celles qui manquent.

LORSQU'ON veut mettre une dent (*a*) artificielle, il faut qu'elle ait à-peu-près la longueur, l'épaiſſeur & la largeur de la dent naturelle, qui en occupoit la place : il faut auſſi que la partie, qui en eſt comme la racine ou le talon, ſoit ajuſtée de maniere, qu'elle poſe également ſur la gencive, qui recouvre l'al-véole.

Pour faire des dents artificielles, on emploie ordinairement des dents humaines, des dents d'hipopotame ou cheval marin, des dents de bœuf, même l'os de ſes jambes, les défenſes de vache marine, & le cœur de l'yvoire le plus fin & le plus beau.

Les dents humaines & celles de che-val marin ſont à préférer à toute autre matiere ; parce qu'elles ont leur émail, & qu'elles réſiſtent davantage à l'action des corps qui les touchent, & que par conséquent elles durent plus long-tems,

(*a*) Voyez la figure 1 de la planche 34 de ce tome, pag 255.

& conservent une couleur beaucoup plus belle, que toute autre matiere dont on pourroit se servir en pareil cas.

Les dents de bœuf, étant couvertes de leur émail, peuvent aussi être préférées à toute autre matiere, dans le cas où l'on ne peut avoir des dents humaines assez larges & même assez blanches, pour remplir la place d'une autre dent.

Quand on veut mettre une dent humaine à la place d'une autre dent, il faut faire ensorte que le corps de cette dent soit bien proportionné à l'espace dans lequel on le veut mettre, & à la couleur des dents voisines. Cela fait, on lime de sa racine ce qu'elle a de trop, & on remplit de plomb sa cavité.

Quand cette dent que l'on veut employer est trop longue, trop large & trop épaisse, on diminue de sa longueur, beaucoup plus par sa racine, que par l'autre extrémité. Pour cet effet, on la scie, on la lime, & on diminue son volume sur un grais, ou sur une pierre à émoudre, pour la réduire à la proportion & à la figure convenable. L'on peut aussi avoir de petites meules

faites

faites exprès, dont on peut se servir, pour fabriquer très-promptement toutes sortes de dents, ou des dentiers artificiels.

Les dents des animaux qu'on peut substituer aux dents naturelles, doivent être de même réduites dans une dimension convenable, si elles sont d'un volume trop grand.

Lorsque l'intervalle qui doit recevoir la dent postiche, est plus large qu'il ne doit être, en conséquence de ce qu'il se trouve réuni aux larges intervalles qui se rencontroient entre la dent perdue & celle qui reste ; ou lorsque la carie, en ruinant les parties latérales des dents voisines, aura rendu cet intervalle d'une trop grande étendue, il faut observer que l'assiette, ou le talon de la dent, qui doit être posé sur la gencive, soit de la largeur de l'intervalle, & que le reste diminue, pour la rendre conforme à la dent naturelle, & qu'elle soit en symmétrie avec sa pareille.

Après avoir limé la racine de la dent, & mis du plomb dans la cavité, on fait à la dent postiche un petit trou, qui passe par le milieu de ses parties latérales, en traversant la largeur de la

Tome II.   K

dent, & qui se conduit à niveau des gencives des dents voisines naturelles : si ce trou ne suffit pas, on en fait deux à côté l'un de l'autre : ces trous servent à donner passage aux deux bouts d'un fil de soie, ou commun, qui y passent séparément, quand il y a deux trous : lorsque le fil a passé, son milieu forme une anse, qui s'engage dans l'intervalle le plus étroit des deux dents solides & voisines : on prend ensuite le bout intérieur de ce fil, & on le passe par-dessus la surface intérieure de la dent naturelle, qui suit l'artificielle, pour le faire entrer dans l'intervalle qu'elle forme avec sa voisine : on noue après cela le bout de ce même fil avec l'autre bout, qui est au-devant, en cas qu'il ne faille pas poursuivre, & attacher une autre dent artificielle avec ce même fil.

Pour attacher les dents postiches, il faut avoir recours au fil de lin retors en trois, & doublé ensuite en deux ou trois, ou à la soie doublée de même. Afin que la gencive ne soit point incommodée ni de l'un ni de l'autre, on les cire à plat sans les retordre de nouveau, & aussi-tôt qu'ils sont usés ou rompus, on en remet d'autres en leur place. On doit s'imaginer qu'il est des

cas où ces fils doivent être employés
de même , & d'autres cas où l'on peut
les employer tout fimples , fans être
redoublés : cela dépend de la néceffité
plus ou moins grande & de la volonté
de ceux qui s'en fervent; c'eft-à-dire ,
que lorfqu'il y a plus ou moins de
dents de fuite à attacher , on doit plus
ou moins multiplier les fils.

Il y a des Dentiftes qui confeillent ,
pour attacher les dents poftiches , de
fe fervir de cordonnet de foie écrue ;
mais comme ce cordonnet eft très-rude ,
j'ai obfervé qu'il faifoit des impreffions
confidérables fur les dents où il étoit
appliqué , & que même il les avoit cou-
pées totalement , ou en partie ; c'eft
pourquoi je confeille de ne point s'en
fervir , & d'avoir recours au fil de lin ,
ou à la foie cirée dont je viens de parler. Si néanmoins les gencives & les
racines fur lefquelles on veut mettre
des dents naturelles ou artificielles , fe
trouvoient affez dures ou affez fermes ,
pour qu'elles ne puiffent pas s'affaiffer
trop par l'appui des dents poftiches , le
fil d'or fera plus convenable pour les
attacher que le fil commun , ou la foie
cirée ; parce qu'alors , elles reftent affermies & ftables , fans qu'on foit obligé

de les ôter, & fans que le fil d'or puiffe intéreffer les gencives, & les autres dents. Le fil d'or trait, dont on fe fert pour les dents, doit être fait d'or de Ducat. Celui qui eft deftiné pour attacher les dents poftiches, fera préparé de même que celui dont j'ai parlé, pour raffermir les dents chancelantes, au chapitre IX de ce volume. Il n'y a de différence qu'en ce que celui-ci qui doit fervir pour attacher les dents pof-tiches aux dents naturelles qui reftent encore dans la bouche, doit être plus gros : on en emploie de plus ou moins gros, fuivant les circonftances qui fe rencontrent.

Quoiqu'il y ait un efpace à l'une ou à l'autre mâchoire de deux, trois ou quatre dents (a), &c. qui manquent, on peut en remettre d'humaines à la place, pourvu qu'on fe ferve de dents pareilles à celles qui font de moins, & qu'on les ajufte exactement entr'elles & fur la gencive. Alors il n'y a qu'à per-cer ces dents chacune d'un ou de deux trous un peu larges, l'un au-deffus de l'autre, fuivant le volume des dents. Ces trous doivent être percés d'une des

(a) Voyez les figures 2 & 3 de la planche 34 de ce tome, pag. 255.

parties latérales à l'autre, de maniere
qu'ils fe répondent les uns aux autres,
& que les dents gardent entre elles le
même niveau qu'avoient celles dont
elles doivent occuper la place. On paffe
dans ces trous deux fils d'or ou d'argent (*a*) d'une médiocre force, qui en-
filent de fuite toutes ces dents : après
les avoir introduits, on les rive par
les deux bouts ; puis on finit d'ajufter
les racines des dents ainfi affemblées,
fi elles en ont befoin, afin qu'elles s'ar-
rangent également fur la gencive.

La piece étant ajuftée, fi elle n'eft
que de deux, ou trois dents, &c. on y
fait de nouveau un petit trou, qui perce
chaque dent d'une partie latérale à
l'autre, à fleur des gencives des dents
naturelles voifines. Cela étant exécuté,
on paffe dans ce trou les deux bouts d'un
fil commun ou de foie cirée, dont
l'anfe fe paffe, & le nœud fe fait,
comme on l'a déja enfeigné dans ce
chapitre.

Les pieces qui font compofées de
cinq ou fix dents naturelles (*b*) déta-

(*a*) Voyez les figures 5 & 6 de la planche 34
de ce tome, page 255.
(*b*) Voyez la fig. 4 de la planche 34 de
ce tome, pag 255.

K 3

chées de leurs alvéoles, font autrement percées que les pieces précédentes : pour les arrêter fur la gencive, il faut faire deux trous à côté l'un de l'autre à chaque furface latérale de l'affemblage, près de la furface qui doit s'appliquer fur la gencive : ces trous font percés à jour à la face intérieure de ce même affemblage, à quelque diftance l'un de l'autre. Le trou qui s'approche le plus de la furface extérieure, fait un plus long trajet que fon voifin ; ainfi le trou, dont l'entrée eft plus intérieure, fort vers l'intervalle, qui fépare les deux premieres dents de chaque côté de cette pièce, tandis que l'autre va jufqu'à celui qui eft entre la deuxieme & troifieme dent. On paffe par la fortie des trous de chaque extrémité de la piece, les deux bouts d'un fil ciré, qui fe nouent de chaque côté entre les dents naturelles & folides les plus voifines.

Lorfque les dents humaines poftiches affemblées dans cette piece, furpaffent le nombre de celles dont je viens de parler, on doit, outre ce qui a été dit, appliquer fur la face intérieure de cet affemblage (a) une petite lame d'or,

(a) Voyez la fig. 8 de la planche 34 de ce tome, pag 255.

ou d'argent (*a*) , d'environ une ligne
& demie de largeur , & de l'épaiſſeur
d'environ une demi-ligne. Cette lame
doit être percée vis-à-vis la baſe de
chaque dent, le plus près de la gencive
qu'il eſt poſſible. Ces trous donnent
paſſage à des goupilles d'or ou d'argent rivées à rivure perdue d'un côté
ſur la lame , & de l'autre ſur la ſurface
antérieure de chaque dent : enſuite on
poſe cette piece ſur la gencive , & on
l'arrête de même que la précédente.

Cet aſſemblage ainſi ajuſté ſe trouve
en état de durer un tems plus conſidérable que le précédent ; mais il coûte
beaucoup plus de peine & de dépenſe :
il ſe peut faire avec la lame ſeule, ſans
être obligé de joindre les dents avec le
fil d'or ou d'argent , dont nous avons
parlé ci-deſſus ; parce qu'en faiſant à la
face intérieure de chaque dent une
échancrure de la largeur & de l'épaiſſeur de la lame , il eſt aiſé d'aſſembler
& de joindre le tout enſemble, en logeant la lame dans l'épaiſſeur de chaque
dent , au moyen de cette échancrure
pratiquée ſur leur ſurface poſtérieure,
du côté de leur baſe. On arrête la lame

(*a*) Voyez la figure 7 de la planche 34 de ce
tome, pag. 255.

K 4

à chaque dent le plus prèsqu'il se peut de la gencive, avec deux petites goupilles d'or ou d'argent, l'une au-deſſus de l'autre, & rivées à rivure perdue.

S'il ſe trouve une racine dans quelque cavité de l'alvéole, & qu'on veuille couvrir cette racine d'une dent artificielle, on lime de cette racine ce qui excede la gencive, & même plus ſi on le peut : enſuite on ôte tout ce que cette racine a de carié avec les inſtrumens convenables, & dont j'ai parlé. Cela étant fait, on plombe le canal de cette racine, & on ajuſte la baſe, ou le talon de la dent naturelle ou artificielle qu'on rapporte ſur la racine. Il faut auparavant avoir fait à cette dent, un ou deux trous qui ſervent à paſſer les bouts d'un fil qu'on attache aux dents naturelles voiſines, comme on l'a dit ci-deſſus.

Quand la carie a trop conſidérablement élargi le canal de cette racine, que ſes rebords ſont encore fermes & ſolides, & qu'on a été obligé de la plomber, on fait avec un petit poinçon (a) un trou le plus profond & le plus droit qu'il eſt poſſible au milieu du plomb

(a) Voyez la figure 3 de la planche 33 de ce tome, pag. 243.

bien affermi, sans néanmoins que ce trou pénetre plus avant que le canal de la racine. On assemble la dent naturelle postiche avec la racine, par le moyen d'un tenon, tel que je vais le décrire.

Lorsque la carie a pénétré jusqu'à la cavité de la racine sur laquelle on veut mettre à tenon (a) une dent naturelle ou artificielle, le canal de cette racine étant encore assez long, tout ce qui se trouve de carié ayant été ôté, on élargit ce canal avec un équarissoir (b), instrument ainsi appellé par les Horlogers, qui est de figure pyramidale, qui se termine en pointe, & qui forme quatre pans, dont chaque angle est tranchant. Il sert aux ouvriers à augmenter le diametre des trous. L'équarissoir le plus grand des deux que j'ai fait graver, est long d'environ un pouce & demi, compris sa soie : son diametre dans sa partie la plus étendue, est d'environ une ligne. Il va toujours en diminuant vers sa pointe, qui n'a environ qu'une demi-ligne de largeur : c'est-là la di-

(a) Voyez la figure 11 de la planche 34 de ce tome, page 255.

(b) Voyez les figures 1 & 2 de la planche 33 de ce tome, page 243.

menſion de chacune de ſes faces. Cet équariſſoir ſert à augmenter le canal des plus groſſes racines des dents ; & pour les moyennes on ſe ſert du moyen équariſſoir.

Dans l'uſage de l'équariſſoir, il y a deux circonſtances à obſerver, qui ſont de prendre garde qu'il ne pénetre au-delà du canal, & que cet inſtrument ne ſoit trop trempé, de crainte qu'il ne ſe caſſe dans le canal de la racine de la dent, & qui reſtant engagé, on ne puiſſe plus le retirer, ni par conſéquent placer le tenon. On ſeroit obligé, dans un tel cas, de mettre en cette place une dent attachée aux voiſines, laquelle ſeroit de moindre uſage, & ne ſeroit pas ſi commode. Quand cet inconvénient n'arrive pas, on ajuſte à la dent, pour la mettre en place, un petit tenon d'or ou d'argent (a) de la longueur & de la racine du canal de la dent humaine qu'on y veut mettre : comme le canal du corps de la dent ſe trouve toujours trop peu étendu, on doit augmenter celui-ci avec le foret, pour mieux engager le tenon par l'un de ſes bouts dans la dent humaine poſ-

(a) Voyez la figure 10 de la planche 34 de ce tome, pag. 255.

tiche. Ce tenon doit être bien ajufté,
& un peu dentelé autour ; afin qu'il
s'en trouve plus affermi après avoir été
introduit & maftiqué. Avant que de
mettre ce tenon dans la cavité de la
dent, elle doit être remplie de maftic
en poudre : enfuite on introduit ce tenon dans cette cavité avec de petites
pincettes d'Horloger (*a*), en chauffant
ce même tenon au feu de la bougie par
fon extrémité oppofée. Il faut remarquer que pendant que le Dentifte chauffe
ce tenon, il doit tenir la dent avec un
linge pour ne pas trop fentir la chaleur.
Par ce moyen le maftic fe fondra, &
facilitera l'entrée au tenon : on peut
auffi, & même pour le mieux, percer le
trou de la cavité de la dent, jufqu'à fa
furface intérieure, & y river le tenon
après qu'il a été maftiqué. L'autre extrémité du tenon, qui doit être auffi
dentelée, s'introduira dans le canal de
la racine. Pour cela le Dentifte doit
tenir la dent à tenon avec les pincettes
droites, & en tournant la dent de droite
à gauche, & de gauche à droite, en
la pouffant de force, jufqu'à ce que le
tenon y foit entiérement introduit, que

(*a*) Voyez la figure 1 de la planche 17 de ce
tome, pag 128.

le talon de la dent porte en plein fur la racine, & que cette dent foit fi bien affermie, qu'elle ne faffe, pour ainfi dire, qu'un même corps avec la racine.

Si malgré toutes les précautions que l'on aura prifes pour faire entrer bien jufte la partie du tenon qui doit être placée dans l'ouverture du canal qu'on aura fait à la racine, il arrive que le tenon fe rencontre trop petit pour y être engagé de force, & pour y être ferme & ftable, il faudra en ce cas faire derechef avec un couteau quelques dentelures de plus, à-peu-près femblables aux dentelures, ou premieres tailles d'une lime. Ces dentelures font une efpece de morfil qui groffit ce tenon. Si cela n'eft pas fuffifant, on entourera avec un peu de chanvre, ou de lin, ou même de fil très-fin l'extrémité de ce tenon, pour l'engager enfuite à force dans le canal de la racine de la dent. Ce tenon fait ici ce qu'une cheville fait à deux planches qu'elle affemble l'une contre l'autre. Si les vaiffeaux qui entrent dans le canal de la racine de la dent ne font pas détruits, fi l'on perce au-delà de ce même canal, ou fi le tenon étant introduit, excede la longueur du canal qui doit le recevoir, il ne manque pas d'arriver en cet endroit une douleur qui eſt quelquefois ſuivie de fluxion & d'abſcès. Pour lors on eſt obligé d'ôter la dent à tenon, ſi la douleur & la fluxion ſont violentes; afin de laiſſer les parties en repos, & de faciliter une libre iſſue aux matieres arrêtées, à moins qu'on ne veuille s'aſſujettir à ſouffrir la fluxion pendant quelque tems, après quoi il n'y a ordinairement aucun retour de douleur. La dent & le tenon s'ôtent avec des pincettes droites, & ſe remettent de même. Si l'on vouloit mettre une dent à tenon ſur une racine qui fût ſenſible, que les vaiſſeaux fuſſent apparens, ou non, on pourroit, afin de détruire ces vaiſſeaux, appliquer auparavant le cautere actuel dans le canal de la racine, & y introduire pendant quelques jours un petit coton imbibé d'huile de canelle, ou de girofle.

Le maſtic que j'ai propoſé, pour arrêter le tenon dans la cavité de la dent, doit être compoſé de la maniere qui ſuit.

Prenez de la gomme-laque plate, deux onces; de la térébentine de Veniſe la plus fine, demi-once; du corail blanc en poudre très-fine, deux onces. Faites fondre la gomme dans un vaiſ-

feau de terre verni fur un feu médiocrement chaud , & lorfque cette gomme
fera fondue , joignez-y la térébentine,
& y mêlez exactement la poudre de
corail : quand ce mélange fera fait , on
le mettra en petits bâtons qu'on pulvé-
rifera pour s'en fervir au befoin.

Lorfqu'on ne peut en pareille occafion élargir affez profondément le canal des racines des dents, fans s'expofer à en découvrir les parties fenfibles ;
lorfque ces racines font trop détruites,
ou qu'elles fe trouvent naturellement
trop courtes, & qu'il n'eft pas poffible
d'y faire entrer un tenon fuffifamment
long, pour affermir des dents femblables ; en ce cas on fait à la dent à tenon
deux petits trous , qui percent d'une
partie latérale à l'autre , pour fe rencontrer à fleur de la gencive après fon
application ; on paffe dans ces deux
trous les deux bouts d'un fil d'or , dont
l'anfe fe trouve engagée dans l'intervalle de la dent naturelle la plus voifine,
de l'efpace qu'on veut remplir ; on introduit enfuite le tenon de la dent pof-
tiche dans le canal de cette racine; enfin
on engage les deux bouts du fil dans
l'intervalle de l'autre dent voifine, pour
y être arrêtés en les retordant , comme

on a dit en parlant du raffermiffement des dents.

Néanmoins fi l'efpace où l'on veut mettre une dent femblable, fe trouve plus large qu'il ne doit être naturel-lement, il ne faut attacher la dent pof-tiche qu'à la dent qui fe trouve la plus voifine de la racine ; afin de laiffer un intervalle entre la dent poftiche & la dent, à laquelle cette dent poftiche n'eft point affujettie : cela fe pratique ainfi pour mieux imiter la nature.

Les dents & les pieces artificielles, qui font attachées avec des tenons & le fil d'or, tiennent mieux que toutes les autres ; elles durent quelquefois quinze à vingt ans, & même davan-tage, fans fe déplacer ; au lieu que le fil commun & la foie dont on fe fert ordinairement pour attacher toutes fortes de dents, ou pieces artificielles, font de peu de durée.

Il eft à remarquer qu'on ne peut pas placer facilement des dents à tenons, fi ce n'eft aux incifives & aux canines ; parce que les racines ont plufieurs ra-cines, dont les conduits varient fi di-verfement, qu'il n'eft pas poffible de les percer, fans intéreffer les vaiffeaux qui les accompagnent, l'alvéole ou la

mâchoire ; au lieu que les incifives &
les canines n'ayant qu'une racine & une
cavité, l'opération en eft plus facile.
Elle eft encore plus aifée à pratiquer
aux dents de la mâchoire fupérieure,
qu'à celle de l'inférieure ; parce que le
corps de la racine des dents de là mâchoire fupérieure a plus de volume que
celui des dents de la mâchoire inférieure : d'ailleurs il eft plus ordinaire
d'avoir occafion d'en placer à la mâchoire fupérieure qu'à la mâchoire inférieure ; parce que la carie détruit
plus fréquemment les dents de la mâchoire fupérieure que celles de la mâchoire inférieure.

CHAPITRE XIV.

Maniere de blanchir les os des jambes de bœuf qui servent, ainsi préparés, à faire des dents, ou partie de dentiers artificiels.

AUSSI-TÔT que cet animal est tué, ou peu de tems après, on décharne les quatre plus gros os des jambes : On les coupe par rouelles dans la partie la plus dure ; c'est-à-dire depuis une des apophises jusqu'à l'autre : on ôte ensuite la moëlle de ces os, & on les met sur le feu dans de l'eau de riviere. quand cette eau commence à bouillir, on y jette de la chaux vive, & on en continue l'ébullition pendant un quart-d'heure, afin de dégraisser entiérement ces os : on retire le tout pour le laisser refroidir; on ôte les os de cette eau; on les lave dans une autre eau, & on les fait sécher à l'ombre : quand ils sont secs, on les fait tremper la nuit & sécher le jour; ce que l'on réitere pendant douze ou quinze jours.

Si c'est dans le printems, ou dans l'automne qu'on fait cette préparation,

on met les rouelles de ces os sur une
serviette mouillée qu'on pose sur l'herbe
pendant la nuit, pour les exposer à la
rosée. On peut encore, & même pour
le mieux, laisser ces os exposés au so-
leil; mais il faut les couvrir d'une autre
serviette mouillée, pour empêcher que
la trop grande chaleur ne les fende.

On ne se sert de ces os ainsi dégrais-
sés & blanchis, pour faire des dents,
ou des pieces artificielles, qu'au défaut
de toutes les matieres que j'ai indiquées
dans le chapitre précédent. J'ai préféré
ces matieres à l'yvoire, parce que l'yvoire jaunit bien plutôt, & conserve moins
sa blancheur, que l'os de bœuf, sans en
avoir la solidité. Les ouvriers qui en
employent beaucoup dans leurs ouvra-
ges, m'ont communiqué la maniere de
les blanchir, telle que je la viens de
décrire.

Dans le choix de ces morceaux, ou
rouelles d'os, il faut préférer les moins
poreux. La partie de ces os qui est la
plus éloignée de l'apophise, est toujours préférable par sa solidité, mais
elle est la moins étendue.

CHAPITRE XV.

Description des instrumens qui servent à fabriquer les dents & les autres pieces artificielles propres à réparer les défauts causés par la perte des dents naturelles.

CES instrumens sont le compas (*a*), l'étau, la scie (*b*), la rape, la lime, le gratoir, & le foret avec son archet.

Les limes dont on se sert à cet usage, sont de plusieurs sortes : il y en a de plates, en couteau, à trois quarts (*c*), en feuille de sauge, de demi-rondes, de rondes droites en queue de rat, & de rondes en queue de rat tournées en forme de cerceau (*d*).

Nous nous servons de deux sortes de rapes, l'une est plate, & l'autre est demi ronde : la demi-ronde peut néanmoins servir toute seule.

(*a*) Voyez la figure 3 de la planche 29 de ce tome , pag. 240.
(*b*) Voyez la planche 31 , pag. 242.
(*c*) Voyez la figure 4 de la pl. 29 , pag. 240.
(*d*) Voyez la figure 1 de la planche 29. *idem*

Le foret dont il s'agit (a), ainſi appellé par les ouvriers, eſt compoſé différemment de ceux dont on ſe ſert pour
l'ordinaire à percer les dents, ou les
pieces artificielles.

Ce foret a un chevalet ſur lequel eſt
monté un arbre, qui porte ce même
foret & ſon cuivrot en forme de baril-
let, ou tambour de montre. Ce foret eſt
monté à une des extrémités de l'arbre,
& l'autre extrémité de cet arbre roule
dans une cavité, qui pour cet effet eſt
creuſée dans une eſpece de tenon de
cuivre arrondi : ce tenon eſt paſſé dans
une eſpece de poupée qui ſe trouve à
l'extrémité ſupérieure de l'une des branches du chevalet : ſur la face ſupérieure
de cette poupée, il y a une vis, qui
tombe ſur le tenon de cuivre, dans
lequel roule l'extrémité de l'arbre,
dont je viens de parler : cette vis arrête & fait qu'on ôte le tenon de cuivre
quand on veut.

L'autre branche du chevalet a une
eſpece de mâchoire à charniere garnie
de cuivre intérieurement : c'eſt ſur ce
cuivre que roule la partie de l'arbre,
qui ſe trouve entre le cuivrot & le
foret : cette mâchoire à charniere ſe

(a) Voyez la pl. 30 de ce tome, p. 241.

ferme par fa partie oppofée à la même charniere, au moyen d'une vis qui s'engage dans la branche du chevalet.

L'extrémité de l'arbre où l'on engage le foret, eft divifée en deux pieces : ces pieces font de huit à neuf lignes de longueur : l'une de ces pieces eft attachée à l'arbre au moyen d'une vis, & par conféquent en peut être ôtée quand on le veut : l'autre eft prife dans le corps de l'arbre même, & ainfi n'en peut être féparée : la plus courte de ces deux pieces a un tenon arrondi dans la partie inférieure de fa face intérieure : ce tenon eft en maniere de cheville, pour s'engager dans un trou proportionné à fa groffeur, qui eft à la partie inférieure de l'entaille de la grande piece : fur cette grande piece eft pofée la piece qui eft la plus courte : ces deux pieces unies enfemble font percées à jour, à une ligne près de la cheville de la petite piece : ce trou fert à laiffer paffer une petite vis, qui joint les deux pieces l'une contre l'autre, & qu'on ferre autant qu'il eft néceffaire ; l'éguille qui doit fervir à former le foret, fe met entre les deux, & elle s'y loge par une petite rainure qui regne tout le long du milieu de

l'intérieur, depuis le trou jufqu'à l'extrémité.

On fe fert pour l'ordinaire d'éguilles
à coudre de différente groffeur, pour
faire le foret ; & l'on caffe la tête ou
le chas de ces éguilles, pour y faire fur
une pierre du Levant, ou l'on met un
peu d'huile d'olive, une pointe plate
& tranchante, très-propre à fervir à
l'ufage auquel on l'a deftinée.

Lorfqu'on veut fe fervir de ce foret,
on engage fon chevalet dans un étau :
l'archet de cet inftrument eft fait de
baleine, & fa corde eft une petite corde
de boyau.

A l'égard des limes, rapes, compas,
étau & fcie, il n'eft pas néceffaire d'en
faire la defcription ; parce que ces inftrumens ne different point de ceux dont
les ouvriers fe fervent pour l'ordinaire.

Les gratoirs ou efpeces de rugines (a)
ne font pas tout-a-fait femblables à
ceux des ouvriers, ni aux rugines dont
on fe fert en Chirurgie : il y a des gratoirs qui font droits, & d'autres cro-
chus : les uns & les autres fe montent
aux extrémités d'un manche d'ébene,
ou d'une autre matiere, au moyen
d'une foie carrée & maftiquée à l'or-

(a) Voyez la planche 32 de ce tome, pag. 242.

dinaire: leur manche eſt long d'environ
quatre pouces : il eſt de groſſeur à pouvoir remplir ſuffiſamment la main, &
de figure de fuſeau à pluſieurs pans :
il y a des gratoirs droits, qui raclent
des deux côtés dans le même ſens, &
d'autres qui ne gratent que d'un côté
dans le ſens oppoſé.

Le premier gratoir a deux grandes
faces plates. Sur la circonférence de la
partie latérale droite de l'une, & dans
l'épaiſſeur des deux faces, il y a une
troiſieme petite face en forme de biſeau, qui forme un tranchant à la
circonférence de l'autre face. Cette
grande face oppoſée a auſſi une autre
petite face, qui regne tout le long de
ſa partie latérale gauche : lorſqu'on re-
tourne l'inſtrument, cette face ſe trouve à droite; celle-ci & ſa pareille vont
ſe réunir au milieu de l'extrémité de
l'inſtrument, en formant une eſpece
d'angle de loſange un peu mouſſe : il
faut que l'inſtrument ſoit tranchant
dans ce lieu-là.

Le ſecond gratoir eſt ovale, arrondi
par ſon extrémité : il a deux ſurfaces
plates : ſur ſon épaiſſeur eſt pratiqué
un biſeau qui regne dans toute la circonférence, par le moyen duquel la

plus grande des deux faces plates devient tranchante, & l'autre mousse. Ces deux gratoirs sont montés sur un même manche à plusieurs pans.

Le troisieme gratoir est crochu : il differe par-là de la seconde espece, & en ce que son extrémité supérieure qui est un quatrieme gratoir, décrit un losange à angle aigu par sa partie la plus avancée. D'ailleurs ses grandes faces sont intérieures, & les deux autres sont extérieures par rapport au manche. Toutes les proportions de ces instrumens sont arbitraires, & dépendent du gout de ceux qui s'en servent.

Explication de la planche XXIX, qui contient quatre instrumens qui servent à fabriquer les pieces ou dents artificielles.

LA *figure I* représente la lime figurée en queue de rat recourbée en cerceau.
La *figure II* représente un tournevis.
La *figure III* représente un compas
qui

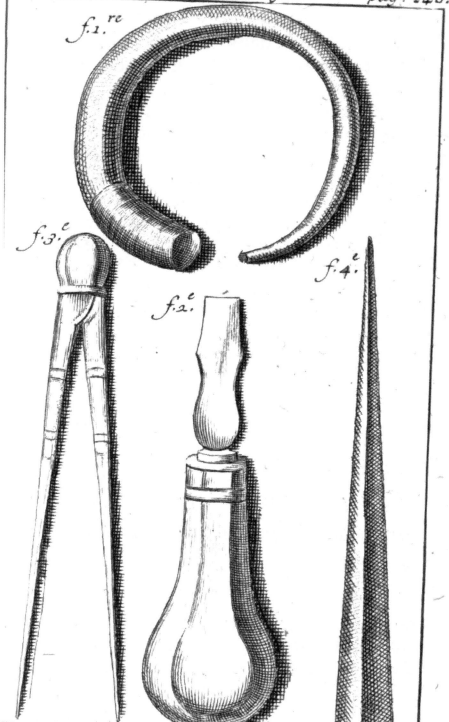

f.1.re

f.3.^{e}

f.2.^{e}

f.4.^{e}

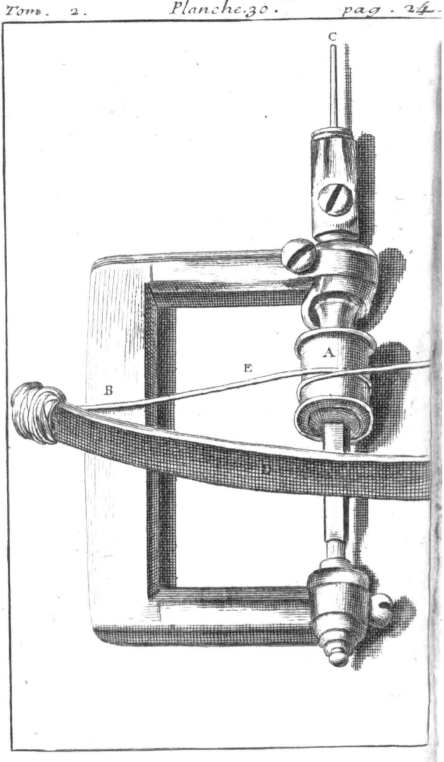

pas qui fert à prendre les dimenfions requifes pour fabriquer les pieces artificielles.

La figure IV repréfente une lime à trois quarts, qui fert à faire des échancrures aux pieces artificielles, vue tronquée & fans manche. L'on n'a pu la faire voir autrement, l'étendue de la planche ne l'ayant pas permis.

Explication de la planche XXX, qui contient un inftrument qui fert à fabriquer les pieces artificielles.

CETTE figure repréfente le chevalet monté avec fon foret, & partie de fon archet tronqué, vû d'un feul côté dans toute fon étendue.

A. Le cuivrot, ou efpece de tambour, qui fert comme de poulie à la corde de l'archet.

B. L'arbre du chevalet.

C. Le foret.

D. L'archet.

E. La corde de l'archet.

Explication de la planche XXXI, qui contient un instrument propre à fabriquer les pieces artificielles.

CETTE figure représente une scie, qui sert à scier les pieces ou dentiers artificiels.

A. L'arbre de la scie.

B. Sa lame.

C. La vis.

D. L'écrou qui sert à tendre ou à détendre la scie.

E. Son manche.

Explication de la planche XXXII, qui contient deux instrumens qui servent à fabriquer les pieces artificielles.

LA *figure I* représente le gratoir en losange & celui qui est en biseau.

A. Leur manche à plusieurs pans.

B. Le gratoir en losange.

C. Le gratoir en biseau.

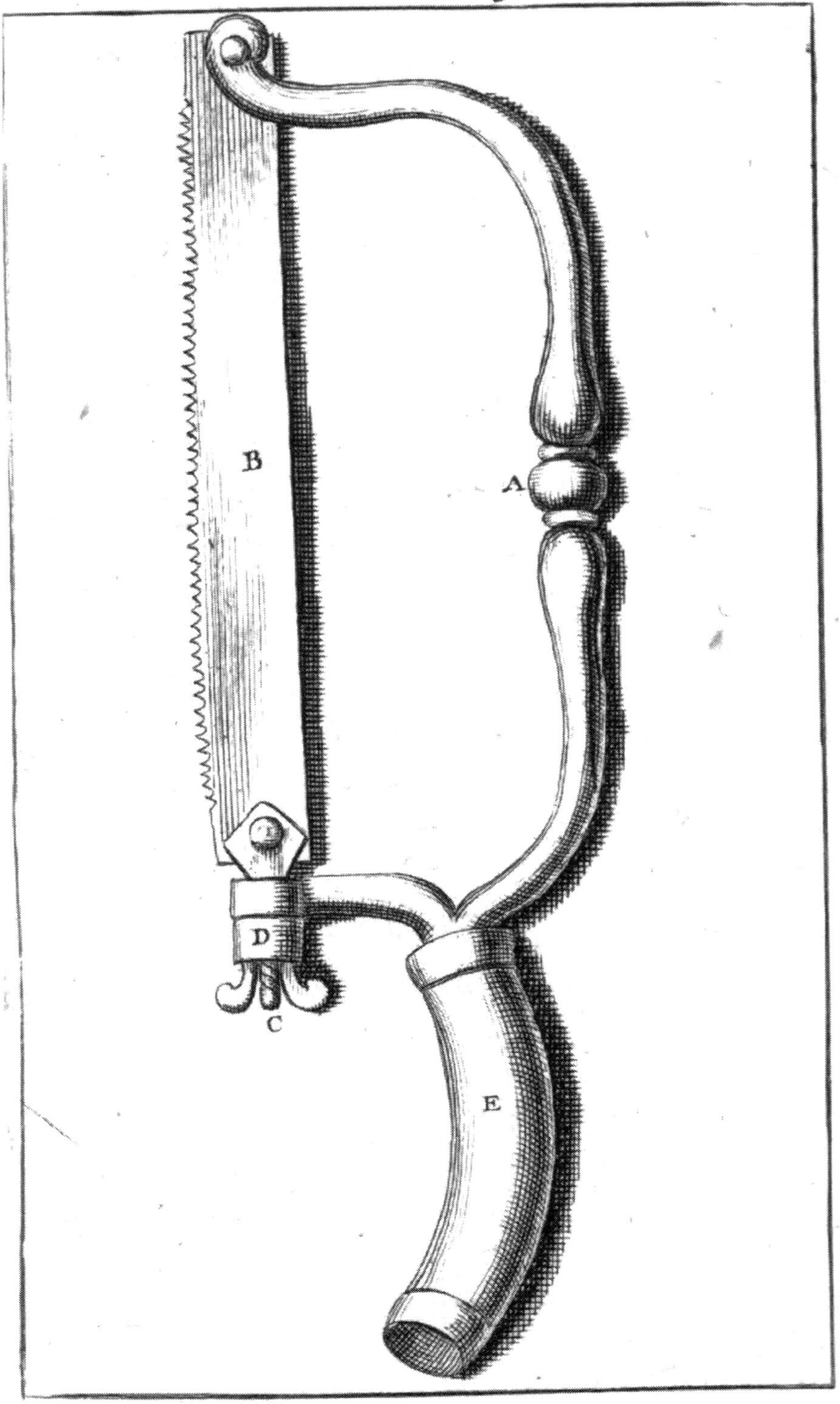
B
A
D
C
E

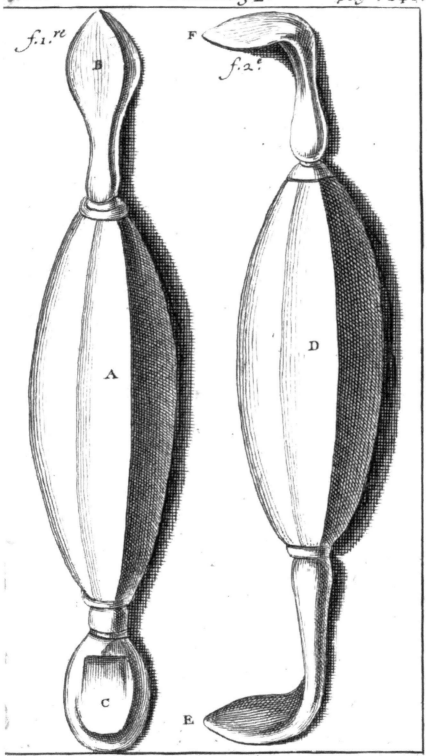

f. 1.re

B

A

C

E

F

f. 2.^e

D

f.1.re

B

A

C

f.3.^{e}

H

G

f.2.^{e}

E

D

F

La figure II représente le gratoir pointu & le gratoir un peu arrondi par son extrémité.

D. Leur manche aussi à plusieurs pans.
E. Le gratoir arrondi.
F. Le gratoir pointu.

Explication de la planche XXXIII, qui contient trois instrumens qui servent à mettre en place des dents artificielles.

LA *figure I* représente le grand équarrissoir, qui sert à agrandir les cavités des racines des dents, lorsqu'on y veut introduire des tenons.

A. Sa tige.
B. Sa pointe.
C. Son manche.

La figure II représente le moyen équarrissoir qui sert aussi à agrandir les cavités des racines des dents, lorsqu'on veut introduire des tenons plus petits,

D. Sa tige.
E. Sa pointe.
F. Son manche.

La figure III représente un poinçon qui sert à percer le plomb introduit dans quelque racine de dent, dont le canal eſt trop délabré pour ſervir à recevoir un tenon, à moins qu'il ne ſoit auparavant plombé.

G. Sa tige.

H. Sa pointe.

I. Son anneau ſervant de manche.

CHAPITRE XVI.

Ce qu'il faut obſerver pour percer, placer & attacher aux dents naturelles, ou à quelqu'une de leurs portions, les pieces artificielles : les dimenſions les plus convenables de chaque partie qui ſert à l'aſſemblage de ces mêmes pieces.

LORSQU'ON veut remplir un ou deux eſpaces qu'occupoient pluſieurs dents, on fait autant de pieces artificielles, qu'il y a d'eſpaces à remplir. Si ces pieces ſe font de dents de cheval marin, ou d'une autre matiere convenable, il faut, comme nous l'avons déja dit dans le treizieme chapitre de ce volume, que ces pieces ſoient proportionnées en toutes leurs dimenſions

à la furface des gencives, & à la longueur, groffeur & figure des dents que
l'on veut imiter. Il faut percer chaque
piece d'un bout à l'autre, fi fa courbure ne s'y oppofe point; enforte que
le trou de chaque piece donne paffage
aux deux bouts d'un fil, qui après avoir
fait l'anfe, s'engage comme les autres
fils dans l'intervalle de deux dents folides : on noue ces fils par un nœud bien
ferme, tel que celui du Chirurgien.

Il faut percer d'une autre maniere
les pieces qui font trop courbées (a) :
on fait pour cela deux trous l'un à côté
de l'autre à chaque bout de la piece.
Ces trous commencent fur les furfaces
latérales de la piece auprès de la furface qui s'applique fur la gencive. Lorfque la piece artificielle n'a que deux
ou trois dents, ces trous ne font qu'une
ligne de trajet, en fortant vers le milieu de la face intérieure; mais, quand
cette piece eft compofée de quatre ou
cinq dents, le trajet des trous eft de
deux lignes : leur fortie donne entrée
aux fils qui attachent la piece, de même
qu'il a été dit en parlant des pieces
faites de dents humaines.

(a) Voyez la fig. 1 de la planche 35 de
ce tome, pag. 257.

L 3

Néanmoins, si pour attacher l'une des deux extrémités de cette piece de dents artificielles, nous ne trouvons dans la machoire que les dernieres molaires, cette extrémité doit être percée autrement : au lieu de faire sortir les trous sur la face intérieure, on les fait sortir sur l'extérieure, ou bien on les perce d'un bout à l'autre, s'il ne s'agit que de la moitié, ou environ, d'un dentier artificiel : ces trous donnent passage aux deux bouts d'un fil, & son milieu fait une anse, qu'on engage de même que ces nœuds dans les endroits convenables.

Les pieces (*a*) qu'on veut placer à l'une ou à l'autre mâchoire, qui n'a de chaque côté qu'une ou deux grosses molaires pour être assujetties, doivent être percées de deux trous à chaque bout : ces trous commencent sur les surfaces latérales de la piece, auprès de la surface qui doit s'appliquer sur la gencive : ils viennent par un trajet oblique de bas en haut, sortir à côté l'un de l'autre entre la deuxieme & la troisieme, ou entre la troisieme & la

_____

(*a*) Voyez la figure 1 de la planche 35 de ce tome , pag. 257.

quatrieme des dents formées fur cette piece.

On introduit les deux bouts des fils par l'entrée des trous, & le milieu de ces fils fait une anfe qu'on engage entre les deux dents naturelles, fi elles font ftables l'une & l'autre; finon on l'avance jufqu'à la poftérieure, fi l'antérieure eft chancelante. Les deux bouts du fil fe nouent de chaque côté entre l'efpace des dents artificielles par où ils font fortis.

Quand il n'y a qu'une petite ou une groffe molaire d'un feul côté de la mâchoire, capable de fupporter l'attache de la piece des dents artificielles, il faut la percer de maniere que le point de l'attache la rende ferme & ftable, comme il vient d'être indiqué.

C'eft pourquoi, fi la piece des dents artificielles eft deftinée à fervir pour la mâchoire inférieure, on fait deux trous à côté l'un de l'autre, au bout qui doit toucher la dent naturelle. Ces deux trous commencent à une demi-ligne, ou environ, près de la furface qui s'applique fur la gencive : ils fortent à quelque diftance l'un de l'autre fur la face intérieure de la piece, à deux ou trois

L 4

lignes de leur entrée : les bouts d'un fil entrent par la fortie des trous, & fe nouent fur la dent comme les autres.

Une femblable piece de dents artificielles deftinée pour la mâchoire fupérieure, doit être percée de deux trous à côté l'un de l'autre. Ils commencent par la face qui doit pofer fur la gencive, à une demi-ligne du bord de l'extrémité qui touche la dent naturelle, & ils fortent un peu obliquement fur la face oppofée à leur entrée. Le fil qui fert à affujettir cette piece, fe paffe & s'attache de même que celui qui fert à affujettir la piece dont je viens de parler.

S'il n'y a que la derniere groffe molaire d'un feul côté, à laquelle on puiffe attacher cette piece, on fait fortir obliquement les trous de la piece entre le deuxieme ou le troifieme intervalle des dents artificielles. Le fil entre par les trous fitués à l'extrémité de la même piece, & fon milieu fait une anfe, qui s'engage au-delà de la dent naturelle pour l'embraffer. Enfuite les deux bouts de ce fil, en fe joignant enfemble, fe nouent dans l'intervalle d'où ils font fortis.

Lorfque l'une ou l'autre mâchoire n'a au-devant de la bouche, & même à un de ses côtés, qu'une, deux ou trois dents ; soit qu'elles foient contigues, ou qu'il jy en ait quelqu'une d'ôtée entr'elles, on y peut néanmoins mettre une piece entière de dents artificielles, (a) pourvu qu'on fasse vis-à-vis de chaque dent naturelle des entailles pratiquées dans l'épaisseur de la piece sur sa face extérieure, & que l'on forme à côté de ces entailles, des dents qui imitent les dents naturelles dont elles occupent la place.

La piece artificielle étant ajuftée, il faut la percer pour l'arrêter sur la gencive, en l'attachant aux dents voisines. Par exemple, s'il n'y a qu'une dent naturelle, ou qu'il y en ait plusieurs de féparées par la chûte de leurs voisines, on fait deux trous à la surface plate de chaque entaille près de ses encognures. Ces trous commencent dans l'entaille à la face extérieure de cette piece le plus près de la gencive qu'il est possible : ces mêmes trous, en s'approchant l'un de l'autre par un trajet oblique, fortent à la face intérieure, & l'on introduit

(a) Voyez la figure 2 de la planche 35 de ce tome, page 257.

L 5

par leur fortie les deux bouts d'un fil
qui fe nouent en devant, comme il va
être dit,

Les entailles qui doivent loger les
deux dents naturelles contigues , ont
trois trous, dont deux font fitués comme le font ceux dont nous venons de
parler, le troifieme eft fitué au milieu ;
& ces trous vont fortir à la face intérieure de même que les précédens :
lorfqu'il fe trouve trois , quatre ou
cinq dents naturelles , &c. logées dans
une feule entaille , on multiplie les
trous de façon que pour trois dents il
y aura quatre trous , pour quatre dents
cinq trous , &c. L'entrée & la fortie de
ces trous doivent toujours être, comme
nous l'avons dit, & ces mêmes trous
qui recevront des fils, ferviront tous
à affujettir la piece artificielle.

Il faut paffer dans les trois trous autant de fils qu'il y a de dents naturelles
placées dans l'entaille. On doit affujettir ce dentier artificiel par le moyen des
fils placés dans les trous pratiqués dans
ces pieces artificielles.

Les bouts de chaque fil feront paffés
de dedans en dehors , de façon que
chaque trou du milieu donnera un paffage commun au bout du fil voifin :

ces fils passés de même embrassent chacun une dent : ils sont serrés & noués sur le corps de la dent, le plus près qu'il est possible de la gencive, entre les intervalles de chaque dent naturelle : on réitere deux fois le nœud du Chirurgien.

Pour mieux assujettir une piece de dents artificielles, semblable à celle dont nous venons de parler, supposé qu'elle puisse être attachée aux dents incisives de la mâchoire supérieure, il faut que les trous qui doivent donner passage au fil qui sert de lien pour cette piece, soient percés de telle maniere, qu'ils décrivent une ligne oblique, depuis la surface intérieure de la piece, jusqu'à la surface extérieure de la même piece, dans l'endroit de l'entaille : ces trous, montant de bas en haut, du dedans en dehors, se rencontrent du côté de l'entaille à fleur de la gencive, & du côté postérieur beaucoup plus bas ; ce qui fait faire au trajet des fils qui embrassent les dents de la piece, dans l'intervalle d'un trou à l'autre, la fonction de levier : circonstance qui n'est pas indifférente, pour empêcher que les extrémités de la piece ne fassent la bascule, & pour obliger la piece de dents artificielles d'appuyer dans toute l'étendue de fa furface fupérieure, contre la furface inférieure des gencives fupérieures.

S'il ne fe rencontre dans l'une, ni l'autre mâchoire, aucune dent convenable, pour y attacher une piece compofée de plufieurs dents artificielles, & que l'on veuille affujettir une piece plus ou moins étendue, fans l'attacher au corps des dents naturelles, on pratique la méthode fuivante.

On difpofe les racines des dents, le dentier & les tenons, à-peu-près de même qu'il eft enfeigné dans le chapitre treizieme de ce volume, & dans ce chapitre-ci. Pour lors on fait des tenons en forme de vis pyramidale (a), avec des têtes, qui ne foient ni trop élevées, ni trop étendues, & qui foient proportionnées à la groffeur du trou.

On perce la piece artificielle (b) à tenon, dans un ou plufieurs endroits, fuivant qu'elle eft plus ou moins étendue, & qu'il fe rencontre des racines propres à recevoir des tenons. Les trous qui percent cette piece font difpofés de telle maniere, qu'ils répondent verticalement à ceux des racines des dents.

(a) Voyez la figure 3, de la planche 35 de ce tome, page 257.

(b) Voyez la figure 4 de la planche 35, *idem.*

Ces trous font pratiqués dans l'épaiffeur de la piece fuivant la direction des
dents. A chaque trou on fait une échancrure du côté qui doit recevoir la tête
du tenon, pour loger cette tête le plus
avant & le plus proprement qu'il eft
poffible, afin qu'elle n'excede point la
furface de la piece. Le tout ainfi difpofé, on introduit chaque tenon dans
un des trous du dentier artificiel, de
telle maniere que le corps du tenon,
après avoir traverfé le dentier, forte
par la furface du même dentier qui doit
s'appliquer fur la furface de la gencive
& de la racine de la dent. Il faut que
ce tenon excede, dans le lieu où il fort
de ce trou, la furface de ce dentier
d'une longueur fuffifante, pour pouvoir
s'engager autant qu'il le faut dans le
canal de la racine qui doit le recevoir.

Si l'on veut, on fendra la tête de
ce tenon de même que la tête d'une
vis, pour engager ce même tenon, en
le tournant de droite à gauchè ou de
gauche à droite, avec un tourne-vis proportionné; fi mieux on n'aime engager
ce tenon en le pouffant & en le tournant
à force avec des pincetes droites, &
enfuite couper, avec une lime, l'extré-

mité extérieure, ou partie de la tête du tenon à fleur de la piece artificielle. Par ce moyen, ce dentier eſt affermi, porte ſur les gencives & ſur les racines des dents, & dure un tems conſidérable.

Pour percer cette piece ou dentier artificiel, qui doit être ainſi attachée par des tenons à tête, il faut, avant que de la percer, mettre dans chaque trou ou canal des racines des dents, de petits bouts de plume. Ces bouts de plume doivent excéder le niveau de la gencive d'environ une ligne; afin qu'on ait la facilité de les en mieux retirer: on met autant de bouts de plume, qu'il y a de racines de dents diſpoſées à recevoir des tenons: on mouille ſuffiſamment le bout extérieur des plumes avec de l'encre à écrire: cela étant fait, on préſente la piece artificielle dans le même ſens qu'elle doit être placée: on appuie cette piece artificielle ſur ces bouts de plume; afin qu'elle reçoive en la ſurface qui doit s'appliquer ſur les gencives, une impreſſion de l'encre appliquée ſur ces bouts de plumes, qui déſigne au juſte le lieu où chaque trou doit être percé dans la piece. De cette

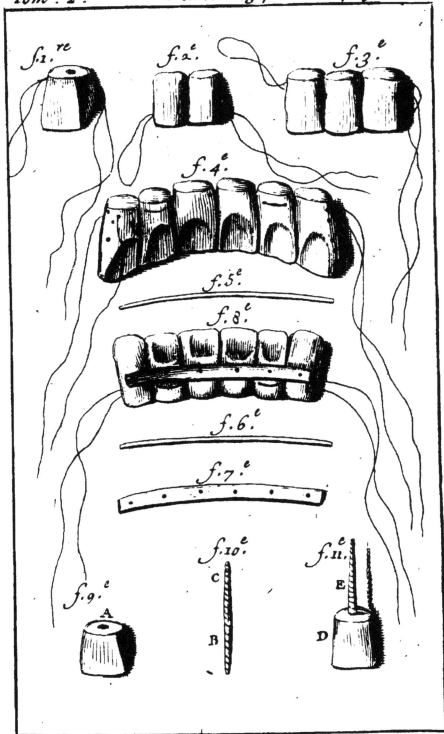

f.1.re   *f.2.*^e   *f.3.*^e

f.4.^e

f.5.^e

f.8.^e

f.6.^e

f.7.^e

f.9.e   *f.10.*^e   *f.11.*^e

façon, ces trous répondent directe-
ment à l'orifice du canal de la racine
de chaque dent : tout ceci eſt eſſentiel,
pour que la piece ſe rencontre, étant
aſſemblée par ces tenons, dans une
juſte poſition avec les gencives & les
racines. On peut, au lieu de bouts de
plume, ſe ſervir d'un peu de coton
roulé, qui, étant placé à l'entrée du
canal de la racine, produira le même
effet.

Tout ce que je viens de dire au ſujet
d'une ou de pluſieurs dents artificielles,
ne differe point eſſentiellement du manuel qu'il y a à pratiquer en pareille
occaſion, à l'une ou à l'autre mâchoire.

*Explication de la planche XXXIV, qui
contient pluſieurs dents ou pieces artificielles.*

LA *figure I* repréſente une dent artificielle, enfilée d'un fil voltigeant.

La figure II repréſente deux dents
artificielles, enfilées d'un fil voltigeant.

La fig. III repréſente trois dents artificielles enfilées d'un fil voltigeant.

La fig. IV repréſente une piece de ſix dents naturelles poſtiches, aſſemblées par des goupilles d'or ou d'argent, enfilées par deux fils voltigeans, laquelle piece ſert pour la mâchoire ſupérieure, vue par ſa partie poſtérieure.

Les figures V & VI repréſentent des goupilles ou gros fils d'or ou d'argent, qui ſervent à l'aſſemblage de cette piece.

La fig. VII repréſente la lame percée de pluſieurs petits trous, laquelle ſert à l'aſſemblage des dents naturelles poſtiches.

La fig. VIII repréſente un aſſemblage de ſix dents naturelles poſtiches attachées & arrangées par le moyen d'une lame d'or ou d'argent, & enfilées par deux fils voltigeans, pour la mâchoire inférieure, vu par ſa partie poſtérieure.

La fig. IX repréſente une dent à tenon, vue par ſa partie antérieure, & ſéparée de ſon tenon.

A. Le trou par où cette dent reçoit le tenon.

La fig. X repréſente un tenon avec ſes dentelures, ſéparé de la dent à tenon.

B. La partie du tenon qui s'engage dans la dent.

C. La partie extérieure du tenon qui s'engage dans le canal de la racine.

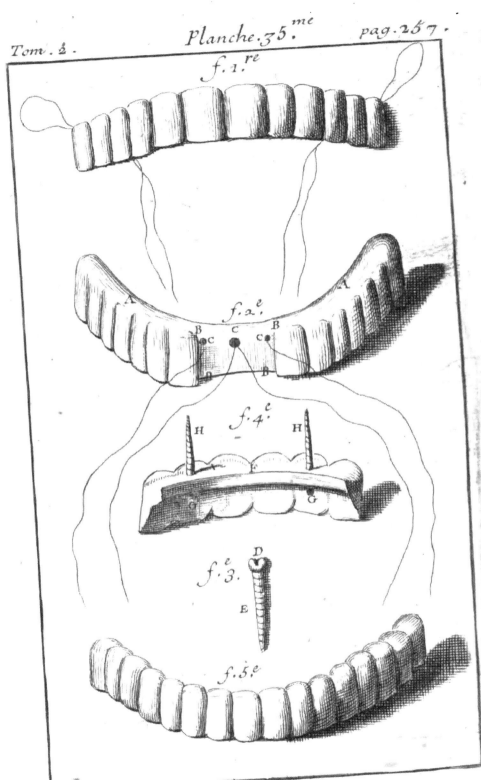

La fig. XI repréſente une dent à tenon aſſemblée avec ſon tenon.

D. La dent à tenon.

E. Le tenon.

Explication de la planche XXXV, qui contient pluſieurs pieces ou dentiers artificiels.

La *figure I* repréſente un dentier ou piece artificielle de douze dents enfilé par deux fils voltigeans, qui ſervent à l'attacher aux dernieres dents des deux côtés de la mâchoire ſupérieure.

La fig. II repréſente un dentier artificiel à entaille, laquelle entaille eſt enfilée par deux fils, & ſert pour loger les deux grandes inciſives qui reſtent ſeules à la mâchoire ſupérieure, & auxquelles ce dentier doit être attaché.

AA. Surface ſupérieure qui doit être placée ſur la gencive.

BBBB. L'entaille qui ſert à recevoir

les deux grandes incifives qui tiennent encore à la bouche.

CCC. Les trois trous qui fervent à recevoir les fils voltigeans pour attacher & affujettir cette piece aux deux dents naturelles.

La figure III repréfente un tenon à vis & à tête fendue, qui fert à attacher une piece de fix dents, lequel eft différent des tenons qui fervent à attacher des dents feules.

D. La tête de ce tenon.

E. Sa tige.

La fig. IV repréfente une piece ou dentier à tenons, vue par fa partie poftérieure, & affemblée avec fes deux tenons.

F. La furface concave du talon qui porte fur les gencives, lequel talon eft percé pour engager les tenons.

GG. Les têtes fendues de ces deux tenons.

HH. Les tiges de ces deux tenons.

La fig. V repréfente une piece entiere, ou dentier artificiel, qui fert à la mâchoire inférieure, vue par fa partie antérieure. Comme cette piece tient en place d'elle-même, elle ne doit point être percée ni attachée.

CHAPITRE XVII.

La description & l'usage d'une machine,
artistement composée d'un dentier su-
périeur complet, assemblé par des res-
sorts à une piece, d'or ou d'argent,
qui embrasse, par le moyen de deux
demi - cercles & de deux anses, les
dents de la mâchoire inférieure.

QUOIQU'A l'une & à l'autre mâchoire il n'y ait aucune dent, ni aucune racine, on peut néanmoins y mettre deux pieces entieres de dents artificielles.

Pour réussir à faire ces sortes de pieces, de maniere qu'elles tiennent sur
les gencives, lorsqu'elles y sont appliquées, il faut examiner les gencives
& leurs variétés, afin de travailler les
deux pieces d'une maniere convenable
à pouvoir s'y assujettir exactement. On
doit encore considérer la figure & la
courbure qu'il faut donner à la face

intérieure & à l'extérieure de chaque
piece artificielle, pour éviter que la
langue, les gencives, & le dedans des
joues en foient incommodés.

Si une piece entiere de dents artificielles eft de quelque utilité à la mâchoire fupérieure, quand elle a perdu
toutes fes dents, elle eft encore beaucoup plus néceffaire à la mâchoire inférieure, lorfqu'elle eft dans un femblable état. Il femble même qu'on ne
peut fe paffer de cette piece que très-
difficilement; parce que le défaut des
dents de cette mâchoire empêche davantage la prononciation, & la maftication parfaite qui devroit, ce femble,
n'être point arrêtée, la gencive s'étant
endurcie : les joues & les levres font,
par le défaut des dents inférieures,
comme perdues & enfoncées dans la
bouche : il arrive de-là qu'on fe con-
tente fouvent de réparer les befoins
preffans de cette mâchoire, fans avoir
égard à ceux qui fe rencontrent à la
mâchoire fupérieure.

Pour garnir feulement la mâchoire
inférieure, il faut que la piece de dents
artificielles (a) foit bien ajuftée; afin

(a) Voyez la figure 5 de la planche 35 de ce
tome, page 257.

que la configuration de cette mâchoire
& les inégalités des gencives, sur lesquelles elle prend son assiette, puissent
la maintenir dans cet état. Tandis que
cette piece de dents artificielles est engagée d'un côté entre la langue, & de
l'autre par la levre inférieure & les
joues ; elle s'y trouve si stable, que
sans qu'elle se dérange, la mastication
se fait librement, & ne differe presque
en rien de celle des dents naturelles. On
jouit de cet avantage, sur-tout quand
à la mâchoire supérieure, il y a des
dents naturelles à sa rencontre, & que
l'on est accoutumé à se servir de cette
piece de dents artificielles.

On ne peut ajuster de même à la mâchoire supérieure une piece entiere de
dents artificielles seule ; car pour faire
tenir cette piece, il faut nécessairement,
ou en mettre à la mâchoire inférieure
une semblable, ou que cette mâchoire
inférieure ait en tout, ou en partie, des
dents naturelles, qui puissent soutenir
& affermir la piece mise à la mâchoire
supérieure.

Ces circonstances m'ont engagé à
inventer une machine (a), qui, étant

(a) Voyez la figure 1 de la planche 36 de ce
tome, pag. 273.

conftruite de façon que je l'ai imagi-
née, & telle que je vais la décrire,
s'ajufte à la mâchoire fupérieure, de
maniere qu'elle peut fervir aux mêmes
ufages auxquelles fervent les dents naturelles.

Pour parvenir à la conftruction de
cette piece, ou dentier artificiel à reffort, il faut examiner la quantité de
dents qui reftent à la mâchoire inférieure, leur volume, leur fituation,
& les dimenfions des gencives, tant
en dehors qu'en dedans ; afin qu'ayant
bien pris les mefures requifes, l'on
puiffe faire avec juffeffe la piece qui
doit embraffer les gencives, tant antérieurement, que poftérieurement, &
qui doit paffer par-deffus les dents,
en fe joignant aux extrémités de l'un
& de l'autre demi-cercle.

Enfuite on fait fabriquer deux lames
d'or ou d'argent, larges d'environ une
ligne & demie, & épaiffes d'environ
un quart de ligne : ces deux lames
ainfi fabriquées fe recourbent fur leur
face la plus large pour en faire deux
efpeces de demi-cercles qu'on ajufte,
l'un à la face intérieure, & l'autre
à la face extérieure des gencives
de la mâchoire inférieure. La lame qui
forme le demi-cercle extérieur, doit

être plus longue & coudée à ses deux
extrémités, selon la hauteur & l'épaiffeur des dents & des gencives qu'elle
doit embraffer. Cette lame s'avance
pour monter par-deffus les dents, &
elle fe recourbe dans l'endroit où fa
courbure doit former un coude : lorfque cette lame a dans fa continuation
paffé par-deffus la couronne des dents,
on les fait defcendre toutes deux jufqu'à la gencive ; & cela pour effayer fi
elles font conformes à la convexité
& à la concavité que forme la mâchoire dans toute l'étendue où elles
doivent s'appliquer. On attache enfuite les deux extrémités du demi-
cercle intérieur avec les deux extrémités de la continuation du demi-
cercle extérieur : on les unit enfemble
en les foudant, ou en les attachant par
des petits clous rivés à rivure perdue ;
pour lors ces deux pieces forment dans
ce lieu-là, de chaque côté de la mâchoire, une anfe carrée : cette anfe
embraffe une des groffes dents molaires
par fes parties latérales & fupérieures,
& elle porte fur elle de chaque côté de
la mâchoire inférieure ; ces pieces étant
foudées font plus commodes & plus
durables que celles qui font attachées
avec des clous rivés.

Cette piece ainsi disposée sert de point d'appui à la piece supérieure, comme il va être expliqué.

On ajoutera entre le coude & la courbure de l'anse, une avance de chaque côté, & chacune de ces avances sera unie à chaque extrémité du cercle extérieur, en les soudant, ou en les attachant dans le même endroit avec des clous rivés à rivure perdue.

Cette avance est à-peu-près ronde depuis son attache jusqu'à son extrémité : elle est plus ou moins longue, suivant la distance qui se rencontre depuis l'extrémité du demi-cercle extérieur, jusqu'à la partie inférieure de l'apophise coronoïde , & le corps des muscles fermeurs des mâchoires. Il faut avoir égard à l'espace que le ressort doit occuper dans ce lieu - là ; ce ressort devant s'étendre bien plus loin que l'avance.

A l'extrémité de cette avance, on doit pratiquer un rebord , qui excede la grosseur de l'avance d'environ un quart de ligne. Cette avance doit avoir une entaille ou fente dans le milieu de son épaisseur , d'environ une demi-ligne de largeur, qui la divise en deux parties égales. Il y a un trou qui dans l'endroit

l'endroit où cette fente se termine,
perce cette avance d'outre en outre.

Sur cette piece ainsi construite, on
monte par des ressorts celle qui doit re-
présenter les dents artificielles de la
mâchoire supérieure : il faut percer la
piece avant que de la monter.

Quand ou a proportionné la piece
de dents artificielles à la gencive de la
mâchoire supérieure contre laquelle elle
doit poser, il faut laisser à chaque extrémité de cette piece du côté de sa
face extérieure une éminence aplatie,
de trois ou quatre lignes de longueur,
& de deux d'épaisseur. Cette éminence
doit être de la largeur de la piece.

Presqu'au milieu de cette éminence,
est une entaille du diametre de celles
qu'on a faites aux avances de la piece
inférieure.

Cette entaille ne doit être profonde
que de l'épaisseur de l'éminence : elle
doit commencer par un trajet un peu
oblique de bas en haut, & suivre la
direction de sa face extérieure.

Cette même entaille est croisée par une
seconde entaille plus large & plus verticale : à l'extrémité de cette deuxieme
est un trou, qui commence à la face
supérieure qu'on doit appliquer sur la

gencive, & qui sort par la face inférieure de la piece : enfuite on forme
fur cette même piece les dents artificielles , dans l'ordre où elles doivent
être naturellement : cela fini , on affemble cette piece avec celle qui s'applique à la mâchoire inférieure , par le
moyen de deux refforts d'acier (a) , de
l'épaiffeur d'un quart de ligne , larges
d'une ligne & demie , & longs d'environ treize à quatorze lignes.

Ces refforts s'engagent d'un côté par
une de leurs extrémités dans l'entaille
des avances de la piece inférieure , &
par l'autre dans les entailles obliques
de l'éminence fupérieure.

L'extrémité de chaque reffort , qui
doit entrer dans l'entaille de chaque
avance de la piece inférieure , doit dé-
border du côté de fes parties latérales,
dans l'endroit de l'entaille qui doit le
recevoir. Après que cette extrémité a
été introduite , elle y eft attachée avec
un fil qu'on paffe dans le trou qui eft
au-deffous de l'entaille : on conduit enfuite ce fil plufieurs fois autour de l'a-
vance , pour embraffer une des extrémités de chaque reffort qui y eft engagée : enfuite on repaffe le même fil par

(a) Voyez la figure 4 de la planche 36 de ce
tome , page 273.

le même trou auquel il a été déja engagé , & derechef on fait faire à ce fil plusieurs contours qui embrassent l'avance & l'extrémité du ressort que l'avance contient. On arrête les deux bouts de ce fil par plusieurs nœuds : après quoi on pratique la même manœuvre à l'avance opposée de cette piece , pour y engager l'extrémité de l'autre ressort : ces ressorts engagés de même par les bouts inférieurs , sont assujettis dans l'entaille oblique de l'éminence de la piece supérieure, & arrêtés par le moyen d'un fil qui passe au travers du trou qui est pratiqué à l'angle de cette piece, & dans l'entaille verticale ; afin qu'il embrasse & assujettisse l'extrémité du ressort, au moyen de plusieurs contours de fil réitérés , & arrêtés par des nœuds : on en fait autant pour engager l'autre extrémité du côté opposé ; & pour éviter que les ressorts ne se déplacent, on fera une coche au ressort dans l'endroit où le fil passe.

Ces deux pieces ainsi assemblées s'écartent assez l'une de l'autre par le moyen de l'élasticité des ressorts , pour pouvoir, étant ainsi disposées, suivre les mouvemens de la mâchoire inférieure,

lorfqu'elle s'abaiffe , & que par conféquent la bouche s'ouvre : la flexibilité
de ces mêmes refforts permet à la mâchoire de rapprocher , fans faire aucun
effort, ces deux pieces l'une de l'autre,
lorfque la bouche fe referme : cette machine eft par conféquent propre à l'exé-
cution de la maftication , à l'ornement
de la bouche , & à l'articulation de la
parole.

Avant que d'introduire cette machine dans la bouche , & de la mettre
en place, il y a une circonftance à obferver, c'eft qu'il faut évuider avec une
lime demi-ronde le demi-cercle antérieur de cette machine ; de telle maniere que ce demi-cercle foit dans fon
milieu un peu plus échancré par fa partie inférieure , que dans fes parties latérales : cela doit être ainfi pratiqué ,
afin que ce demi-cercle s'accommode
mieux à la difpofition qui fe trouve
entre la levre inférieure & les gencives
qui forment une élévation , & même
une efpece de filet en cet endroit.

Pour introduire cette machine toute
montée , & la mettre en place , on approche la piece fupérieure de l'inférieure : enfuite on fait entrer dans la
bouche l'un des deux bouts , ou angles

de la machine par l'endroit de la commiſſure des levres : on y introduit de
même l'autre bout par le côté oppoſé.

Lorſque la machine a paſſé les levres,
on la pouce doucement avec les doigts,
pour la placer du côté ſupérieur ſur les
gencives ſupérieures, & du côté inférieur ſur les gencives inférieures : on
loge ſon demi-cercle extérieur ſur la
face extérieure des gencives, ou un peu
au-deſſus du colet des dents, & entre la
levre inférieure & les joues : ſon demi-
cercle intérieur ſe loge ſur la ſurface intérieure des gencives, ou au-deſſus du
colet de ces mêmes dents : les deux
anſes qui uniſſent ces deux cercles enſemble, embraſſent les premieres groſſes
dents molaires, & portent ſur elles.

L'avance de la piece inférieure, &
les contours que forment les reſſorts
d'une piece à l'autre, ſe logent dans
l'intervalle qui ſe trouve aux parties
latérales & preſque poſtérieures de la
bouche, près & à côté des dernieres
dents de la mâchoire inférieure. On
peut ôter cette piece de dents artificielles, & toute la machine enſemble
auſſi facilement qu'elle ſe met ; ce qu'on
peut faire ſoi-même. Il n'y a point de
néceſſité abſolue de la déplacer, ſi ce

n'eſt dans le cas où les reſſorts ſont uſés,
pour y en remettre d'autres ; ce que
chacun peut exécuter aiſément : on ne
ſe trouve pas ſouvent dans ce cas, ſur-
tout lorſque les reſſorts ſont d'une
bonne trempe & bien conſtruits.

Les Méchaniciens & les Dentiſtes
n'avoient pu trouver juſqu'à préſent
une machine qui fût d'un uſage ſi néceſſaire, & en même-tems ſi commode.
Cette machine contient non-ſeulement
les qualités de celles qui l'ont précédée
ſans en avoir les incommodités, mais
elle a pluſieurs autres avantages qui la
diſtinguent, & la rendent cent fois
plus convenable. Je laiſſe à en juger à
ceux qui ſe trouveront dans le cas de
s'en ſervir, & à tous ceux qui s'appliquent à pratiquer la partie de la Chirurgie dont il s'agit.

Les experts en cet Art, dans les
épreuves qu'ils ont ci-devant faites d'un
ratelier ſupérieur de dents artificielles,
n'avoient pratiqué juſqu'à préſent que
des reſſorts de baleine, qu'on attachoit
avec du fil aux dents naturelles de la
mâchoire inférieure : cela étoit d'un
grand embarras & de très peu d'utilité;
au lieu que ma machine conſtruite &
appliquée avec toutes les circonſtances

que je viens de détailler, supplée presque à toutes les fonctions qui s'exécu-
toient auparavant par les dents naturelles : de plus cette piece de dents artificielles substituée à la place des dents
naturelles, peut non-seulement tromper les yeux par son aspect, mais même
les personnes qui s'en serviront, ou-
blieront la perte de leurs dents naturelles, lorsqu'elles seront accoutumées
à s'en servir.

Pour conserver plus long-tems l'élasticité des ressorts que j'ai indiqués, &
les rendre plus durables, l'on peut ajouter à chaque côté de chaque ressort, une
petite lame fort mince faite de baleine :
cette lame ne doit pas être plus longue
que chaque ressort, & ne doit guere
être plus large.

S'il ne restoit à la mâchoire inférieure,
que cinq ou six dents, les demi-cercles
de cette machine, auroient non-seulement la même étendue de ces dents,
mais encore ces demi-cercles s'éten-
droient de chaque côté un peu au-delà
des dernieres petites lames, qui servi-
roient à les attacher ensemble, de même
que l'anse sert à attacher ceux de la
machine précédente ; mais au lieu que
les anses sont élévées & recourbées dans

M 4

celle-là, au contraire dans celle-ci ces
petites lames ne font point recourbées,
& portent à plat fur les gencives.

S'il fe rencontroit encore quelques
dents ifolées fur les côtés de la mâchoire inférieure, ces dents feroient
embraffées par les deux demi-cercles,
& par les petites lames qui affemblent
ces demi-cercles. Les avances attachées
aux demi-cercles commencent à l'endroit des dernières dents de chaque
côté que les demi-cercles embraffent :
ces memes avances font continuées jufqu'à la même diftance ou l'on vient de
marquer qu'elles devoient s'étendre,
c'eft-à-dire, jufqu'à pouvoir par le
moyen des refforts fe joindre à la piece
fupérieure, & répondre à fa longueur.
Le tout ainfi affemblé, compofe une
machine (a) qui peut fervir dans certains cas, où la précédente ne ferviroit
point.

Lorfque la mâchoire fupérieure fe
trouve dépourvue de toutes fes dents,
on eft obligé d'avoir recours à lufage
de l'une, ou de l'autre des deux machines que je viens de décrire, & que
je fubftitue par plufieurs motifs à des

_____

(a) Voyez la figure 3 de la planche 36 de
ce tome, pag 273.

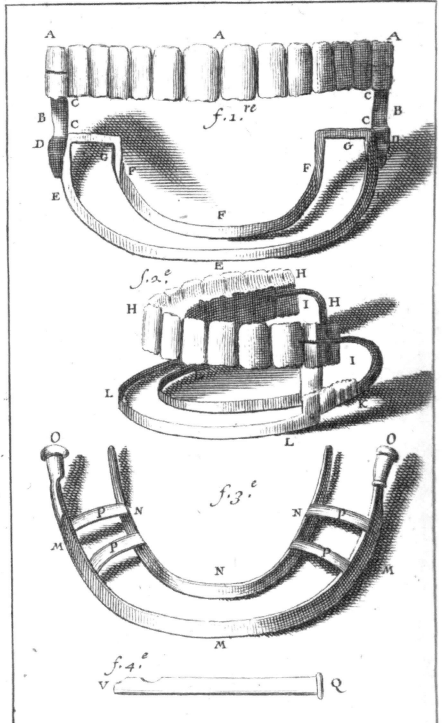

pieces qui étoient plus embarraffantes, & même inutiles. Dans un pareil cas on peut faire encore un ufage, même plus avantageux, des deux machines nouvelles, qui font repréfentées aux planches 41 & 42 de ce volume, pages 342 & 348.

Explication de la planche XXXVI, qui contient plufieurs dentiers ou pieces artificielles.

LA *figure I* repréfente une piece, ou machine pour la mâchoire fupérieure, dont le ratelier eft joint à deux demi-cercles par deux refforts, vue antérieurement.

A. A. A.   Le ratelier.

B. B.   Les deux refforts qui affemblent cette piece.

C. C. C. C. L'affemblage de ces refforts avec la piece fupérieure & inférieure.

D. D.   Deux petites avances qui reçoivent ces refforts par l'une de leurs extrémités.

E. E. E.   Le demi-cercle antérieur qui fert à embraffer les dents extérieurement.

M 5

F. F. F. Le demi-cercle poſtérieur qui ſert à embraſſer les dents intérieurement.

G. G. Les anſes qui appuyent ſur les dents molaires, & qui ſervent à aſſembler par chacun de leurs bouts les deux demi-cercles enſemble.

La figure II repréſente la même machine, vue de côté.

H. H. H. Le ratelier.

I. I. Les courbures du reſſort.

K. L'avance attachée au demi-cercle qui reçoit l'extrémité du reſſort.

L. L. L. Les deux demi-cercles vus latéralement.

La figure III repréſente une piece à deux demi-cercles, faite de pluſieurs lames, dont les avances ſont beaucoup plus étendues que celles des pieces précédentes, parce que cette piece ne doit être ſoutenue que de cinq ou ſix dents conſécutives, & de deux ſéparées : on fait voir cette piece, ſans reſſort & ſans être jointe à aucun ratelier, pour ne pas répéter l'aſſemblage des deux figures précédentes, l'aſſemblage de celle-ci étant le même.

M. M. M. Le demi-cercle antérieur de cette piece.

N. N. N.   Le demi-cercle poſtérieur de cette piece.

O. O.   Les avances du demi-cercle antérieur qui ſervent à recevoir les reſſorts.

P. P. P. P.   Quatre petites lames qui embraſſent les dents & appuyent ſur les gencives, lorſque la piece eſt en place, & qui ſervent à aſſembler le demi-cercle externe avec l'interne.

La figure IV repréſente un des reſſorts qui ſert à l'aſſemblage de ces pieces, c'eſt-à-dire du ratelier artificiel, vu à plat & détaché.

Q.   L'extrémité de ce même reſſort qui eſt reçue dans l'avance de la piece en demi-cercle, & engagée avec un fil autour de cette avance.

V.   L'autre extrémité de ce même reſſort, engagée dans l'éminence eſcarrée du dentier, aſſujettie par des fils, & arêtée par le moyen de deux petites avances qui excedent le niveau de la largeur des reſſorts.

M 6

CHAPITRE XVIII.

Description d'un double dentier, dont la piece supérieure s'assemble avec l'inférieure, par des ressorts.

LORSQU'IL arrive que les deux mâchoires se trouvent dégarnies de toutes leurs dents, on est dans la nécessité de recourir à l'usage d'un double dentier, composé de deux pieces principales : l'une est supérieure, & l'autre inférieure. Ces pieces sont munies de dents artificielles artistement figurées, & elles imitent le plus exactement qu'il est possible l'ordre des dents naturelles.

Ces deux pieces perfectionnées à ce point, doivent être assemblées par l'extrémité de leurs angles avec des ressorts : il faut auparavant avoir pris au juste les dimensions, non-seulement des deux mâchoires, mais encore celles des gencives : il faut aussi avoir observé surtout les inégalités qu'elles peuvent former en différens endroits ; afin de tirer avantage de ces mêmes inégalités, &

de conformer la surface des dentiers qui doivent s'appliquer sur les gencives, à la variation des éminences & des enfoncemens de ces mêmes gencives : ainsi lorsqu'il se rencontre à la gencive quelque enfoncement, il faut pratiquer à la surface, dont il est question, une élévation proportionnée & propre à se loger dans cet enfoncement ; & qu'il y ait réciproquement un enfoncement dans la surface des dentiers, pour y placer l'élévation de la gencive. Cela ne contribuera pas peu à rendre les pieces plus fermes & plus stables dans leur assiette.

Avant que de placer les ressorts, il faut pratiquer avec une scie (*a*) à chaque extrémité des dentiers, une entaille d'environ quatre lignes de longueur : il faut que cette entaille soit proportionnée à l'extrémité du ressort qu'elle doit recevoir : on a soin de poser la scie sur la face de l'extrémité des angles des dentiers à une ligne de distance de la surface qui doit s'appliquer sur les gencives : de cette façon cette entaille forme une ligne un peu oblique, en se terminant, & en remontant de bas en haut : tout cela se pratique, afin que le

(*a*) Voyez la planche 31 de ce tome, p. 242.

reſſort une fois engagé dans l'entaille, ait plus de force pour s'étendre, & pour ſuivre le mouvement de la mâchoire inférieure.

On pratique à l'extrémité de chaque entaille, un trou qui perce la piece d'outre en outre horiſontalement : ce trou ſert à paſſer & repaſſer pluſieurs fois une éguille enfilée d'un fil ; on introduit l'extrémité de chaque reſſort dans chaque entaille : avant que d'aſſujettir ces reſſorts, on eſſaye la piece, en obſervant ſi elle produit ſon effet, ſi la courbure des reſſorts eſt trop, ou trop peu étendue, s'ils ont la flexibilité & l'élaſticité requiſes, s'ils n'incommodent pas par leurs courbures l'endroit de la bouche où ils ſe logent, s'ils frottent, ou appuyent trop contre la ſurface de la partie de la bouche qui couvre l'apophiſe coronoïde & le corps des muſcles fermeurs des mâchoires, ou enfin ſi ces reſſorts frottent trop la langue, &c.

Ces circonſtances étant obſervées, ces deux pieces ſont aſſemblées par le moyen de deux reſſorts d'acier, ou ſeulement de la meilleure baleine, longs d'environ un pouce & demi, y compris ce qui s'engage dans les entailles : ces reſſorts ſont larges de deux lignes , & épais d'environ un quart de ligne : ſuivant que les pieces ſeront plus ou moins grandes , on réglera l'épaiſſeur de ces reſſorts qui ne different de ceux de la piece précédente , qu'en ce qu'ils ne débordent point par leur extrémité , & qu'ils n'ont point de coches : ces reſſorts ainſi conditionnés , ſont atta- chés & aſſujettis de la maniere qui ſuit.

On prend une éguille enfilée d'une ſoie cirée , ou d'un gros fil retors : on le paſſe par un des trous dont il a été parlé , & on commence indifféremment par celui que l'on veut.

On applique le premier jet du fil ſur l'entaille , pour de-là embraſſer le reſ- ſort par deux contours de fil bien ſer- rés : enſuite on revient au trou du côté oppoſé , par un trajet de fil ; & on repaſſe pluſieurs fois l'éguille dans le même trou : on pratique pluſieurs jets de fil , qui couvrent l'entaille des deux côtés ; & ce fil fait pluſieurs contours , qui aſſujettiſſent ainſi l'extrémité du reſſort.

- Lorſque le reſſort paroît aſſez affer- mi , on couvre par pluſieurs contours de fil toute ſon étendue , juſqu'à l'en- droit qui doit être engagé dans l'entaille oppofée. On paffe ainfi d'une extrémité à l'autre, pour engager de même ce reffort dans l'entaille oppofée diamétralement : on l'affujettit de même, en paffant & repaffant l'éguille dans ce trou par plufieurs jets & contours de fil réitérés.

Pour mieux affujettir ces jets & ces contours de fil, on paffe le fil fur l'éguille, ainfi que les Tailleurs le paffent, lorfqu'ils font des boutonnieres : on continue de le paffer de même fur les jets de fil qui couvrent les entailles ; on forme par ce moyen une efpece de ganfe, qui refferre & affermit davantage les contours : un des refforts fe trouve engagé par fes deux bouts, & on engage de même celui qui lui eft oppofé.

La maniere d'introduire dans la bouche cette double piece (a) ainfi affemblée, ne differe de la maniere dont on introduit la précédente, qu'en ce que elle eft encore plus aifée.

Il en eft de l'ufage de toutes ces pieces, comme de celui de tous les membres artificiels, que la Chirurgie nous fournit, par la partie que nous

(a) Voyez la figure 1 de la planche 37 de ce tome, page 291

nommons prothese: on a quelque peine
à s'accoutumer les premiers jours à l'u-
sage d'un bras, d'une jambe & d'un œil
artificiel; mais insensiblement on s'y
habitue, & même en peu de tems. La
nécessité de réparer ce qui nous manque, ou par un accident, ou par un
défaut de nature, nous met bientôt dans
cette habitude, qui agit si fortement
en nous, que ces pièces artificielles
nous paroissent dans la suite comme naturelles.

Que les choses dont l'usage ne nous
est pas familier, & qui nous paroissent
d'abord étrangeres, ne nous rebutent
donc point : l'incommodité qu'on en
peut ressentir pendant les premiers
jours, n'est que passagere, & qu'une
circonstance nécessairement annexée au
défaut de l'usage ; à moins que cette
incommodité ne provînt de l'incapa-
cité & du défaut de l'artiste, qui auroit mal fabriqué les pieces dont il
s'agit, n'ayant pas bien observé toutes
les circonstances que j'ai exactement
rapportées.

Avant que j'eusse réduit en pratique
les idées que je viens de communiquer,
on s'étoit non-seulement servi de res-

forts de baleine pour le ratelier supérieur, attachés d'un bout à cette piece,
& de l'autre aux dents naturelles de la
mâchoire inférieure, ce qui étoit très-
difficile à placer, & ébranloit beaucoup ces mêmes dents; mais on se servoit encore, pour joindre ensemble le
ratelier supérieur avec l'inférieur, de
charnieres & de ressorts à boudin, en
façon de tirebourre, ou simplement
courbés en ligne spirale : l'entortillement ou la circonvolution spirale occupoit beaucoup d'espace, & causoit
par conséquent de l'embarras dans la
bouche : cet entortillement s'opposoit
même à la mastication, & donnoit lieu
d'ailleurs aux alimens de s'engager dans
le contours de ces ressorts, d'y séjourner, & d'y causer de la mauvaise odeur.

Le même inconvénient arrivoit à ces
charnieres par rapport à leurs engage-
mens réciproques. Il n'en est pas de
même des ressorts dont je me sers pour
unir les pieces ensemble : ces ressorts
n'ont point tant de contours : la maniere dont j'assemble ces pieces, les rend
capables d'agir librement, & de suivre
tous les mouvemens de la mâchoire
inférieure. Cet assemblage est d'au-

tant plus préférable, qu'il eſt plus
ſimple, plus commode, & plus du-
rable.

CHAPITRE XIX.

Maniere d'émailler les dents ou les dentiers
artificiels, afin de rendre leur décora-
tion plus réguliere & plus agréable.

IL eſt preſque impoſſible, du moins
il eſt très-difficile de rencontrer aucune
des matieres que j'ai indiquées pour
conſtruire des dentiers artificiels, qui
ſoit capable de fournir des pieces entieres naturellement émaillées dans
toute leur étendue, & dont la couleur
ſe trouve conforme aux dents naturelles de ceux auxquels on eſt obligé d'en
ſubſtituer à la place de celles qui leur
manquent.

C'eſt cet inconvénient qui m'a donné
lieu de chercher les moyens de rendre
uniformes ces pieces, autant qu'il
ſeroit poſſible, en conformant leur
blancheur à celle des dents, lorſqu'il
en reſte encore dans la bouche. J'ai
tâché d'imiter la nature, & même de

l'enrichir par ces dentiers artificiels, dans les circonſtances qui concernent l'ornement de la bouche.

J'ai penſé que je trouverois ce ſecours dans le ſeul uſage de l'émail artificiellement compoſé : j'ai cru auſſi que je parviendrois par-là , non-ſeulement à imiter le plus parfait émail des dents , mais même la couleur naturelle des gencives, dans les cas où il s'agit de les remplacer artiſtement, en tout ou en partie.

Pour y réuſſir, j'ai conſulté les Emailleurs les plus habiles, & par les conférences que j'ai eues avec eux, j'ai rendu praticable ce que je crois que d'autres n'ont point mis en uſage juſqu'à préſent. On a imité les yeux naturels par des yeux compoſés d'émail; mais on a négligé la même application de l'émail à l'égard des pieces de dents artificielles, qu'on ſubſtitue aux dents naturelles ; cependant, outre tous les avantages que les dentiers artificiels ont au-deſſus des yeux d'émail, ils ſervent comme eux à l'ornement, & reparent de même les défauts des parties dont les difformités choquent au premier aſpect.

La piece que l'on doit conſtruire &

garnir de dents émaillées, doit être auparavant ajuſtée à l'endroit de la mâchoire qu'elle doit occuper, ſuivant toutes les dimenſions requiſes : il faut néanmoins n'y avoir encore formé aucune dent. On appliquera ſur la face extérieure de cette piece une lame d'or ou d'argent, épaiſſe d'environ une demi-ligne : cette lame occupera toute l'étendue de la face extérieure, ſi le ratelier doit être complet : ſi ce ratelier doit recevoir dans de certains intervalles quelques dents naturelles, & dans d'autres ſervir à former quelques dents émaillées, on pratiquera des entailles vis-à-vis les dents naturelles, pour les y loger ; & dans l'intervalle de l'une à l'autre dent, on garnira la ſurface extérieure de la piece artificielle de petites lames auſſi d'or ou d'argent. On tracera enſuite avec une lime la figure des dents ſur cette lame, pour marquer l'intervalle des dents qu'on doit former : tout étant ainſi diſpoſé, on remettra cette piece à l'Emailleur, pour qu'il couvre cette lame d'émail : on formera chaque dent émaillée de l'étendue requiſe, & de couleur ſemblable à celle de l'émail des dents naturelles de la personne à laquelle il s'agira d'ajuster la piece émaillée. (a) Pour que l'Emailleur soit mieux instruit de cette nuance, on lui fera voir quelque dent pareille en couleur à celles qu'il doit émailler, ou bien on lui montrera celles qui tiennent encore à la bouche.

Si c'est des dents humaines sur lesquelles l'Emailleur doit se régler, soit que ces dents aient été prises dans la bouche du même sujet, soit qu'elles aient été tirées de la bouche d'un autre, il faut que ces dents aient trempé dans l'eau commune au moins vingt-quatre heures pour pouvoir leur donner à-peu-près la même couleur des dents qui restent en place. Ensuite l'Emailleur continuera de les tenir dans l'eau, afin de mieux attraper leur degré de blancheur; car, lorsqu'elles sont seches, elles ne sont jamais bien conformes en couleur aux naturelles.

Lorsque les gencives sont consumées totalement ou en partie, la lame d'or ou d'argent doit être plus ou moins large, suivant la déperdition de subs-

(b) Voyez la figure 3 de la planche 37 de ce tome, page 191.

tance de la gencive. On figure les petites éminences que les gencives forment dans l'intervalle de chaque dent,
& les demi - contours qu'elles forment
aussi de l'une à l'autre dent; & on supplée au défaut des gencives, par d'autres si bien imitées en émail, qu'elles
ont la véritable couleur des naturelles.

La lame dont je parle, ne peut être
émaillée sans la porter au feu, & par
conséquent sans être séparée de la piece
d'os sur laquelle on doit l'appliquer,
après qu'elle est émaillée. Ensuite on
doit l'assujettir par ses extrémités, au
moyen d'une ou de plusieurs vis, suivant son étendue, ou au moyen de goupilles rivées à rivure perdue, qui perceront la piece émaillée & la piece d'os
d'outre en outre.

Si l'on veut que cette lame émaillée
ne couvre point toute la longueur de la
face extérieure de la piece, on fait une
entaille à cette même piece, pour loger
la lame dans la profondeur de l'entaille,
& à niveau de la surface de la piece.

Il faut encore remarquer, que l'extérieur de chaque dent émaillée doit
paroître un peu convexe, & que l'émail
ne doit pas être beaucoup apparent dans
le fond de chaque intervalle, afin que

les dents artiſtement émaillées en paroiſſent plus naturelles.

Ces pieces émaillées s'appliquent ſur
les gencives, & y ſont aſſujetties de
même que les précédentes, ſoit par des
attaches de fil, par des tenons, ſoit par
des reſſorts.

Si l'on veut ne réparer qu'un ou pluſieurs défauts du dentier artificiel dé-
pourvu dans quelque endroit de ſon
email naturel, on rapporte dans cet
endroit une petite lame d'or ou d'argent,
d'une étendue ſuffiſante pour cacher
tous les défauts de la piece : on donne
enſuite cette piece à l'Emailleur, pour
y mettre un émail conforme au reſte de
l'émail de cette même piece, que l'E-
mailleur fait tremper dans l'eau, pour
la raiſon que nous venons d'alléguer.
On joint cette piece avec la lame le plus
artiſtement qu'il eſt poſſible : voilà le ſeul
moyen de réparer un tel défaut.

Les avantages de l'émail, employé
aux dents artificielles, ne ſe bornent
pas ſeulement à l'ornement qu'il pro-
cure ; mais, il en réſulte encore que les
dents, ou les dentiers émaillés de même, peuvent durer un tems très-con-
ſidérable ; puiſque l'émail eſt un corps
très-peu ſuſceptible de changement &
d'altération.   Après

Après avoir communiqué au public
tant de moyens propres à substituer des
dents artificielles, en la place des naturelles ; après avoir donné des méthodes
circonstanciées, fondées sur ma propre
expérience, & suffisantes pour suppléer
à toutes sortes de défauts, j'ai lieu d'es-
pérer qu'on se corrigera de plusieurs
abus qu'on pratique journellement, &
qu'on ne s'avisera plus de percer les
gencives d'outre en outre , d'y passer
des pointes, & d'y suspendre une piece
osseuse composée de plusieurs dents ,
pour remplacer les incisives & les canines de la mâchoire supérieure.

Les pointes qui attachoient cette
piece osseuse étoient recourbées quasi
en crochet, perçoient la base des deux
dents du milieu de la piece artificielle :
& s'enfilant dans les gencives, suspen-
doient ainsi cette piece en maniere de
pendans d'oreilles ; de sorte que c'é-
toient, pour ainsi dire, des dents flo-
tantes, qui obéissoient non seulement
aux impulsions de la langue, mais encore à celle de l'air qui entre dans la
bouche & qui en sort. Cette piece ti-
railloit & tourmentoit extrêmement la
gencive.

J'ai appris qu'une Dame, qui servit

à cette belle expérience, n'en reçut que
de l'incommodité; mais une heureuſe
toux la délivra d'une partie de ce fâcheux dentier, en le lui faiſant cracher
dans le feu, d'où il fut retiré à demi
conſumé. Je ne ſais ſi on a depuis re-
médié à ce vuide, ni comment on l'a pu
faire; mais il falloit que cette Dame eût
une forte envie d'avoir la bouche garnie,
pour ſouffrir une opération ſi cruelle, &
en même-tems ſi ridicule, ſans parler
des dangereuſes ſuites qu'elle pouvoit
avoir. Je ne ſaurois même comprendre
qu'un Dentiſte, tant ſoit peu jaloux de
ſa réputation, l'ait ainſi expoſée, ſur-
tout à Paris, où tant d'habiles gens de
toutes ſortes de profeſſion ſe trouvent,
& concourent par leur travail à l'ornement de cette grande Ville.

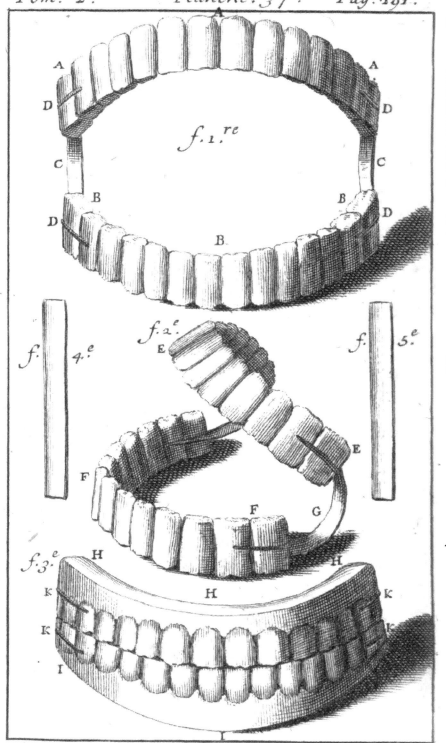

Explication de la planche XXXVII, qui contient plusieurs dentiers ou pieces artificielles.

LA *figure I* repréſente un double dentier monté par deux reſſorts, vu entr'ouvert par ſa partie antérieure.

AAA. Dentier ſupérieur.

BBB. Dentier inférieur.

CC. Les reſſorts.

DDDD. Quatre entailles ou engrainures, recouvertes de fil, qui arrêtent les reſſorts.

La fig. II repréſente le même double dentier, vu par une de ſes parties latérales, pour mieux faire obſerver la courbure des reſſorts.

EE. La partie latérale gauche du dentier ſupérieur.

FF. La partie latérale gauche du dentier inférieur.

G. La courbure du reſſort.

La figure III repréſente un dentier émaillé, vu par ſa partie antérieure, tout fermé, avec les dents couvertes des gencives.

HHH. Dentier ſupérieur.

III. Dentier inférieur.

KKKK. Les fils qui fervent à affujettir les reffors, & qui couvrent l'entaille.

Les figures IV & V repréfentent féparément deux reffors, femblables à ceux dont on fe fert pour monter tous ces rateliers.

CHAPITRE XX.

La defcription & l'ufage d'un obturateur du palais à deux ailes paralleles à charniere, affujetties par un écrou, &c. lorfque cet obturateur eft en place,

PREMIER OBTURATEUR.

L'OBTURATEUR auquel on a jufqu'ici donné la préférence, eft un inftrument compofé d'une plaque & d'une fimple tige terminée par une vis, fur laquelle on monte un petit écrou, après avoir fait paffer la tige au trayers d'une éponge, qui couvre la furface convexe de la plaque. Cette éponge doit avoir d'ailleurs un volume fuffifant pour remplir tout le vuide de la brêche. Le tout ainsi disposé, ne manquoit pas de produire son effet dans l'instant. La seule éponge auroit fait la même opération ; mais comme ce bouchon assujetti dans l'espace qu'il occupoit, n'étoit retenu que par la simple compression des parois de la surface de la brêche contre celle de l'éponge, cette compression n'étoit pas suffisante ; d'autant plus que ce trou se trouvant souvent plus évasé en bas qu'en haut, il en arrivoit que cet obturateur, par son poids & par sa pente, bien loin de rester en place, se précipitoit & se déplaçoit si aisément, qu'il devenoit inutile, embarrassant & incommode. Il arrivoit à-peu-près le même inconvénient dans l'application de tous les autres obturateurs que l'on avoit jusqu'à présent imaginés : ils sortoient de l'espace qu'ils devoient exactement occuper, faute d'un point d'appui suffisant pour les tenir assujettis.

Ceux que je propose aujourd'hui, remplissent parfaitement, par leur mécanique, les intentions que l'on peut avoir en pareil cas.

L'obturateur que je décris le premier est composé d'une plaque, d'une tige, de deux ailes, de deux goupilles, d'une vis, d'un écrou & d'une clef. La

N 3

plaque eft quafi de figure ovale, formant, par l'un de fes bouts, une efpece d'angle mouffe. Cette plaque eft longue de quinze à feize lignes, large de neuf à dix, concave du côté de la bouche, convexe par fa partie oppofée, pour mieux s'ajufter à la voûte du palais. Cette même plaque eft percée dans fon centre, d'un trou de quatre lignes de diametre.

La tige de cet obturateur eft à canon, ronde & épaiffe d'environ cinq à fix lignes, à-peu-près de la même longueur, fans y comprendre fes quatre branches tronquées, fituées fur le haut de cette tige : ces branches fervent à former deux charnieres diamétralement oppofées : il y a entre ces branches une entaille cruciale, pour loger partie d'une vis, & partie de l'écrou qui l'affujettit, &c. Dans le milieu de cette tige, il y a encore un trou rond, d'une ligne & demie de diametre, qui, perçant à jour la tige par fon centre & fuivant fa longueur, fe trouve répondre jufte au milieu de l'efpace du grand trou de la plaque.

Il eft à remarquer que ces quatre branches font formées ou divifées par une entaille cruciale pratiquée à la

lime qui laiſſe entre les branches deux
intervalles, d'une différente étendue
en largeur & en profondeur : la plus
grande entaille a environ deux lignes
de largeur, & deux de profondeur;
elle ſert à recevoir les avances inférieures de l'écrou. La plus petite entaille
a environ une ligne & demie de largeur, & autant de profondeur ; elle
ſert à loger les charnons contigus aux
ailes.

Chaque aile eſt quaſi de figure ovale,
un peu moins arrondie du côté d'en
bas : l'étendue de chaque aile eſt d'environ huit lignes en longueur, & d'environ ſix lignes en largeur, & d'un quart
de ligne en épaiſſeur. Chaque aile eſt
convexe par la face qui doit s'appuyer
ſur la partie, & concave par la ſurface
oppoſée.

Chacune de ces ailes eſt fenêtrée par
une ouverture carrée, large d'environ
deux lignes & demie, longue de trois
& demie : ces ouvertures ſont ſituées à
une demi-ligne de diſtance de la partie
inférieure des ailes voiſines des charnieres.

Ces ailes ſont encore percées à jour
par pluſieurs petits trous, diſpoſés deux
à deux près de leur circonférence, &

N 4

destinés à donner passage à des points de fil, qui servent à assujettir une enveloppe d'éponge fine, qui sert à couvrir la surface convexe de ces ailes, afin qu'elles appuyent plus mollement sur la partie qu'elles doivent comprimer.

Vis-à-vis le milieu de la fenêtre, & sur le bord inférieur des ailes, il y a une avance ou charnon contigu, percé à jour horisontàlement par un petit trou.

Les goupilles sont de petits morceaux de fil d'argent, proportionnés en longueur & grosseur aux trous des charnieres qu'ils doivent assembler.

La tige & le corps de la vis, sont ensemble de la longueur d'environ huit lignes : la tête de la vis a deux surfaces plates : sa circonférence parfaitement arrondie, est divisée en deux parties à-peu-près égales par deux échancrures carrées & paralleles : l'épaisseur de cette tête est d'environ une ligne.

L'écrou décrit quasi la figure d'un marteau : il est long de quatre lignes par sa partie la plus étendue, large de trois, & convexe par sa surface supérieure : la surface inférieure est en partie plane.

Cet écrou est percé à jour dans son milieu pour recevoir la vis : considéré par sa partie inférieure, il présente

quatre avances : les deux plus grandes
font fituées horifontalement , & ont
environ deux lignes d'étendue en longueur, autant en largeur, & demi-ligne
d'épaiffeur.

Les deux plus petites font fituées per-
pendiculairement : leur longueur eft
d'environ deux lignes , leur épaiffeur de
deux tiers de ligne , & leur largeur d'une
ligne & demie. Ces proportions font
importantes par rapport aux fonctions
de cet écrou.

La clef qui fert à monter & à démonter cette machine , eft plate, longue d'environ quinze lignes , large
d'environ cinq , & épaiffe d'une ligne :
elle fe rétrécit du côté de l'extrémité,
où elle a deux dents carrées : ces dents
font proportionnées aux échancrures
de la vis.

Toutes ces pieces doivent être d'or
ou d'argent. Voici comme elles feront
affemblées.

Il faut fouder la partie inférieure de
la tige à canon fur le centre de la convexité de la plaque. Ces deux pieces
étant unies enfemble , il faut divifer
l'extrémité de la tige en quatre parties ,
au moyen d'une entaille cruciale de la

N 5

longueur, largeur & profondeur qu'il a été dit en parlant des quatre branches tronquées. Il faut observer que l'une de ces entailles soit plus profonde que l'autre.

Dans l'entaille la plus profonde, on perce la tige dans son centre & suivant sa longueur, jusqu'au milieu de la surface concave de la plaque. Pour lors, on agrandit ce trou du côté de la plaque, jusqu'à ce qu'il soit suffisant pour loger la tête de la vis. Cela fait, on perce les quatre branches qui doivent servir de charnons. On perce de même l'avance de chaque aile qui doit aussi servir de charnon, & on les monte par le moyen des goupilles avec les branches de la tige à canon.

Lorsque les deux pieces, à qui nous avons donné le nom d'ailes, sont assemblées par le moyen des goupilles aux branches tronquées, il s'agit de placer l'écrou de maniere que ses avances perpendiculaires se logent dans l'intervalle pratiqué entre les deux charnieres, où ces avances sont reçues comme un tenon dans une mortaise. Ces avances ne doivent pas y être forcées; afin qu'elles puissent s'engager & se dégager plus ou moins dans cet intervalle qui les reçoit, suivant les mouvemens que la vis fait faire à l'écrou.

L'usage de cet engagement, est d'assujettir l'écrou en plusieurs sens, le laissant pourtant en liberté, jusqu'au point qu'il puisse suffisamment agir, conjointement avec la vis.

Les deux avances horisontales couvrent le milieu des charnieres : leurs extrémités se placent aux fenêtres des ailes, lorsqu'elles sont levées. Cet écrou étant ainsi placé, on engage la vis dans l'écrou, & la clef dans les échancrures de la tête de la vis : la clef fait tourner la vis, qui en s'engageant dans l'écrou, le fait descendre, & tandis qu'il descend, ces avances horisontales suivent le bord inférieur de la fenêtre, le compriment, & assujettissent les ailes, qui étant abatues, s'appliquent par leur surface convexe sur les parties du trou du palais, dans lequel elles sont engagées : elles doivent le comprimer pour suspendre & assujettir toute la machine, qui de cette façon bouche exactement le trou du palais dont il s'agit, & même sans éponge, quoiqu'il soit plus à propos d'en mettre plus ou

moins autour de ailes, fuivant l'oc-
currence.

Quoique l'on ait ici fpécifié les dimenfions de chaque piece de cet inftrument, il ne faut pas s'affujettir à les
obferver toujours de même. Elles font
arbitraires fuivant les différens cas, parce
que la carie des os du palais & des
maxillaires fupérieurs, &c. laiffe des
déperditions de fubftance, plus ou
moins étendues, & dont le trou qui
s'en forme, eft tantôt d'une figure, &
tantôt d'une autre ; ainfi, pour bien
boucher ce trou, on eft obligé de pro-
portionner l'inftrument appellé obturateur, à la régularité ou à l'irrégula-
rité de l'efpace où l'on doit appliquer
cette machine.

Avant que de mettre en place cet
obturateur, (a) il faut relever fuffifamment les ailes, pour qu'elles s'approchent l'une de l'autre à la diftance de
deux à trois lignes, & qu'elles occupent ainfi moins de volume; ce qui facilitera leur introduction dans le trou,
ou dans la brêche du palais.

Dans cette fituation, cet obturateur

(a) Voyez la figure 12 de la planche 38 de ce
tome, page 305.

sera introduit dans la bouche : il sera
soutenu par le pouce & l'indicateur de
la main gauche : le pouce appuyera sur
la face concave de la plaque, & l'indicateur sur la face convexe de la même
plaque : on s'aidera, si l'on veut, de
la main droite ; c'est ainsi que l'on introduit dans le trou du palais les ailes
& la tige, jusqu'à la surface convexe
de la plaque. Pour lors, il ne s'agit plus
que de l'assujettir par le moyen de la
clef, que l'on tiendra entre le pouce,
l'index & le doigt du milieu de la main
droite : on soutiendra en même-tems
la plaque avec le pouce de l'autre main,
& on tournera la clef de droite à gauche, jusqu'à ce que cet instrument soit
suffisamment assujetti. On s'appercevra
qu'il est assujetti par la stabilité de la
plaque, & encore mieux par son usage.

Pour déplacer cet obturateur, on
tournera la clef dans le sens opposé.
Ceux qui s'en serviront, pourront eux-
mêmes, en observant ces seules circonstances, le mettre & l'ôter, lorsqu'ils voudront le changer ou le laver.

Les avantages que l'on retirera de
cet instrument, vérifieront les utilités
que je lui attribue avec justice.

CHAPITRE XXI.

La defcription & l'ufage d'un obturateur moins compofé, dont les ailes font affujetties différemment de celles des autres obturateurs, & fans charniere.

II. OBTURATEUR.

LE deuxieme obturateur ne differe en rien du précédent par la plaque; elle eft convexe d'un côté, concave de l'autre, & percée de même : elle eft foudée avec une tige à canon, par le centre de fa partie convexe : cette tige a environ quatre ou cinq lignes de longueur, & environ fix lignes d'épaiffeur : elle eft percée d'une extrémité à l'autre, par un trou rond d'environ une ligne de diametre : ce trou fert à donner paffage à lá tige d'une vis : fa partie fupérieure eft plate : la vis qui la traverfe, eft d'environ huit lignes de longueur, & d'une ligne de diametre en épaiffeur : fa tête eft femblable à celle de la vis du précédent obturateur.

Cet obturateur eft encore compofé de deux ailes, dont la figure reffemble affez à un demi ovale, dont les angles feroient mouffes. La longueur de chaque aile eft d'environ huit lignes, la largeur de quatre, & l'épaiffeur d'un quart de ligne : leur furface fupérieure eft un peu concave, & leur furface inférieure convexe : ces ailes font percées près de leur circonférence de plufieurs petits trous, qui fervent à y attacher des éponges pour l'ufage déja indiqué.

L'une de ces ailes eft foudée ou rivée fur la furface plate & fupérieure de la tige : elle couvre toute cette furface, & elle y refte fixe & immobile : elle eft percée par un trou, qui répond précifément à celui de la tige.

L'autre aile eft percée d'un trou carré proportionné à la carrure qui fe trouve à la vis, entre fes filets & fa tige arrondie, à laquelle elle eft engagée de force, & arrêtée par le moyen d'un petit écrou. Cette aile doit fuivre tout le mouvement de la vis ; enforte que lorfqu'on tournera la vis de droite à gauche, ou de gauche à droite, l'ailé fuivra toujours le fens de la vis : ces deux ailes fe furmontent par l'un de leurs bouts.

Cet obturateur, quoique compofé d'une mécanique bien plus fimple que le précédent, peut néanmoins en certaines occasions être mis en pratique, à son exclusion : par exemple, dans le cas où les trous de l'os se trouveroient plus longs que larges, & plus profonds dans le sens horisontal, de façon qu'on ne pourroit pas y loger les ailes du précédent obturateur : en ce cas, les ailes de celui-ci, se trouvant capables de tourner dans un sens différent, mieux que celles de l'autre, elles se logeront avec facilité : ce qui suffira pour remplir toutes les intentions qu'on pourroit avoir en pareille occasion.

La maniere d'introduire cet obturateur (a), est semblable à celle du précédent ; à la différence près, qu'au lieu qu'on releve les ailes de l'autre, on range celles de celui-ci l'une sur l'autre ; & que lorsqu'il est appliqué, on transporte avec un tour de clef l'aile supérieure du côté où l'on veut, ce qui suffit pour l'assujettir ; & si l'on le juge à propos, on garnit ces ailes avec de l'éponge.

Pour mettre en place cet obturateur, ou pour l'ôter, on se sert d'une clef semblable à celle du précédent, & on

_____

(a) Voyez la figure 16 de la planche 38 de ce tome, pag. 305.

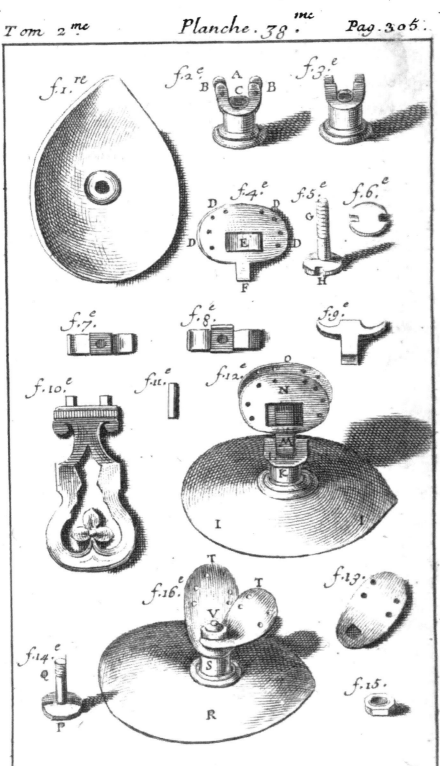

y procede de la même maniere qu'il a
été indiqué.

Explication de la planche XXXVIII,
qui contient la figure du premier & du
deuxieme obturateur, lefquels fervent à
boucher les trous du palais, démontés
de toutes leurs pieces, & enfuite montés.

LA *fig.* I repréfente la plaque vue par
fa partie convexe, avec fon trou dans
fon centre & celui de la tige qui reçoit
la vis.

La *fig.* II repréfente la tige de l'obturateur.

A. Grande entaille de cette tige.

BB. Les trous de fes branches qui
reçoivent une goupille, laquelle fert à
attacher les ailes.

C. Le trou de la tige.

La *fig.* III repréfente la même tige
vue du côté de la petite entaille.

La *fig.* IV repréfente une des deux
ailes de l'obturateur, vue par fa partie
convexe.

DDDD. Les petits trous de cette
aile.

E. Sa fenêtre.

F. Son avance ou charnon.

La fig. V repréfente une vis à tête échancrée ou fendue.

G. La vis.

H, La tête.

La fig. VI repréfente la tête de cette même vis, vue à plat.

La fig. VII repréfente la partie fupérieure & convexe de l'écrou.

La fig. VIII repréfente la partie inférieure & concave de ce même écrou, fes quatre avances & fon trou qui fert d'écrou.

La fig. IX repréfente l'écrou en entier, vu latéralement.

La fig. X repréfente la clef, vue à plat, ayant deux efpeces de dents à fon extrémité antérieure. Elle fert à monter & démonter cet obturateur, à le mettre en place, ou l'en ôter.

La fig. XI repréfente une des goupilles, qui fervent à affembler les ailes avec la branche & la tige.

La fig. XII repréfente le premier obturateur tout monté, compofé de l'affemblage de toutes les pieces.

II. La plaque montée avec la tige, vue par fa partie convexe.

K. La tige.

L. Les branches de la tige.

M. La charniere.

N. L'aile qui fe trouve à la gauche lorfque la piece eft en place, vue par fa convexité.

O. L'aile droite vue en partie par fa concavité.

Deuxieme obturateur.

La fig. XIII repréfente une des ailes féparées, vue par fa convexité, avec fes trous & fa circonférence demi-ovale.

La fig. XIV repréfente la vis de ce deuxieme obturateur.

P. La tête de la vis.

Q. Partie de la tige tournée en vis.

La fig. XV repréfente l'écrou carré de cet obturateur, avec fon trou en écrou.

La fig. XVI repréfente le deuxieme obturateur tout monté, de façon que l'on voit la convexité de fes ailes entr'ouvertes & un peu croifées, l'extrémité fupérieure de la vis, l'écrou, la tige de l'obturateur, & partie de la furface convexe de la plaque.

R. Sa plaque vue par fa partie convexe.

S. Sa tige.

TT. Ses deux ailes.

V. L'écrou & l'extrémité de la vis.

La tige & la plaque de cet obturateur étant à-peu-près de même que
celles du précédent, on ne les a point
fait graver en particulier, non plus que
la clef, laquelle est commune à tous
les deux.

CHAPITRE XXII.

La description & l'usage d'un troisieme obturateur sans tige, en partie dentier, dont les ailes sont différentes en figure de celles des précédens, écartées l'une de l'autre, & assujetties par une vis d'une structure particuliere. Et la description d'un quatrieme petit obturateur.

III. OBTURATEUR.

LE troisieme obturateur, est celui qui m'a donné occasion d'inventer les autres. C'est une piece qui differe d'eux en toute sa mécanique, qui est très-particuliere : il est composé en partie d'une matiere osseuse, & en partie d'une matiere métallique. La piece osseuse dans celui-ci est une plaque, dont la circonférence est presque de figure conique du côté opposé aux dents supérieures, & sa circonférence du côté de ces mêmes dents, représente les os maxillaires supérieurs dans leur jonction : cette plaque fait la fonction de

ces mêmes os, & à leur défaut, on la
leur substitue dans le cas où leur substance se trouve détruite dans ce lieu-
là : A cette derniere circonférence,
est contigu un dentier artificiel, repré-
sentant les dents naturelles : la surface
supérieure de cette plaque , est concave
& voûtée de même que la voûte du
palais ; dans cet endroit, la surface
supérieure est convexe , pour mieux
s'accommoder à l'espace du vuide qu'elle
doit occuper. L'on sent déja que cette
plaque ainsi munie de dents artificielles
satisfait à une double intention. 1°.
Qu'elle remplace en même-tems les
dents naturelles & les portions des os
maxillaires exfoliés à l'occasion de quelque carie considérable. 2°. Qu'elle sert
en même-tems d'obturateur pour boucher les trous ou brêches en question.

Cette plaque osseuse est de plus percée par un trou carré d'outre en outre : ce trou est arrondi seulement du
côté de la surface concave , pour recevoir un écrou , dont la tête est arrondie du côté de cette même surface , &
carrée du côté de sa surface convexe.

Cet écrou doit être de l'épaisseur
de cette plaque , sans excéder ni l'une,
ni l'autre surface : il doit être assujetti

dans le trou carré de la plaque, de telle façon qu'il y foit affermi, comme s'il ne faifoit qu'un même corps avec elle : dans cet écrou s'engage une vis introduite du côté de la furface fupérieure. Ce même écrou engage auparavant une piece recourbée en maniere de manivelle, & une autre piece qui porte fur fa furface plate. Cette derniere piece n'eft qu'une petite lame en forme de queue; de figure de feuille de myrthe, d'environ un pouce de longueur, de trois lignes d'étendue dans fa partie la plus large & d'une demi-ligne d'épaiffeur.

Cette piece partant de la tige de la vis, porte & s'appuie par fa furface inférieure fur la furface convexe la plus fupérieure de la plaque offeufe, dans l'étendue de quatre ou cinq lignes, tandis qu'elle eft affujettie par la tête de la vis par fon bout percé, & que fa furface fupérieure & convexe, s'appuie dans le refte de fon étendue, contre la voûte du palais, & fe porte du côté de la luette, fans pourtant s'en approcher d'affez près pour l'incommoder.

Cette efpece de feuille de myrthe, a un ufage qui n'eft point indifférent;

elle sert lorsque la machine est montée & appliquée dans son lieu, à empêcher que la piece ne fasse la bascule sur le devant.

La piece en manivelle, que j'ai dit être la premiere à donner passage à la tige de la vis, par un trou pratiqué à l'extrémité inférieure de sa branche inférieure, est longue d'environ six lignes, large du côté de la vis d'environ trois lignes, & de deux du côté où elle se termine, formant un coude avec la branche supérieure & verticale. Les parties supérieure & inférieure de cette piece sont arrondies, & vont en diminuant vers son milieu. Elle est épaisse d'environ une demi-ligne par l'extrémité la plus large, & d'environ une ligne par son extrêmité la plus étroite. Elle a deux surfaces plates : sa position est de suivre la direction de la queue en feuille de myrthe : son autre branche s'éleve verticalement en haut : sa circonférence décrit à-peu-près la figure d'un huit de chiffre : elle a deux surfaces plates, & elle est à-peu-près en tous sens de la même grandeur que la précédente. Elle est percée par ses deux extrémités : par l'inférieure elle reçoit

l'extrémité

l'extrémité inférieure de la lame arrêtée
à la vis inférieure par un tenon arrondi
& rivé : elle roule fur ce tenon tantôt
à droite, tantôt à gauche. Son trou fupérieur eft deftiné à recevoir les pas
d'une vis, qui demande une defcription
particuliere.

Cette vis eft longue en tout, de treize
à quatorze lignes, y compris fon bouton & fon carré. La vis proprement
prife, eft de la longueur d'environ huit
lignes, fon bouton en forme de poire,
eft de quatre lignes, & le carré qui eft
à la tête de la poire d'environ deux
lignes ; ce carré s'engage dans une clef
de montre ; ce qui fait qu'en la tournant, la vis s'engage plus ou moins
dans le trou fupérieur de la branche fupérieure qui la reçoit en forme d'écrou,
pour exécuter l'effet qui fera rapporté
ci-après.

Revenons auparavant à la tête de la
vis inférieure, pour en expliquer la
ftructure & la fonction.

Cette tête eft haute d'environ trois
lignes ; elle eft de la groffeur d'un
moyen pois, y compris l'efpace qui
contient une entaille, qui la divife en
deux parties égales : cette entaille eft
profonde d'environ deux lignes, & fon

Tom. II. O

milieu eft un peu plus approfondi. Les deux parties de la tête de cette vis font divifées par cette entaille, comme nous l'avons dit, & percées dans leurs parties moyennes, chacune par un trou : ces trous fe répondent l'un à l'autre pour recevoir une goupille : cette goupille enfilant ces deux trous, enfile auffi les trous des deux charnons arrondis qui fe logent dans la même entaille, qui eft uniquement deftinée à les recevoir ; & c'eft pour s'accommoder à leur rondeur, qu'elle eft plus cave dans fon milieu ; ces charnons appartiennent à des efpeces d'ailes recoquillées & figurées à-peu-près comme une demi-feuille de tulippe : leur étendue en longueur eft d'environ huit lignes, & dans leur partie la plus large d'environ cinq lignes : leur furface la plus étendue eft convexe du côté d'en haut, & concave du côté d'en bas : ces ailes font d'ailleurs polies & unies : leur circonférence du côté qui fe porte en devant, depuis l'angle fupérieur jufqu'à l'inférieur antérieur, eft renverfée par la partie poftérieure. Cette circonférence eft concave depuis l'angle fupérieur jufqu'à l'angle inférieur & poftérieur : de l'un à l'autre de ces deux angles, elle décrit une ligne directe : l'épaisseur de ces ailes est inégale : depuis la partie inférieure jusqu'à leur extrémité opposée , elles vont toujours en diminuant d'épaisseur.

Dans leurs parties inférieures , elles ont chacune une demi-goutiere , pratiquée dans leur épaisseur , & prise sur la surface supérieure : cette demi-goutiere s'enfonce jusqu'au niveau de l'attache du charnon, & est un peu plus ample & plus évasée par l'extrémité antérieure qui reçoit la poire, qu'elle ne l'est ailleurs. Lorsque ces deux pieces s'approchent ensemble, elles forment une espece de conduit destiné à donner passage à la vis supérieure , à laquelle je reviens , pour expliquer les effets qu'elle produit. Je fais observer auparavant , que ces ailes sont percées de plusieurs petits trous, & qu'elles doivent être garnies d'éponge de même qu'au précédent obturateur.

Lorsqu'on veut mettre cet obturateur (a) en place , on approche les deux ailes l'une de l'autre : on a soin auparavant que la vis soit engagée dans l'écrou que nous avons nommé supérieur, que son carré soit aussi engagé

_____

(a) Voyez la figure 14 de la planche 39 de ce tome, page, 320.

dans une échancrure qui fera pratiquée
à la furface fupérieure de la plaque offeufe & des dents artificielles du milieu
du dentier : cette échancrure fervira à
l'introduction de la clef. Cela étant
ainfi difpofé, on introduit les ailes
dans le trou de la voûte du palais, formé en conféquence de la déperdition
de fubftance que nous avons établie.
On doit pour lors obferver les mêmes
circonftances que nous avons indiquées
dans l'application du premier obturateur.

Les deux ailes de cette machine étant
placées dans le trou du palais, on met
la clef au carré de la vis, on la tourne
de droite à gauche ; & pour lors les pas
de la vis s'engageant davantage dans
l'écrou, la poire s'introduit infenfible-
ment entre les deux ailes : en faifant
dans cette occafion la fonction de coin,
elle les oblige à s'écarter l'une de l'autre ; ce qui fait qu'elles s'appuyent
contre la furface des parois du trou du
palais dans lequel elles fe trouvent logées, & tiennent de cette façon la machine affujettie dans le lieu convenable.

Ce ne font pas feulement de fimples
idées que je propofe ici ; elles ont été
déja réduites en pratique, & elles ont

produit tout le fuccès que j'en avois attendu, & que j'en fais efpérer. Une perfonne de province & de confidéra-tion, qu'il ne m'eft pas permis de nom-mer, vint il y a environ vingt-cinq ans me confulter : le fcorbut ayant ravagé fon palais, y avoit fait un trou, qui avoit occafionné non-feulement la perte de prefque toutes les dents de la mâ-choire fupérieure, mais même d'une partie confidérable de l'un & de l'autre maxillaire fupérieur, dans l'endroit où ils fe réuniffent enfemble, & où ils forment la partie antérieure de la voûte palatine. Le mal en étoit venu au point, que partie de la racine de la cloifon du nez étoit pour ainfi dire défoffée, & que l'air & les alimens paffoient par ce trou de la bouche dans le nez, & du nez dans la bouche.

Après avoir examiné cette fituation, & voyant que les obturateurs, dont cette perfonne fe fervoit, étoient non-feulement inutiles, mais encore préju-diciables au refte de fes dents, je m'ap-pliquai à rechercher les moyens conve-nables pour remédier, le plus qu'il me feroit poffible, à des inconvéniens fi fâcheux. Ayant long-tems médité pour conftruire un autre obturateur, je trou-

O 3

vai heureufement des ouvriers affez intelligens & affez adroits pour exécuter le plan que j'avois formé, & pour mettre en œuvre celui que je viens de décrire. Cet obturateur fatisfit à toutes les vues que j'avois, de maniere que le défaut des parties dont j'ai parlé, caufé par les funeftes effets du fcorbut, fut fi bien réparé, que le malade en fut également furpris & fatisfait.

Mais comme cet obturateur ne fuffit pas feul dans tous les cas où il y a déperdition de fubftance offeufe à la voûte du palais, je fis un examen plus étendu de toutes les circonftances qui accompagnent ces déperditions de fubftance : portant mes idées plus loin, je parvins à inventer tous les obturateurs que je communique aujourd'hui fans aucune réferve.

Quatrieme Obturateur.

Quelques années auparavant, je fus mandé par une dame de province, laquelle avoit perdu les quatre dents incifives de la mâchoire fupérieure, par une carie négligée, dont les fuites avoient auffi détruit une partie des os maxillaires fupérieurs. Il en réfultoit un trou qui partant de la voûte du palais, s'étendoit depuis le voisinage des alvéoles, jusques dans le nez. Ce fut en cette occasion que je conçus les premieres idées de construire une piece qui fût en même tems dentier artificiel & en même tems obturateur. Je composai cet obturateur (a) d'une plaque d'yvoire. La dent de cheval marin, si l'on en pouvoit trouver de convenable, seroit cependant à préférer à l'yvoire; mais la scissure ou fente qui divise en deux lames cette dent dans toute sa longueur, fait que son épaisseur n'est pas ordinairement suffisante pour faire une plaque d'un seul morceau, & composée de plusieurs dents artificielles.

À cette plaque que j'accommodai à la figure du palais, je laissai en sa partie convexe une petite éminence percée à son extrémité, pour y attacher une éponge; j'y pratiquai quatre dents artificielles, que j'attachai si bien aux dents canines, que la plaque se trouva par ce moyen parfaitement bien assujettie, & en état de boucher exactement le trou du palais, tandis que les dents artificielles qui lui étoient contigues

(b) Voyez la fig. 18 de la planche 40 de ce tome, pag 335.

O 4

répareroient fi bien la brêche des dents naturelles, qu'elles les imitoient parfaitement, & fuppléoient à leurs fonctions. Par-là je fis avec une feule piece, ce qui m'auroit été plus difficile à exécuter avec un dentier artificiel, & une plaque féparée.

Ce petit avantage m'encouragea à pourfuivre mes recherches, jufqu'au point d'être parvenu à l'exécution de tous les obturateurs dont je viens de parler, & dont j'ai expliqué en détail la mécanique.

Explication de la planche XXXIX qui contient le troifieme obturateur, démonté piece par piece, & enfuite monté, lequel fert à boucher le trou du palais & la brêche du dentier.

LA *figure I* repréfente le dentier qui fert de plaque au troifieme obturateur : cette plaque eft vue par fa partie concave.

AAA. La furface concave de la plaque.

B. Le trou qui reçoit l'écrou.

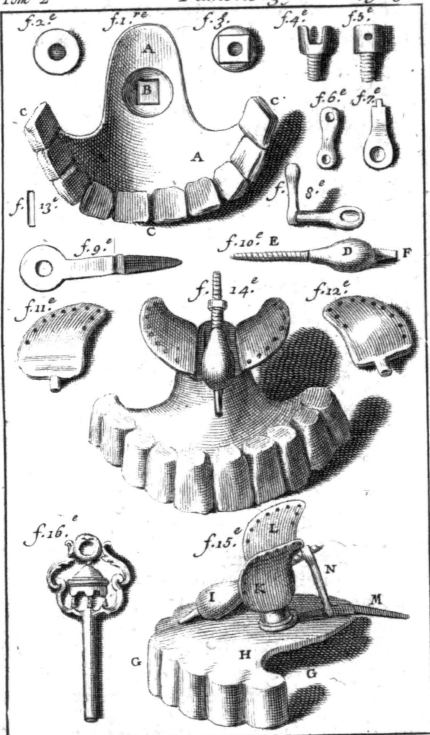

CCC. Le dentier contigu à cette plaque.

La figure II repréſente l'écrou qui doit s'enchaſſer dans l'épaiſſeur de la plaque, vu par le côté qui décrit une circonférence ronde.

La figure III repréſente le même écrou vu du côté oppoſé, faiſant voir ſa carrure.

La figure IV repréſente la vis inférieure de cet obturateur, vue dans ſa longueur du côté de l'entaille de ſa tête.

La figure V repréſente la même vis ſuivant ſa longueur, vuè latéralement, pour faire obſerver le trou de ſes deux branches.

La figure VI repréſente la piece ſupérieure de la piece en manivelle ſéparée de l'inférieure, & vue de façon que l'on voit ſes deux trous, dont le ſupérieur ſert d'écrou, & l'inférieur ſert à recevoir un tenon faiſant la fonction de pivot.

La figure VII repréſente la piece inférieure de la piece en manivelle.

La figure VIII repréſente la piece en manivelle formée de la jonction des deux précédentes pieces.

La figure IX repréſente une petite lame en forme de feuille de myrthe, vue par fa furface convexe, avec fon trou & fa courbure.

La figure X repréfente la vis fupérieure à tête arrondie en forme de poire.

D. Sa partie arrondie.

E. Sa partie tournée en vis.

F. Son avance carrée qui fert à recevoir la clef pour monter & démonter cet obturateur, le mettre en place ou l'en ôter.

La figure XI repréfente une des deux ailes de cet obturateur vue par fa partie convexe avec tous fes contours, fa goutiere & fon charnon.

La figure XII repréfente la même aile, vue dans toute fon étendue par fa partie concave.

La figure XIII repréfente une petite goupille qui fert à affembler les deux ailes fur la tête de la vis inférieure.

La figure XIV repréfente le troifieme obturateur les ailes ouvertes, compofé de l'affemblage de toutes ces pieces, & tout monté, vu par fa partie antérieure, en laquelle on apperçoit le deffus de fa plaque, la vis fupérieure de toutes fes parties & la convexité des deux ailes.

La figure XV repréfente le même obturateur vu latéralement, pour faire paroître plus diſtinctement toutes les parties qui en compoſent l'aſſemblage.

GG. Le dentier.

H. La plaque.

I. La partie ronde de la vis ſupérieure.

K. L'aile qui ſe trouve à la gauche, quand elle eſt en place.

L. L'aile droite.

M. La lame, ou feuille de myrthe en ſituation.

N. La piece en manivelle.

La figure XVI repréſente la clef qui ſert à monter & démonter le troiſieme & le cinquieme obturateur, & à les mettre en place.

CHAPITRE XXIII.

La description & l'usage d'un cinquieme obturateur à plaque osseuse de même que les précédens, en partie dentier, construit de plusieurs pieces, sans tige, ayant deux ailes assujetties de façon qu'elles tournent l'une à droite, & l'autre à gauche, &c.

V. OBTURATEUR.

LE cinquieme obturateur est composé en partie d'une plaque osseuse, semblable en tout à celle du troisieme : d'un écrou, d'une vis inférieure, d'une autre vis supérieure, de deux ailes, de deux petites lames, d'une espece de fourchette à écrou, & d'une clef de montre.

La vis inférieure est la principale piece de l'assemblage de cette machine. Cette vis a différentes parties diversement configurées qui servent à différens usages : son étendue depuis son extrémité supérieure jusqu'à son extrémité inférieure, est d'environ sept à huit lignes : la longueur de cette vis pro-

prement prife dans la feule étendue de
fes pas eft d'environ deux lignes, fa
groffeur d'environ une & demie.

Le corps, ou le milieu de cette vis,
eft figuré en forme de tête de clou arrondie ; il a environ quatre à cinq
lignes de diametre ; fon épaiffeur eft
d'environ une ligne & demie ; fa circonférence eft arrondie ; fa partie inférieure, qui excede l'écrou, eft une
furface plate, dans laquelle font pratiquées deux entailles paralleles, chacune en ligne directe d'environ une
ligne de profondeur & autant de largeur. Ces deux entailles font fituées
l'une à droite, & l'autre à gauche de
la vis, & deftinées à donner paffage
aux deux branches de la fourchette qui
fera ci-après décrite. La furface fupérieure un peu convexe, contient dans
fon milieu une efpece de tronc carré
qui fait la partie fupérieure de cette
vis, quafi de la figure de certaines en-
clumes dont les Orfevres fe fervent
quelquefois, & qu'ils appellent tas.
Ce tronc ou enclume, eft élevé au-
deffus de la partie qui lui fert d'appui, d'environ deux à trois lignes,
large de quatre, & épais de deux.

Cette efpece d'enclume a dans fa

partie moyenne la plus large, un trou qui va d'outre en outre; fon diametre en épaiffeur eft d'environ une ligne : c'eft dans ce trou que tourne la partie dè la grande vis fupérieure. A cette même enclume font encore attachées les deux ailes par deux très-petites vis, qui font introduites à chaque extrémité de fa furface fupérieure, à l'endroit où font pratiqués deux écrous, pour loger ces deux petites vis.

Les ailes de cet obturateur reffemblent affez à celles de certains papillons ; leur étendue en longueur eft d'environ fix à fept lignes. Ces ailes font larges à l'endroit le plus étendu, d'environ cinq lignes; elles font épaiffes d'une demi-ligne. Ces ailes ont d'ailleurs deux grandes furfaces, l'une convexe du côté d'en bas, l'autre concave du côté d'en haut, percées de plufieurs petits trous pour fervir à l'ufage déja indiqué.

Sous ces ailes font logées deux petites lames, longues chacune d'environ cinq lignes, larges de deux, & épaiffes d'environ un quart de ligne près de leur exrrémité qui eft arrondi. Ces ailes ont à chaque bout un trou rond, de deux tiers de lignes de diamettre.

La fourchette a deux branches carrées, longues d'environ cinq lignes,
épaisses d'environ une demi ligne, larges d'une ligne, distantes l'une de
l'autre d'environ quatre lignes. Ces
branches sont attachées à une espece
d'écrou, qui se repliant du côté d'en
haut, forme premiérement un coude
de chaque côté, & ensuite une espece
d'avance destinée à deux usages différens : la hauteur de cette avance est
d'environ quatre lignes, & son épaisseur d'une bonne ligne. Cette avance
est percée à jour, par sa surface la plus
étendue d'un trou d'environ une ligne
& demie de diametre : ce trou est un
écrou contigu aux branches de la fourchette ; il est destiné à recevoir la vis
supérieure. Sur la petite surface plate
qui est à la partie la plus éminente de
cet écrou, est pratiqué encore un autre
écrou, dans lequel doit s'engager une
petite vis qui sera très-délieatement &
très-artistement travaillée : cette petite
vis est destinée à passer dans deux trous
que nous avons dit être pratiqués à un
des bouts des petites lames, tandis que
l'autre bout aussi percé s'engage ailleurs.

Cette petite vis doit avoir trois qualités différentes.

Dans son bout inférieur, ses pas ou filets sont très-minces & très-déliés, capables de bien prendre dans l'écrou qui doit les recevoir, & qui ne doit avoir qu'une ligne, ou environ de profondeur. La petite tige de cette vis doit être ronde, afin que les petites lames puissent rouler commodément autour d'elle. Sa tête doit être un peu relevée & plate, pour ne pas s'opposer au mouvement des ailes qui la couvrent.

La grande vis supérieure est longue d'environ dix lignes, y compris son carré, ses pas & son rond uni. On peut y ajouter une tête ronde, si l'on veut arrêter cette vis sans rivure, comme il sera expliqué : le diametre de cette vis, est d'environ cinq quarts de lignes, l'étendue de ses pas est d'environ cinq lignes, son extrémité carrée est de quatre lignes, sa partie arrondie de deux, & sa tête, si l'on y en ajoute une, sera d'environ une demi-ligne d'épaisseur.

Cette vis est engagée par ses pas ou filets, dans l'écrou pratiqué dans la fourchette qu'elle fait avancer, ou reculer suivant qu'elle tourne, comme nous allons l'expliquer, en assemblant les parties de cette machiné. Cette vis

par fa partie ronde & unie, eft affujettie & engagée au trou pratiqué dans
la petite enclume : là elle doit rouler
aifément, fa tête étant rivée à rivure
perdue, ou arrêtée par une très-petite
clavette.

Pour affembler les petites pieces de
cette machine, on joindra le bout d'une
des lames, fur la furface convexe d'une
des ailes, à deux lignes de fon angle le
plus aigu ou extrémité inférieure, &
au centre de la largeur de l'aile. Dans
cet endroit on affujettira enfemble l'aile
& la petite lame avec une petite goupille ou vis de telle façon que le mouvement de l'aile & de la lame refte libre,
& qu'elles puiffent tourner facilement :
après quoi on affemblera de même
l'autre petite lame avec l'autre aile.

Cet affemblage étant fait, on atta-
chera les deux ailes par leur extrémité
la plus rétrécie, fur la furface fupérieure de l'enclume. L'une de ces ailes
fera attachée à droite, & l'autre à gauche ; ce qui fera fait au moyen de deux
goupilles, ou de deux petites vis : fi
l'on fe fert de goupilles, elles feront
contigues à l'enclume, & prifes fur
fon épaiffeur, de façon qu'il ne s'agiffe
que de les river.

Si au contraire on fe fert de petites vis, il faudra percer la face plate & fupérieure de l'enclume, pour y faire des écrous capables de recevoir les pas des petites vis en queftion : enfuite on engagera les deux autres bouts des lames déja engagés par leurs bouts oppofés. Ces lames fe furmonteront l'une & l'autre, & fe croiferont un peu en forme de fautoir dans l'intervalle des deux ailes, & feront enfilées par une goupille, ou petite vis par le trou dont nous avons parlé, qui eft à l'éminence fituée au-deffus de l'écrou de la fourchette.

La longue vis fera introduite dans l'écrou, ayant auparavant engagé l'extrémité de la fourchette dans les entailles de la face inférieure du corps de la vis inférieure. De-là on engagera la partie ronde de cette vis dans le grand trou de l'enclume, où cette vis fera rivée à rivure perdue ; comme il a eté dit; finon au moyen d'une petite clavette à queue d'aronde , engagée dans une entaille pratiquée à la grande face poftérieure de l'enclume, fituée tranfverfalement, anticipant en partie fur le trou de l'enclume qui reçoit l'extrémité ronde de la grande vis fupérieure : cette clavette eft introduite dans cette entaille

lorfque la tête de la vis a paffé : de cette
façon la clavette empêche cette tête de
repaffer par ce trou , & ainfi elle arrête
l'extrémité de cette vis , pour y produire l'effet que nous rapporterons ,
après avoir affemblé la vis inférieure
avec la plaque, de la maniere qui fuit.

Pour mettre cette machine en état
d'être appliquée & d'agir, il faut affujettir la vis inférieure avec la plaque
offeufe par le moyen de l'écrou inférieur , qui doit être figuré & fitué
comme nous l'avons dit en décrivant
les autres obturateurs. La machine fe
trouvera pour lors entiérement affemblée , & quand on voudra écarter les
ailes l'une de l'autre, on n'aura qu'à
ajufter une clef femblable à celle d'une
montre , avec la partie carrée de la
grande vis fupérieure, & fituée en axe:
en tournant la clef de droite à gauche ,
les ailes étant fermées, elles s'écarte-
ront l'une de l'autre, & leur plus grande
extrémité décrira pour lors un demi-
cercle , tandis que les branches de la
fourchette s'engageront davantage dans
les entailles qui les reçoivent , & que
fon écrou s'approchera de l'enclume.

Au contraire , lorfqu'on tournera la
clef de gauche à droite , les ailes s'ap-

procheront l'une de l'autre, & l'écrou supérieur s'écartera de l'enclume : c'eſt dans cette ſituation que les ailes de cet obturateur (a) ſſeront introduites dans le trou qu'il doit boucher : on obſervera à-peu-près les mêmes circonſtances qu'on a indiquées, à l'occaſion de l'application des obturateurs précédens ; on ſe ſouviendra ſur-tout qu'il y a ces circonſtances à obſerver, entre celui-ci & les autres. 1°. Qu'il faut tourner la clef d'une maniere toute différente, ainſi que je viens de le faire remarquer. 2°. Qu'on pratiquera auſſi une entaille à la partie ſupérieure du dentier artificiel pour y loger la clef.

Il n'eſt pas abſolument néceſſaire de s'aſſujettir, pour l'aſſemblage de ces pieces qui doivent être auſſi d'or ou d'argent, à toutes les circonſtances que nous venons de rapporter. Quoiqu'elles ſoient les plus aſſurées & les plus aiſées pour éviter la confuſion, on peut cependant laiſſer à l'ouvrier qu'on employera, la liberté de ſuivre ſon idée, en ce qui concerne la maniere de les aſſembler. Il faut néanmoins l'avoir informé auparavant de tout ce qui vient d'être rapporté.

(a) Voyez la figure 16 de la planche 40 de ce tome, pag. 335.

Quoique j'aie réglé & déterminé les dimensions & les proportions de toutes les parties qui composent tous les obturateurs, ces dimensions ne laissent pas d'être arbitraires & indéterminées, tant par rapport aux diverses conformations qui se rencontrent dans les différens sujets dans l'une & l'autre mâchoire, que par rapport aux gencives, à la voûte du palais, à la situation & à la profondeur, largeur & étendue en tous sens des différens trous qu'il s'agit de boucher. Ces circonstances pouvant varier de plusieurs façons, elles exigent par conséquent que l'on varie de même suivant l'exigence des cas où l'on se trouve, en ce qui concerne la construction de tous ces instrumens ou machines. C'est à ceux qui voudront les mettre en usage, d'observer très-réguliérement tout ce qu'il y a de particulier dans les cas où ils veulent se servir de ces obturateurs.

Au reste, je suis entiérement persuadé, que lorsqu'ils se serviront à propos de celui qui conviendra le mieux en chaque occasion, & qu'ils observeront les circonstances que je leur indique, & celles qui leur sont indiquées par les maladies mêmes, ils parvien-

dront certainement à la fin de leur def-
fein, à l'avantage du malade, à leur
honneur, & à celui de la profeffion.

J'oferois avancer la même chofe à
l'égard de toutes les méthodes que je
communique au public, & à l'égard
des inftrumens & machines que j'ai
d'ailleurs inventés ou réformés. Comme
les perfonnes judicieufes & déja verfées
dans cet Art, ne manqueront pas de
s'appercevoir de tous ces avantages, &
que l'émulation portera ceux qui n'en
ont pas une connoiffance parfaite, à fe
convaincre de l'utilité de toutes les
méthodes que je donne dans cet ouvrage, il me paroît qu'il feroit inu--
tile de les encourager par des promeffes,
tandis que je leur donne des faits certains & fondés fur l'expérience.

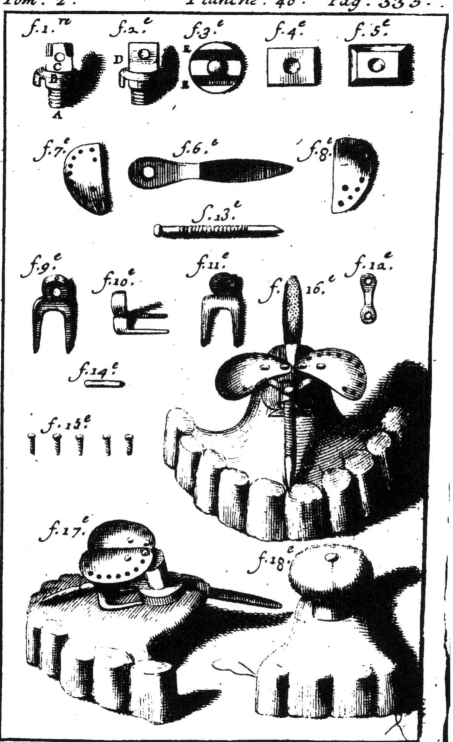

Explication de la planche XL qui contient le quatrieme & cinquieme obturateur, dont le cinquieme eft démonté piece par piece & remonté, vu en différens fens, lequel fert à boucher les trous du palais & les brêches des dentiers.

LA *figure I* repréfente la vis inférieure du cinquieme obturateur, vue dans fa longueur par fa face antérieure, avec fa tête, fon enclume, les échancrures qui font place aux deux ailes, fon trou en écrou & les engrainures qui reçoivent la fourchette.

A. La partie tournée en vis.

B. La tête de la vis où paroiffent les entrées des engrainures qui reçoivent la fourchette.

C. L'enclume percée d'un trou qui fert à loger l'extrémité de la grande vis fupérieure, & les échancrures qui font place aux ailes.

La *figure II* repréfente la même vis dans fa longueur avec toutes fes parties, vue par fa partie poftérieure, en laquelle on obferve de plus l'engrai-

nure qui reçoit la clavette en queue
d'aronde.

D. L'engrainure qui reçoit la queue
d'aronde.

La figure III repréfente la tête de la
même vis, vue du côté de la furface
qui reçoit les branches de la fourchette.

EE. Les engrainures qui reçoivent
les branches de la fourchette.

La figure IV repréfente l'écrou de la
plaque par fa furface unie, avec fon
trou en écrou.

La figure V repréfente le même
écrou vu par fa furface oppofée à fes
bifeaux.

La figure VI repréfente la lame en
feuille de myrthe à plat, vue dans fa
longueur, avec fon trou.

La figure VII repréfente l'aile droite
de cet obturateur, vue par fa partie
concave avec fes deux trous à vis, &
tous les petits trous qui fervent à attacher l'éponge.

La figure VIII repréfente la même
aile, vue par fa partie convexe, en
laquelle on obferve auffi fes différens
trous.

La figure IX repréfente la fourchette du côté qu'elle fe recourbe en
dedans.

La fig. **X** représente la même four-chette vue de côté, pour mieux faire paroître sa courbure.

La fig. **XI** représente encore cette fourchette vue du côté de la convexité de sa courbure.

La fig. **XII** représente une des deux petites lames qui servent à attacher les ailes, vue à plat avec ses deux trous. L'une & l'autre étant semblables, on n'en a fait graver qu'une.

La fig. **XIII** représente la vis supé-rieure, vue dans sa longueur.

La fig. **XIV** représente la clavette en queue d'aronde, vue à plat dans toute sa longueur.

La fig. **XV** représente les cinq petites vis, vues séparément dans toute leur étendue.

La fig. **XVI** représente le quatrieme obturateur composé de l'assemblage de toutes ses pieces & tout monté, vu par sa partie antérieure. On y peut observer le dentier, partie de la plaque, partie de la vis supérieure, une portion de la fourchette dans l'endroit de son écrou, les deux lames attachées aux ailes qui servent alternativement à les ouvrir ou à les fermer, les ailes ouvertes, & la feuille de myrthe qui sert de

Tome II.   **P**

queue pour empêcher que cet inſtrument ne faſſe la baſcule lorſqu'il eſt en
place.

La fig. XVII repréſente le même
obturateur vu de côté, ou latéralement. L'on peut remarquer par ce
point de vue partie du dentier, partie
de la plaque, partie de la vis ſupérieure, partie de la fourchette, la tête
de la vis inférieure, l'enclume ſituée
ſur cette tête, la feuille de myrthe, &
les deux ailes jointes enſemble & fermées.

La fig. XVIII repréſente le quatrième
obturateur, compoſé de quatre dents
contigues à une plaque oſſeuſe & faiſant partie de cette plaque, une petite
éminence en forme de tige, ſur laquelle
eſt attachée une petite éponge, par le
moyen d'un fil, laquelle éponge ſert à
boucher plus exactement le trou du
palais. Cet obturateur s'aſſujettit par le
moyen d'un fil qui l'attache aux deux
dents canines.

CHAPITRE XXIV.

Description de toutes les pieces qui com-
posent une machine nouvellement inven-
tée, propre à embraffer les dents de la
mâchoire inferieure, pour foutenir &
maintenir à la fupérieure un dentier ar-
tificiel ; & la defcription de ce dentier.

EN 1737, une Dame de la première
condition, âgée d'environ foixante ans,
qui n'avoit perdu aucune des dents de
la mâchoire inférieure, mais qui fe
trouvoit privée de toutes celles de la
fupérieure, s'adreffa à M. Caperon,
Dentiste du Roi, & très-habile, dans
l'efpérance qu'il pourroit garnir fa bouche d'un dentier fupérieur. Il lui dit,
ainfi que me l'a rapporté cette Dame,
que comme elle n'avoit aucunes dents
à cette mâchoire, pour l'attacher, il
n'étoit pas plus aifé de le faire que de
bâtir en l'air ; qu'il lui confeilloit cependant de me venir voir, & que fi je
n'exécutois pas ce qu'elle defiroit, elle
ne trouveroit point ailleurs de fecours.

P 2

Cette Dame fuivit fon avis ; & quand j'eus examiné fa bouche , je la priai de me donner quelques jours pour que je puffe réfléchir fur les moyens de la fatisfaire. Après avoir bien médité, j'imaginai qu'une machine, telle qu'elle eft repréfentée à la planche 41 , étant jointe aux dents de la mâchoire infé- rieure , feroit capable d'affujettir & de maintenir à la mâchoire fupérieure un rang de dents prefque entier. Cette Dame ne voulant qu'avoir le devant de la bouche orné, & une prononciation plus parfaite, je donnai moins d'éten- due à ce dentier, avec lequel elle mange aifément , & dont elle ne pourroit gueres fe paffer. Pour plus de propreté, elle en a deux femblables, dont elle fe fert alternativement.

Je dirai volontiers de quelle maniere je fuis venu à bout de cette machine. Ayant pris toutes les dimenfions re- quifes , je choifis de fort bon or pour toutes les pieces dont elle devoit être compofée , & je le fis préparer & forger par un Orfevre. Je fis moi-même deux efpeces d'anfes, ou plaques recourbées, deux demi cercles, quatre petits porte- refforts & huit petits clous à tête. A ces plaques recourbées, je fis fouder par un

Metteur-en-œuvre les deux extrémités
du demi-cercle extérieur, qui a le plus
de contour, & le demi-cercle intérieur
qui est le moins étendu, & à chaque
surface latérale extérieure des plaques
recourbées, je fis encore souder un petit porte-ressort, après y avoir fait les
petites ouvertures à jour, ou especes
de mortoises qui doivent recevoir l'extrémité de chaque ressort. Cette machine se trouvant construite de maniere
à pouvoir embrasser les dents de la
mâchoire inférieure, je fabriquai le
dentier pour la supérieure, & aux deux
extrémités de ses surfaces latérales extérieures, je fis deux échancrures, où
j'attachai avec de petits clous rivés
deux autres petits porte-ressorts, semblables à ceux que j'ai dit avoir placés aux plaques recourbées. Pour assembler ce dentier avec la machine inférieure, je mis de chaque côté un ressort de baleine, j'introduisis une de ses
extrémités dans les deux petites ouvertures à jour d'un des porte-ressorts
de cette machine, où je l'arrêtai par
plusieurs contours d'un fil passé dans
le chas d'une éguille à coudre. J'insi-
nuai l'autre extrémité de ce ressort
dans les deux petites ouvertures du

porte-reffort fupérieur oppofé, où je l'arrêtai de même par plufieurs contours & jets de fil dont je couvris le même reffort, afin de le fortifier. L'autre reffort fut placé d'une pareille façon; & c'eft ainfi que le dentier fupérieur fe trouva joint à la mâchoire inférieure.

Explication de la planche XLI, qui repréfente le dentier fupérieur artificiel, monté fur une machine d'or nouvellement inventée, laquelle embraffe les dents naturelles de la mâchoire inférieure, & fert à le foutenir.

FIGURE PREMIERE.

A. Le demi-cercle extérieur qui doit être pofé par fa partie concave fur la furface extérieure des dents incifives, canines & petites molaires, & qui doit les embraffer extérieurement près des gencives.

B. Le demi-cercle intérieur qui doit être appliqué par fa partie convexe fur la furface intérieure de ces mêmes dents, & tout contre les gencives.

C. L'intervalle que ces dents occupent, lorfque cette machine eft mife en place.

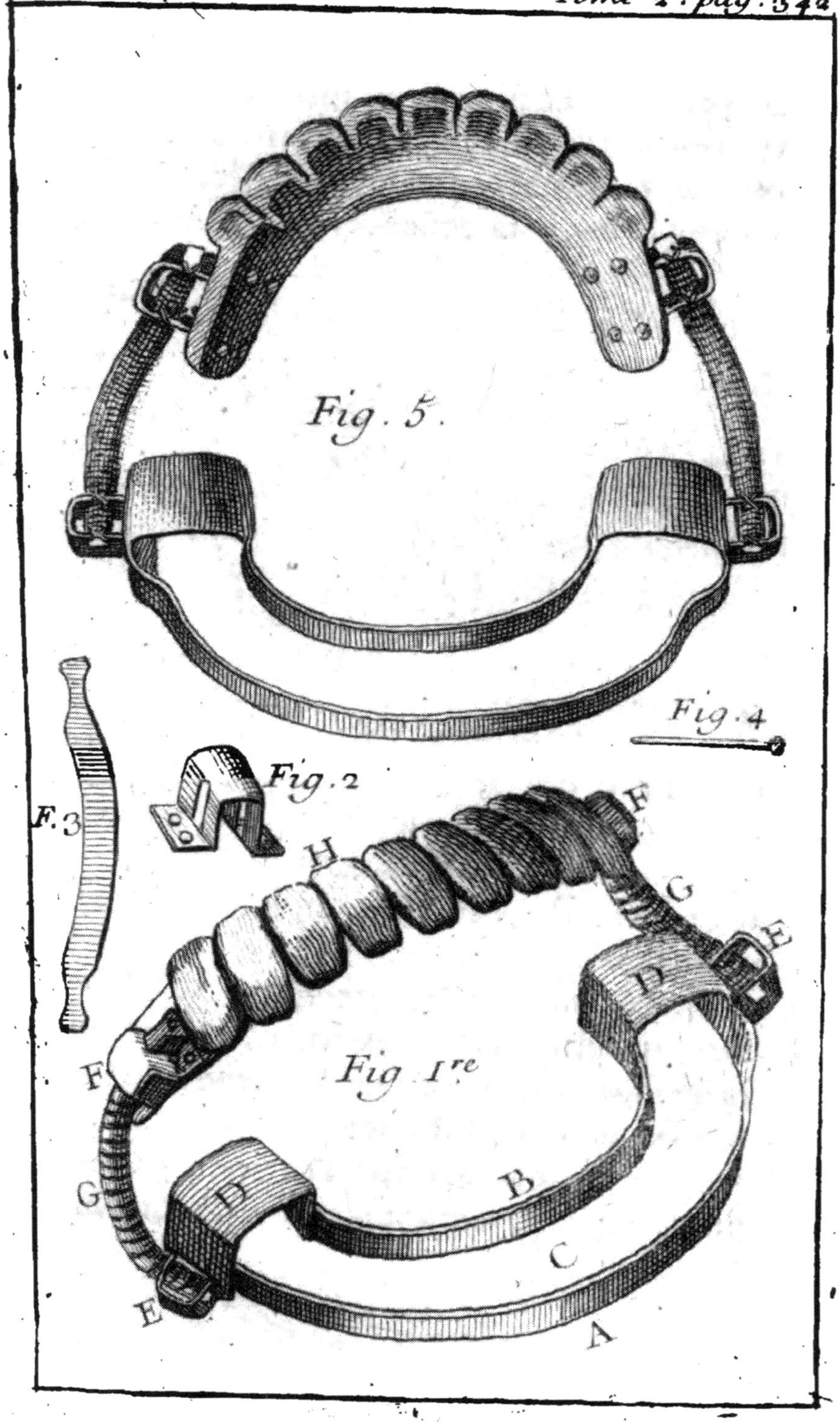

Fig . 5 .

Fig . 4 .

F . 3

Fig . 2

H

F

G

E

D

F

G

D

B

E

C

A

Fig . 1re

DD. Les anſes, ou plaques recourbées, qui portent ſur l'extrémité de la couronne des deux premieres groſſes molaires, & qui les embraſſent par leurs parties latérales extérieures & intérieures du côté droit & du côté gauche de la mâchoire inférieure.

EE. Deux petits porte-reſſorts, ſoudés ſur les ſurfaces latérales extérieures de ces plaques recourbées.

FF. Deux autres porte-reſſorts ſemblables attachés par des clous rivés ſur les deux échancrures pratiquées aux deux faces extérieures des deux extrémités de ce dentier.

GG. Les deux reſſorts, dont les extrémités antérieures ſont engagées dans les deux petites ouvertures des porte-reſſorts, & arrêtées par des contours & jets de fil qui couvrent tous ces reſſorts.

H. Dentier ſupérieur.

La figure II repréſente un des porte-reſſorts, auquel on voit de petits trous pour y paſſer des clous qui l'attachent au dentier ſupérieur, & de petites ouvertures ou mortoiſes, pour l'introduction d'une des extrémités d'un reſſort.

La figure III fait voir un des reſſorts de baleine, un peu convexe à ſa partie

extérieure, concave à fa partie intérieure, & ayant une coche ou échancrure à fes deux extrémités, afin de le
mieux fixer dans les petites ouvertures
du porte-reffort.

La figure *IV* montre un clou à tête
propre à attacher les porte-refforts au
dentier fupérieur.

La figure *V* repréfente encore la
même machine pour la mâchoire inférieure, laquelle eft affemblée avec un
dentier fupérieur par deux refforts, &
entiérement dépliée, ou ouverte &
renverfée, pour qu'on voie plus aifément fa face intérieure & toutes les
parties dont elle eft compofée.

___

CHAPITRE XXV.

Description d'un dentier supérieur en-
tiérement artificiel , assemblé avec un
dentier inférieur , artificiel en partie ,
lequel s'ajuste avec les dents naturelles
qui restent encore à la bouche.

En 1739, une Dame âgée d'environ trente-huit ans , vint chez moi : elle avoit perdu toutes les dents de la mâchoire supérieure , & de chaque côté de l'inférieure la derniere petite dent molaire , & les trois grosses qui la suivent , de façon qu'il n'y restoit plus que les quatre incisives , les quatre canines & les deux premieres petites molaires. Cette Dame convint avec moi que je lui construirois une piece qui fût en partie d'argent & en partie osseuse. Je me servis alors d'un argent assez fin , & au titre qui est nécessaire pour que les pieces soient assez flexibles pour obéir un peu , & être moins sujettes à se casser ; ce qu'on doit bien observer dans un pareil ouvrage.

P 5

Comme j'avois déja imaginé la précédente machine , il ne me fut pas difficile de travailler à celle-ci , qui y a
quelque rapport. Je pris les dimensions
nécessaires , je fis d'abord la piece pour
la mâchoire inférieure , & je la composai de deux demi-cercles & de trois dents
molaires artificielles de l'un & l'autre
côté , assujetties entre les extrémités
de ces deux demi-cercles par quatre petits clous rivés : à la surface postérieure
de chaque derniere dent molaire artificielle , & vis-à-vis le fond de la bouche , je pratiquai un trou fait en mortoise, de deux lignes de longueur & de
profondeur , & d'une ligne de largeur :
je fabriquai deux porte-ressorts plus
étendus que ceux dont j'ai parlé ci-
dévant : je plaçai deux de ces dernieres dents artificielles de chaque côté
entre les deux lames, ou extrémité de
ces porte-ressorts, & je les y affermis au
moyen de quatre petits clous rivés :
au milieu de chaque porte-ressort &
entre ses deux courbures , je fis encore
une espece de mortoise percée à jour ,
qui répondoit à celle que j'ai dit être
placée à la surface postérieure des dernieres dents artificielles , laquelle regarde le fond de la bouche , & cela pour

introduire & y arrêter une des extrémités des reſſorts : je fis enſuite la piece ſupérieure qui devoit orner le devant de la bouche , & j'y formai dix dents qui étoient oppoſées aux dents naturelles qui reſtoient encore ſur le devant de la mâchoire inférieure.

A chaque bout de ce dentier, je pratiquai une fente, ou entaille avec une ſcie, afin d'y engager & fixer une des extrémités d'un reſſort ; & pour l'y arrêter je fis avec un foret un trou à jour vers l'endroit où ſe terminoit chaque entaille, pour y paſſer & repaſſer du fil qui pût aſſujettir l'autre extrémité des reſſorts. Pour joindre la piece ſupérieure à l'inférieure, je me ſervis de deux reſſorts de baleine différens de ceux dont nous avons parlé précédemment : j'inſinuai une des extrémités de chaque reſſort dans l'ouverture ou eſpece de mortoiſe à jour de chaque porte-reſſort & de chaque derniere dent artificielle de la piece inférieure : je l'arrêtai ſuffiſamment par les contours d'un fil paſſé dans une éguille : j'introduiſis pareillement l'autre extrémité de ces mêmes reſſorts dans l'entaille faite à chaque extrémité du dentier ſupérieur, où je l'arrêtai auſſi par des

P 6

contours & jets de fil passé & repassé sur ces ressorts & dans chaque trou que j'ai dit être près de l'endroit où se terminent ces entailles. Ayant exécuté tout cela, je plaçai cette machine dans la bouche de la Dame, où elle se trouva en état de faire toutes les fonctions qu'on en avoit espéré.

Explication de la planche XLII qui représente toutes les pieces qui composent un dentier supérieur & une partie d'un dentier inférieur, le tout artificiel. On donne ici ces pieces séparées & ensuite rassemblées.

LA figure I représente deux demicercles, qui embrassent par leurs extrémités & à droite & à gaucheune partie de trois dents molaires artificielles, qui y sont arrêtées par deux clous rivés.

A. Le demi-cercle extérieur.

B. Le demi-cercle intérieur.

C. Les trois dents molaires artificielles.

DD. Deux trous qui les traversent, afin d'y attacher avec deux clous rivés un porte-ressort, dont les deux lames,

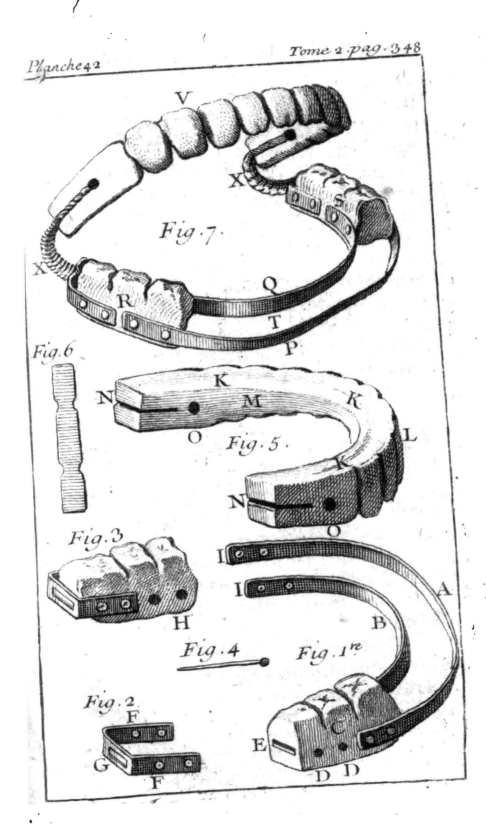

Fig . 7

Fig . 6

Fig . 5

Fig . 3

Fig . 4

Fig . 1re

Fig . 2

ou extrémités embrasseront ces dents molaires.

E. Petite ouverture ou espece de mortoise, pour recevoir l'extrémité d'un ressort.

La figure II représente un porte-ressort différent des précédens.

FF. Les deux lames, ou extrémités du porte-ressort, percées chacune de deux trous, pour être attachées avec deux clous rivés aux dents molaires artificielles que ces lames doivent embrasser.

G. Petite ouverture, ou espece de mortoise à jour, afin d'y introduire l'extrémité d'un ressort dans l'autre petite mortoise pratiquée à la face postérieure de la derniere dent molaire, où l'extrémité de ce ressort doit être arrêtée par le moyen du porte-ressort & des contours de fil.

La figure III représente trois autres dents molaires artificielles garnies d'un porte-ressort, qui les embrasse par leurs parties latérales extérieures & intérieures, & qui y est attaché par deux clous rivés qui les traversent.

H. La partie antérieure de ces dents molaires, qui est percée de deux trous qui la traversent entiérement par les

parties latérales qui doivent être engagées entre les deux autres extrémités
des demi-cercles, qui font auffi percées
chacune de deux trous, pour y affujettir ces dents par deux clous rivés.

II. Les deux autres extrémités des
demi-cercles.

La figure IV repréfente un des clous
à tête, auxquels on doit donner une
longueur telle qu'ils puiffent attacher
ces pieces en les rivant.

La figure V fait voir le dentier fupérieur tourné de côté, ainfi que les
pieces précédentes.

KKK. Surface fupérieure qui doit
être placée fur les gencives de la mâchoire fupérieure.

L. Surface extérieure.

M. Surface intérieure.

NN. Les fentes ou entailles, deftinées à recevoir les extrémités des refforts.

OO. Les trous percés d'outre en
outre pour y paffer & repaffer avec une
aiguille, du fil qui puiffe arrêter
dans les entailles les extrémités des
refforts, & couvrir ces refforts par
plufieurs contours.

La figure VI repréfente un des refforts de baleine fervant à affembler le

dentier fupérieur avec les dents, ou la machine inférieure.

La figure VII eft celle du dentier fupérieur affemblé avec une partie du dentier inférieur & les deux demi-cercles vus un peu de côté & ouverts.

P. Demi-cercle extérieur.

Q. Demi-cercle intérieur.

R. Les trois dents molaires qui doivent être appliquées & porter fur les gencives du côté droit de la mâchoire inférieure, lorfque la piece eft placée dans la bouche.

S. Les trois dents molaires qui porteront fur les gencives du côté gauche de la même mâchoire, lorfque la piece fera en place.

T. L'intervalle où paffent les dents naturelles, qui reftent au-devant de la bouche & qui font embraffées par les demi-cercles intérieurement & extérieurement près des gencives inférieures.

V. Dentier fupérieur.

XX. Les deux refforts introduits par leurs extrémités antérieures dans les petites mortoifes des porte-refforts & dans celles des dernieres dents molaires, & par les deux autres extrémités dans les deux fentes, ou entailles du

dentier fupérieur ; lefquelles extrémités font arrêtées par les contours & jets
de fil dont ces refforts font couverts.

Si j'ai fait des fentes, ou entailles &
des trous au dentier fupérieur, pour y
affujettir les refforts ; & fi pour le même
effet j'ai placé des porte-refforts aux
dents de la piece inférieure, ce n'a été
que dans l'intention de faire voir qu'on
peut attacher des refforts en deux différentes manieres : en effet on peut placer des porte-refforts au dentier fupérieur, ainfi qu'à l'inférieur ; même cette
méthode eft préférable à l'autre.

On peut faire & placer à la mâchoire
fupérieure tout un dentier, qui foit
beaucoup plus fimple, & qui puiffe y
tenir par le feul appui des joues & des
dents inférieures. Il faut qu'il foit lé-
ger, & il ne fert guere que pour l'ornement & la prononciation : cependant
quand on y eft accoutumé, on peut
manger deffus, ainfi que je l'ai vu. Il
doit être bien ajufté fur les gencives,
& affez écarté par fes extrémités, pour
qu'il foit affez comprimé par les joues,
& qu'il en foit foutenu à l'aide des
dents inférieures, qui le repouffent
quelquefois dans fa place, fans qu'aucune autre perfonne que celle qui le

porte puiſſe s'en appercevoir. Depuis peu j'en ai renouvellé un que j'avois fait il y a plus de vingt-quatre ans, dont on en a fait un très-utile uſage. J'en ai fait dans la ſuite deux autres pour deux perſonnes qui s'en ſervent auſſi avantageuſement. Il eſt vrai qu'il y a peu de bouches qui ſoient diſpoſées à recevoir ces ſortes de dentiers, & je n'ai jamais fait que les trois dont je viens de parler. Il faut que le Dentiſte qui entreprend cette derniere ſorte de dentiers, ait du génie & de l'habilité, s'il veut réuſſir. Au reſte, ce ſont ceux qui coûtent le moins, & ils conviennent aux gens qui ne ſont pas en état de faire une certaine dépenſe.

_____

CHAPITRE XXVI.

Remarques sur un Chapitre d'un nouveau Traité de Chirurgie.

J'ÉTOIS prêt en 1723, à faire imprimer mon livre ; mais les occupations continuelles que me donne ma profession, m'empêcherent jusqu'en 1728 de le mettre au jour. Il parut en ce même tems un Traité de Chirurgie : je lus ce livre, & je m'arrêtai sur le chap. 2 du tome 2, où l'Auteur traite des dents. Ce chapitre est divisé en huit articles, & occupe 68 pages d'impression, dans lesquelles je fus surpris de trouver un Traité des différentes maladies des dents, des instrumens & des remedes qui leur conviennent. Cette dissertation eût été placée plus naturellement dans le Traité de Chirurgie du même Auteur imprimé en 1720.

Mais je ne m'arrêterai pas à développer les raisons qui l'ont engagé à ne traiter cette matiere que dans son dernier livre.

Le Public, à l'utilité de qui nous

devons confacrer nos talens & nos connoiffances , lui doit être obligé de fon
travail, fans s'embarraffer ni du motif,
ni de l'arrangement qu'il y a emploïé;
mais s'il s'y eft gliffé des erreurs préju-
diciables , je dois les combattre , & en
montrer les conféquences vicieufes.
L'expérience de plufieurs années & l'application particuliere que j'ai donnée à
la partie de la Chirurgie à laquelle je
me fuis deftiné, m'y autorifent, & me
font entreprendre de le fuivre pas à pas
dans cette portion de fon livre.

La comparaifon que l'Auteur fait
du tartre ou tuf qui s'attache aux dents
avec la rouille qui s'attache au fer n'a
rien de jufte ; & l'Auteur fe contredit
dans l'explication qu'il en donne. Voici
fes termes , (pag. 18 & 19, tome 1.)
Quand ce tuf n'eft pas confidérable &
qu'il ne fait que s'attacher un peu aux
dents , c'eft ce qu'on appelle du tartre ,
qui comme la rouille au fer , déchauffe
les dents & les fait branler. Si quelques
dents fe trouvent couvertes de tuf , il faut
l'ôter , & pour en venir à bout , on le fend
avec un cifeau , puis on le fépare , & l'on
voit dans fon milieu une belle dent &
bien blanche. Ce tuf n'a point de peine à
fortir lorfqu'il eft une fois fendu ; car il fe

sépare & quitte la dent , comme la pêche quitte le noyau.

La rouille est une sorte d'ordure & de crasse nuisible & adhérente, qui s'engendre sur le fer & l'acier, lorsqu'ils sont mouillés & qu'on ne s'en sert pas, & qui à la fin ronge ces métaux. Elle ne se sépare du fer qu'en causant une déperdition de substance à la masse métallique rouillée, dont la surface reste raboteuse & inégale.

Il n'en est pas de même du tartre ni de la dent. Le tartre ne pénetre point la surface émaillée de la dent, qui est un corps lisse, serré & extrêmement dur. Il se sépare presque toujours de sa surface émaillée sans l'intéresser en aucune maniere, & sans la rendre par conséquent raboteuse & inégale : de plus, cette séparation ne se fait pas avec la facilité que l'Auteur le prétend. Le tartre ne quitte pas la dent *comme la pêche quitte le noyau ;* au contraire le tartre est le plus souvent si adhérent à la surface du corps de la dent, qu'on ne peut l'en détacher qu'avec beaucoup de peine , & même par parcelles. L'examen analytique & physique de la rouille du fer, de la dent & des corps tartareux qui s'y attachent, détruit cette comparaison, & fait sentir ce qu'il y a de contrariété. Les différentes rugines, ou gratoirs & autres instrumens au nombre de six, que cet Auteur propose (pag. 20, 21, 22 & 23) pour détacher le tartre des dents, ne sont ni convenables, ni suffisans.

Il est impossible, par exemple, d'introduire aucun de ces instrumens dans les intervalles des dents, ni entre les gencives & les dents pour en détacher le tartre, sans offenser les gencives & faire beaucoup souffrir le sujet. D'ailleurs il n'est pas possible, comme cet Auteur le veut, de pouvoir parfaitement nétoyer une dent avec un seul instrument, quelque parfait qu'il puisse être ; & le ciseau dont il parle, y est moins convenable que tout autre instrument. On conviendra aisément de ce que j'avance en comparant la méthode de l'Auteur, avec celle que je propose dans le chapitre 3, de ce second Volume.

Il est bon d'avertir, dit l'Auteur, (pages 25 & 26,) les jeunes Chirurgiens qui voudront pratiquer ces sortes d'opérations, de ne pas faire comme la plupart des Arracheurs de dents, qui pour parvenir à les mettre bien blanches, ne ménagent point l'émail, & en enlevent une grande partie ; c'est une faute très-considérable, & dont les personnes qui se mettent entre leurs mains font bientôt la victime, puisque peu de tems après leurs dents se gâtent & leur font des douleurs insupportables.

Depuis le tems que je m'applique uniquement à la connoissance des maladies des dents & à leur guérison, je n'ai jamais remarqué que les Dentistes, que l'Auteur nomme *Arracheurs de dents*, ayent enlevé l'émail des dents avec les instrumens qui servent à les nettoyer, puisqu'il n'y a point de tranchant qui ne cede & qui ne s'émousse contre la résistance que lui fait l'émail par sa solidité, qui égale presque celle du diamant. De tous les instrumens je ne connois que la lime qui puisse enlever l'émail des dents, & encore est ce avec bien de la peine, puisque cette même lime est bientôt émoussée & même usée, pour peu qu'on la fasse servir à cet usage.

Ce n'est donc pas l'effet des instrumens qui servent à nettoyer les dents qu'il faut craindre, mais bien plutôt l'effet des remedes contraires & principalement de ceux que l'Auteur enseigne dans son Livre (pag. 27,) comme *la porcelaine en poudre & la pierre de ponce*, lesquels usent l'émail des dents par leurs qualités mordicantes & rongeantes. Les autres ingrédiens qu'il mêle avec la porcelaine & la pierre de ponce, n'étant point capables d'en empêcher les mauvais effets.

Il ajoute page 30. *Les Chirurgiens qui veulent avoir des limes, ne doivent point les commander aux Couteliers : celles qu'ils font à l'extrémité de certains instrumens de l'étui ne valent rien, & ne mordent point, & comme il en faut au moins une douzaine, ils en trouveront de parfaites chez les Clin.quailliers.*

Je ne sais si les Chirurgiens, surtout les Dentistes, & les Couteliers, conviendront de ce fait avec lui. Ce que je sais avec certitude, c'est que celles que l'on trouve chez les Clinquaillers, ne sont pas conditionnées comme il faut pour limer les dents. Elles ne sont destinées pour l'ordinaire qu'à limer les métaux, ou d'autres corps moins solides que l'émail de la dent. Elles sont incomparablement meilleures sortant de la main d'un habile tailleur de limes, sur-tout lorsqu'on lui a donné les dimensions convenables, & qu'on lui a recommandé de les faire d'un bon acier ; de les bien dreffer à la lime, de ne les point tailler ni trop rudes, ni trop douces, & de les bien tremper, ce que j'ai déja dit au chapitre 4 de ce second Volume.

Quand on a fait un peu de voie (continue le même Auteur pag. 32.), *on prend une lime plate, & à mefure qu'on avance, on change de lime.*

Au contraire il faut continuer cette féparation jufqu'à ce qu'elle foit faite avec la même lime. On ne change de lime que lorfqu'on veut faire la féparation plus grande dans toute fon étendue, ou en certaine partie de l'étendue de la même féparation, ou lorfque l'on veut faire quelque échancrure dans ce même intervalle.

Je n'ai point reconnu que l'ufage de la lime fût auffi pernicieux que l'Auteur veut le perfuader. *On ne peut, dit-il, limer les dents, que tout l'effort de la lime ne porte fur la dent qu'on lime, & ne l'ébranle confidérablement : or toute dent ébranlée par plufieurs fecouffes réitérées, ne tient point avec la même fermeté dans fon alvéole, & tombe dans la fuite.*

Si les dents n'avoient point d'autres
accidens

accidens à craindre que celui que l'effet de la lime peut lui cauſer par l'ébranlement, elles dureroient pendant tout le cours de la vie. Les légeres ſecouſſes que les dents en reſſentent, ne peuvent les empêcher de reprendre leur premiere fermeté; parce que l'action du reſſort des alvéoles & des gencives dans leur état naturel, eſt de tendre toujours au raffermiſſement des dents; c'eſt ce que l'expérience nous montre tous les jours après l'opération de la lime, & ce qui nous eſt encore confirmé par la fermeté que reprennent des dents ôtées & remiſes, & même les dents tranſmiſes d'une bouche en une autre avec ſuccès.

J'ai vu, (dit-il dans un autre endroit, page 34,) *pluſieurs dames auxquelles on avoit ainſi égaliſé les dents, qui auroient voulu trois ou quatre ans après, qu'on n'y eût jamais touché, puiſqu'elles s'étoient cariées à leur partie ſupérieure & à l'endroit où la gencive s'attache.*

Je crois que l'Auteur auroit de la peine à expliquer la cauſe d'un tel événement. Comment peut-il concevoir qu'une dent puiſſe ſe carier à l'endroit où s'attache la gencive pour avoir été limée à ſon extrémité? Je conviens que

Tome II. Q

l'opération indiscrete de la lime peut causer des accidens de la nature de ceux qu'il craint si fort. Par exemple , si on les limoit jusqu'à en découvrir la cavité qui contient les parties nerveuses; mais cela ne peut arriver qu'à des ignorans en cet Art , comme je l'ai fait voir par deux exemples que j'ai cités dans ce Traité , chapitre 23 du tome premier.

Je conviens avec l'Auteur, (pag. 35.) *que quoiqu'un instrument soit dangereux, quand il est manié par une personne entendue, elle s'en sert , sans qu'il s'en ensuive des inconvéniens,* & de plus j'ajoute que la lime est un instrument des plus nécessaires pour servir à conserver les dents ; parce qu'en les séparant & en les racourcissant, on les fortifie, & que bien souvent en les limant, au lieu de donner occasion à la carie , on en arrête le progrès.

Les limes (dit cet Auteur, page 38,) *usant tout-à-fait l'émail, ou l'éminçant beaucoup , découvrent l'os spongieux qui est l'intérieur de la dent.* L'os spongieux, qu'il dit être l'intérieur de la dent, est une partie qui n'a point encore été découverte par aucun de ceux qui ont fait l'analise des dents.

Il ne faut pas croire indistinctement tout ce que dit l'Auteur aux pages 39 , & 40 , sur les dangers de la carie & sur son accroissement subit. On voit tous les jours des dents cariées non-seulemeut depuis trois mois , mais depuis plusieurs années , sans que la carie ait fait aucun progrès , sans qu'elle ait pénétré jusqu'à l'intérieur de la dent , sans qu'elle ait fait sentir la moindre douleur , & sans que cette carie ait causé d'autre accident que celui d'avoir rongé en partie l'émail de la dent , quoiqu'on ait négligé tout-à-fait ces fortes de caries , qui sont même très-communes.

On doit cependant faire attention à ces caries , qui peuvent quelquefois avoir des suites dangereuses. Au reste ce n'est pas avec la langue de serpent qu'il faut ôter la carie , comme le dit l'Auteur ; cet instrument n'étant point convenable à cet usage , ni figuré d'une façon propre à dilater les trous de la carie. Selon moi , le foret à ébizeler , la rugine en alene , ou la rugine en bec de perroquet conviennent mieux que la langue de serpent & que tout autre instrument.

La maniere de plombler les dents ,

Q 2

telle que l'Auteur l'enseigne, pag. 42,
45, & 46, est fort aisée à pratiquer;
mais ce n'est pas celle qu'il faut mettre
en usage pour bien réussir : On s'en appercevra aisément si on se donne la peine de lire & de pratiquer ce que j'en ai
écrit dans le chap. 6, de ce second
Tome.

L'Auteur dans la pag. 47, préfere
l'huile d'étaim & l'esprit de nitre à
l'huile de girofle & de canelle.

L'huile d'étaim & l'esprit de nitre
sont deux corrosifs violens : la péné-
tration de ces remedes sur des parties
nerveuses & aussi sensibles que le sont
les nerfs qui se distribuent aux dents,
cause des douleurs insupportables, ac-
compagnées quelquefois de convulsions
& de délire : d'ailleurs ces corrosifs
étant liquides, quelques précautions
qu'on puisse prendre, ils s'étendent
toujours plus ou moins sur les gencives, les irritent, les gonflent & les
ulcerent. Ils pénetrent aussi quelquefois
jusqu'au périoste & jusqu'à la substance
des alvéoles, & les carient en les ron-
geant.

On n'a point à craindre les mêmes
ravages de l'application des huiles de
girofle & de canelle, par conséquent

elles doivent être préférées contre l'opinion de l'Auteur.

Je ne suis pas encore de son avis touchant l'usage & la construction du déchaussoir, comme on le peut voir par la lecture du Chapitre 10 du présent tome.

Je m'arrêterai peu à ce que dit l'Auteur sur le pélican : je dirai seulement que je ne fais pas une grande différence entre le pélican qu'il rejette & celui qu'il adopte. Ils ont tous deux des avantages & des inconvéniens différens qui m'ont fourni des idées pour en inventer un nouveau, avec lequel on peut opérer avec plus de sûreté & de facilité, qu'avec ceux dont on s'est servi jusqu'à présent. On en trouvera la description aux Chapitres 11 & 12 de ce volume.

L'Auteur remarque pages 76 & 77, que le davier a un ressort qui écarte ses branches l'une de l'autre, & il assure que cet effet rend cet instrument plus commode.

J'ai démontré vers la fin du dixieme Chapitre de ce tome, que ce ressort doit être rejeté comme inutile, incommode & préjudiciable.

L'Auteur enseigne, pag. 83, *de por-*

_ter le plus bas qu'il eſt poſſible les deux dents du repouſſoir ſur le chïcot, qu'on veut ôter.

Il faut éviter de ſuivre cette méthode, pour ne pas faire éclater l'alvéole, & déchirer les gencives, à moins que le chicot ne fût ſi enfoncé, qu'on ne pût faire autrement ; mais lorſque le chicot a de la priſe, il faut éloigner le pouſſoir le plus que l'on peut du rebord de l'alvéole & de la gencive, & tâcher de l'appuyer ſur un endroit qui ait de la réſiſtance.

L'Auteur en finiſſant ce Chapitre, pag. 83 & 84, mépriſe le pouſſoir auquel il donne le nom de repouſſoir, & donne la préférence au pélican en toutes ſortes de cas, lorſqu'il s'agit d'ôter des racines ou des chicots.

Cette préférence ne doit pas être ſi générale : par exemple, lorſqu'il y a de la priſe en dehors, & qu'il n'y en a point en dedans, le pouſſoir eſt préférable au pélican, & même à tout autre inſtrument. Il y a encore d'autre cas, où le pouſſoir eſt abſolument plus néceſſaire que le pélican.

Les dents & les autres parties de la bouche étant ſujettes, comme on l'a vu dans le cours de cet ouvrage, à tant

de maladies confidérables , qui exigent
le fecours des plus habiles Dentiftes ,
il eft étonnant que les princes fouve-
rains des Pays étrangers , les Chefs des
républiques , & même ceux de nos
provinces , ne faffent pas la dépenfe
d'envoyer à Paris , de jeunes Chirurgiens capables d'être inftruits dans une
partie de la Chirurgie auffi effentielle
que celle-ci , & qui cependant eft fort
ignorée & très-négligée partout ailleurs
que dans cette grande Ville , où elle a
atteint fa plus grande perfection , foit
pour l'embelliffement de la bouche &
la réparation de fes défauts , foit pour
remédier à des maux fouvent très-fu-
neftes. Ces éleves en formeroient de
nouveaux dans la fuite , & rendroient
de très-grands fervices à leur nation &
à leurs concitoyens.

Je ne puis finir ces differtations , fans
répéter ce que j'ai déja dit dans la Pré-
face , qui eft que le feul zele que j'ai
pour l'avantage du Public , m'a con-
traint de relever des chofes fur lefquelles j'aurois gardé le filence , fi elles
n'euffent pas pu lui être préjudiciables.

Je me tiendrai fort heureux , fi l'on
veut bien reconnoître que c'eft ce même
zele qui m'a animé dans tout le cours

de cet ouvrage, & m'a foutenu dans un travail très-long, & d'autant plus pénible & faftidieux, que je n'ai eu à traiter que des matieres féches & arides, & qui bien qu'elles concourent à donner de la fanté & des agrémens, ne font point agréables par elles-mêmes. Je n'aurai cependant pas lieu de me plaindre de leur fécherefle & de leur ftérilité, fi tandis que je n'ofe demander que de l'indulgence au Public, elles me produifent l'honneur de fa bienveillance.

Fin du Tome fecond.

APPROBATION.

De Monsieur Winslow, Docteur-Régent en la Faculté de Médecine de Paris, de l'Académie Royale des Sciences, Professeur en Anatomie & en Chirurgie au Jardin Royal, &c.

J'AI examiné par ordre de Monseigneur le Chancelier, le Livre intitulé: *Le Chirurgien Dentiste, ou Traité des Dents, par M. Fauchard, avec des Additions considérables.* J'ai trouvé dans ces Additions plusieurs remarques très-instructives, & de nouvelles inventions très-avantageuses. Ainsi je réitere pour le tout ensemble le jugement donné pour l'édition de 1727, en ces termes : « Ayant, il y a déja plusieurs années, » remarqué dans son Auteur un grand » fonds de connoissances, d'habileté & » d'observations, par rapport à cette » partie de la Chirurgie, je l'ai moi-» même encouragé à en faire part au » Public. C'est ce qu'il a fait dans cet » Ouvrage que je trouve excellent, & » ne rien contenir qui en doive empê-

Q 5

» cher l'impreſſion. J'avertis ſeulement
» que l'application des bons remedes ,
» qui y ſont décrits , demande dans plu-
» ſieurs circonſtances le juſte diſcerne-
» ment d'un vrai connoiſſeur , pour ne
» pas nuire au lieu de ſoulager. »

Fait à Paris , le 2 Mars 1746.

Signé , WINSLOW.

APPROBATION.

De Monſieur Hecquet, Docteur-Régent en la Faculté de Médecine de Paris, & ancien Doyen de ladite Faculté.

CE Livre n'eſt point un ouvrage d'imagination, ni un ramas de moyens, d'opérations, ou de remedes à aſſayer pour la guériſon des maladies des dents : c'eſt une méthode tirée de l'étude, & ſortie de l'expérience de Monſieur Fauchard, communiquée d'ailleurs au Public avec tant de candeur, tant de bon ſens, & tant de ſages précautions, qu'il ne lui manque rien pour mériter l'eſtime & la confiance qui ſont dues à l'Ouvrage & à ſon Auteur.

A Paris, ce 17 Juillet 1725.

Signé, HECQUET.

Q 6

APPROBATION.

De M. Finot, Docteur-Régent en la Faculté de Médecine de Paris, & Médecin de leurs Alteſſes Séréniſſimes Monſeigneur le Prince de Conti & Meſdames les Princeſſes de Conti.

J'AI lu avec beaucoup de plaiſir le Livre de M. Fauchard, duquel le Public ne peut tirer que de très-ſolides avantages. Il contient en effet beaucoup de faits exactement détaillés, des Réflexions judicieuſes ſur les maladies des dents & ſur les moyens de les guérir. Ces Réflexions fondées ſur un travail aſſidu & tirées d'une expérience confirmée, à laquelle on ne peut rien ajouter, lui ont donné une connoiſſance parfaite de ces maladies différentes, à laquelle aucun Dentiſte n'étoit encore parvenu juſqu'à préſent. C'eſt par cette connoiſſance exacte qu'il a réformé, inventé même avec ſuccès un très-grand nombre d'inſtrumens, également propres & pour opérer avec ſûreté ſur les dents, & pour les conferver en beaucoup d'occafions douteufes. On ne peut donc que le louer d'un travail qui lui a coûté tant de peine ; auffi eft-ce avec beaucoup de précifion & de netteté qu'il a développé une matiere obfcure par elle-même, & qui n'a été traitée jufqu'ici que très-fuperficiellement.

A Paris, ce 15 Janvier 1726.

Signé, F I N O T.

APPROBATION.

De Monsieur Helvetius , Docteur-Régent en la Faculté de Médecine de l'Université de Paris , Médecin ordinaire du Roi , & premier Médecin de la Reine , & de l'Académie Royale des Sciences.

J'ai lu avec plaisir un manuscrit intitulé : *Le Chirurgien Dentiste , ou Traité des Dents , des Alvéoles & des Gencives , par Monsieur Fauchard.* Il m'a paru qu'il n'y avoit point encore eu de traité sur cette matiere, où l'on fût entré dans un détail aussi exact ; & je pense que l'impression de ce Livre doit être d'autant plus utile au Public, que toutes les Observations & les faits rapportés sont fondés sur l'expérience longue & heureuse de l'Auteur.

Fait à Paris ce 19 Juillet 1725.

Signé, J. HELVETIUS.

APPROBATION

De Monfieur Silva , Docteur-Régent en laFaculté de Médecine dans l'Univerfité de Paris , Médecin de S. A. S. Monfeigneur le Duc , & Médecin-Confultant du Roi.

LE Livre de M. Fauchard eft fondé fur un grand nombre de faits bien obfervés, dont il a tiré des conféquences très-juftes & très-utiles. On doit louer cet Auteur des foins qu'il a pris de faire un Ouvrage plus exact que tous ceux qui ont paru jufqu'à préfent; & le Public doit le remercier de ce préfent : il ne pouvoit lui être fait par un homme qui ait plus médité fur cette matiere, & qui ait tiré plus de parti de ce qu'il a vu.

A Paris, ce 24 Juillet 1725.

Signé, SILVA.

APPROBATION

De Monsieur de Jussieu, Docteur-Régent en la Faculté de Médecine de Paris, Professeur en Botanique au Jardin du Roi, de l'Académie Royale des Sciences, des Sociétés Royales de Londres & de Berlin.

L E succès de quelques opérations citées dans le Traité de M. Fauchard, Chirurgien - Dentiste, desquelles j'ai été témoin, est pour moi un préjugé si favorable pour toutes les autres Observations qu'il a rapportées, que je ne puis lui refuser le témoignage d'assurer le Public, que personne n'a travaillé si utilement, & n'a été encore si loin sur cette matiere que l'Auteur.

A Paris, ce 26 Juillet 1725.

Signé, DE JUSSIEU, *Med. Parisien.*

APPROBATION

De Messieurs les Chirurgiens - Jurés de Paris.

Nous, Lieutenant du premier Chirurgien du Roi, Prévôts & Gardes & Receveur en charge, après avoir lu & examiné le Livre intitulé : *Le Chirurgien Dentiste*, que Monsieur Fauchard met au jour, avons reconnu que cet Ouvrage étoit très-essentiel à la Chirurgie, & que cet Auteur à écrit avec beaucoup d'intelligence sur une matiere qui étoit restée jusqu'à présent dans l'obscurité. Nous regardons ce Livre comme la production d'un homme habile, qui donne généreusement au Public tout ce qu'une longue pratique & un grand discernement lui ont fait recueillir de connoissances sur cette partie de notre Art. L'anatomie de la bouche y est expliquée d'une maniere très-claire & très - juste ; les remedes qui y sont proposés, les opérations qui y sont enseignées, les nouveaux instrumens & obturateurs du palais qui y font décrits , nous paroiffent très-dignes de notre approbation. Nous croyons que nos fuffrages font dus aux peines & aux veilles que ce Traité a coûtées à l'Auteur , & qu'on ne peut trop le louer de l'honneur qu'il fait à fa profeffion.

A Paris , *ce* 7 *Juin* 1728.

Signés BOURGEOIS , MOUTON , CHAUVET , ROUTHONNET, MOTHEREAU , BERTRAND.

APPROBATION

De Monſieur Verdier, Chirurgien Juré de Paris , & Démonſtrateur Royal en Anatomie , & de Monſieur Morand, Aſſocié de l'Académie Royale des Sciences , Chirurgien Juré de Paris & Démonſtrateur Royal des opéra- tions.

Ceux qui connoiſſent l'utilité des Traités particuliers feront fans doute contens de celui que M. Fauchard donne au Public fur les dents & leurs maladies. Nous nous joignons d'autant plus volontiers au grand nombre de ſes Approbateurs, qu'il nous a paru contenir d'excellentes choſes ; mais nous ne prétendons connoître ni juger de la pratique qui s'y trouve.

Fait à Paris , ce 11 *Juin* 1728.

Signés, VERDIER, MORAND.

APPROBATION

De Monfieur de Vaux, Chirurgien-Juré à Paris, & ancien Prévôt de fa Compagnie.

PAR la lecture que j'ai faite d'un manufcrit qui contient un ample Traité de la ftructure des dents, des maladies qui leur arrivent & des moyens de les guérir, compofé par M. Fauchard, Chirurgien Dentifte ; j'ai trouvé ce Traité écrit avec beaucoup d'ordre, d'intelligence & de netteté ; & il m'a paru très-inftructif pour ceux qui fe propofent de faire leur capital de cette Chirurgie particuliére. Les obfervations qu'il y a jointes de plufieurs cas difficiles, curieux & finguliers, qui fe font préfentés dans fa pratique, la defcription exacte de tous les inftrumens qui conviennent pour opérer dans la bouche en toute occafion, les additions & changemens apportés aux anciens inftrumens pour les rendre plus commodes & plus efficaces, & l'invention de plufieurs autres très-

ingénieusement fabriqués, mettent
cet Ouvrage au-dessus de tout ce qu'on
a écrit sur cette matiere, qui n'a été
jusqu'à présent traitée que superficiel-
lement dans les cours entiers d'Anatomie, ou de Chirurgie, ou dans
quelques opuscules très-abrégés. Enfin
un nombre de figures gravées avec
soin qui seront insérées aux endroits
nécessaires, serviront encore à donner
des notions plus touchantes du manuel,
& faciliteront son exécution. Aussi je
suis persuadé que ce traité sera très-
utile, non seulement aux Chirurgiens
de toute espece ; mais encore à tous
les malades, qui auront besoin du
secours de cette Chirurgie : en un
mot, j'estime qu'on a lieu de féliciter
notre siécle de ce qu'outre les excel-
lens cours de Chirurgie & d'Anatomie
dont le Public a été gratifié par des
Chirurgiens célebres, il se trouve
encore des particuliers qui, s'étant dé-
voués à une seule partie de la Chirurgie, veulent bien publier sans ré-
serve le progrès qu'elle a fait entre
leurs mains ; puisque c'est le moyen
de porter un Art si utile à sa plus
haute perfection.

A Paris ce 29 Mars 1724.

Signé, DE VAUX.

APPROBATION

De Monsieur Tartanson, Chirurgien-Juré de Paris, & ancien Prévôt de sa Compagnie.

IL manquoit à la Chirurgie une partie qui cependant ne lui étoit pas moins nécessaire que toutes les autres, qui ont été perfectionnées avec tant de soin. M. Fauchard vient de la donner cette partie, en mettant au jour son Traité sur les dents, que j'ai trouvé contenir les explications les plus claires, les opérations les plus sûres, les remedes les meilleurs & les réflexions les plus judicieuses. Par cet excellent Ouvrage cet Auteur rend notre Art complet ; & pour lui en marquer ma reconnoissance, je lui donne ce témoignage.

A Paris ce 21 Mai 1728.

Signé, TARTANSON.

APPROBATION

*De Monfieur Dupleffis, Chirurgien Juré
à Paris.*

LES maladies des dents , quoique
fréquentes & en fi grand nombre ,
faifoient attendre depuis long-tems
que quelqu'un par fes propres Obfervations pût donner des préceptes &
des régles pour remédier à ces maladies. C'eft ce que M. Fauchard fait
excellemment dans le Livre qu'il a
compofé, intitulé : *le Chirurgien Dentifte*, où les Réflexions font fi judicieufes , les conféquences fi bien tirées,
& les remédes fi sûrs , qu'il y auroit
de l'injuftice à ne pas applaudir à un
Ouvrage auffi utile , auffi néceffaire,
& qui manquoit à la Chirurgie. C'eft
le témoignage que je ne puis me difpenfer de rendre au Publc.

A Paris le 26 Mai 1728.

Signé DUPLESSIS.

APPOBATION .

De Messieurs Sauré & de Gramond, Chi-
rurgiens-Jurés à Paris.

LE Livre que M. Fauchard a compofé touchant la ftructure des dents,
le moyen de les conferver, la méthode
d'opérer & de remédier à leurs maladies, eft l'ouvrage le plus complet qui
ait paru fur cette matiere. On y trouve
une exacte théorie & une pratique confirmée par un grand nombre de cures
& d'obfervations, qui font les fruits
d'une longue expérience accompagnée
d'heureux fuccès, dont nous avons
été les témoins oculaires en plufieurs
occafions. C'eft la juftice qui eft dûe
à l'Auteur, & le jugement que nous
portons de fon Traité, que nous avons
lu avec beaucoup d'attention.

A Paris ce premier Juin 1728.

Signé, SAURÉ. DE GRAMOND.

APPROBATION

De Monfieur Laudumiey , Chirurgien Dentifte de Sa Majefté Catholique Philippe V. Roi d'Efpagne.

JE m'intéreffe trop à ce qui peut être avantageux au Public, pour ne pas lui témoigner par la préfente Approbation que je n'ai rien vu de plus parfait fur tout ce qui peut concerner les dents, que le Livre que M. Fauchard a compofé. J'y trouve beaucoup de réflexions & de découvertes fur notre Art, qui font auffi fenfées & auffi utiles que nouvelles. Le titre de *Chirurgien Dentifte* qui eft à la tête de cet Ouvrage, eft foutenu par tout ce qu'un génie heureux, une grande attention & un travail affidu pouvoient raffembler de connoiffances. L'expérience que j'ai dans la profeffion de l'Auteur, fait que je rends juftice avec un extrême plaifir à l'excellence du Traité qu'il a produit, & qu'il donne avec un défintéreffement très-louable & très-rare.

A Paris ce 9 Juin 1728.

Signé, LAUDUMIEY.

TABLE

DES MATIERES, *contenues dans le premier & second Volumes.*

A

B

C

suivantes Les caries des dents & les fluxions causent souvent des abscès qui s'étendent jusques aux parties voisines, & font de cruels ravages. Machines que l'Auteur a inventées pour remédier à ces ravages, & dont il donnera l'explication dans la suite, *tome I, p. 281 & suivantes.*

Carie des dents. Ce qu'il faut faire lorsque les trous cariés sont trop petits pour en ôter la carie & les plomber. Différentes situations où doit être le Dentiste pour enlever la carie, & ce qu'il faut qu'il fasse quand les caries sont trop larges & trop superficielles pour y mettre du coton ou du plomb, *tome II, p. 56, jusqu'à 65.*

Cautériser les dents. Combien de fois on doit appliquer le cautere actuel, suivant la largeur & la profondeur des caries, & instrumens dont on se sert, *p. 80. 81.* Maniere de se servir de ce cautere pour les caries des dents incisives, canines & petites molaires de la mâchoire inférieure, *p. 81. 82.* Pour l'extrémité des couronnes des grosses molaires du côté droit & du côté gauche de la mâchoire inférieure, ou leur surface extérieure, *p. 82.* Douleur des dents incisives & canines, facile à calmer par le cautere actuel, *p. 83.* Maniere de cautériser l'extrémité des dents incisives & canines, des petites & grosses molaires du côté droit & du côté gauche de la mâchoire supérieure, *p. 83 84.* Comment on cautérise les surfaces intérieures de ces dents, les surfaces extérieures des molaires du côté droit, la surface extérieure des incisives & des canines, & les surfaces extérieures des molaires du côté gauche, *p. 83. 84.* Usage d'une plaque, quand on cautérise les dents, fort recommandé, sa forme

R 3

& la matiere dont elle doit être , *p.* 82 & *fuiv.*
Ce qu'il faut faire , quand la carie des dents
ne fe guérit pas par le cautere actuel , *tome*
II, *p.* 85.

D

R 4

à la sortie d'une autre, qui est difforme, nuisible ou cariée, doit être ôtée, *p.* 194. Qu'il ne faut point ôter les dents de lait, à moins qu'elles ne soient disposées à tomber, ou qu'il ne se rencontre quelque cas indispensable. Pourquoi, *p.* 194. 195. Erreur de ceux qui de deux dents mal arrangées dans la bouche d'un enfant, dont l'une est tortue & l'autre droite, choisissent la tortue pour l'ôter, *p.* 196. Dent de lait prête à tomber, dont la couronne fut tirée par un Coutelier, qui ayant cru devoir encore tirer sa racine, emporta la dent qui devoit succéder à la premiere ; & remarques sur le malheur de ceux qui tombent entre les mains des mauvais Opérateurs, *p.* 196 *& suiv.* Regle pour ne pas se méprendre en tirant des dents de lait pour d'autres, *p.* 198. 199. Pour quel sujet on doit ôter une dent mal arrangée , & quatre raisons pour ôter une dent qui est cariée, de façon que l'on ne peut y remédier, *tome I*, *p.* 199. 200.

Dents. Les moyennes ou les petites ornent davantage, sont plus de durée & plus fermes que les longues , &c. *tome II* , *p.* 25. 26,

Dents artificielles. Matiere dont elles doivent être faites, *p.* 215. 216. Ce qu'il faut faire quand on veut mettre une dent humaine à la place d'une autre, *p.* 216. 217. Qu'on en doit faire autant pour les dents d'animal qu'on veut substituer, *p.* 217. Ce qu'on doit observer quand l'intervalle qui doit recevoir la dent postiche, est plus large qu'il ne doit être, *p.* 217. Ce que l'on fait avant que d'attacher & pour attacher une dent postiche, *p.* 217. 218. De quel fil on doit se servir pour l'attacher; que le cordonnet de soie écrue produit de mauvais effets, & que lorsque les gencives & les racines sur

R 5

E

rugines recourbées, ou des petites alenes , *tome II, p. 56 jusqu'à 60.*

Foret pour fabriquer des dents artificielles. Sa description, *tome II, p. 236 & suiv.*

Fouloirs introducteurs, au nombre de deux ; & le fouloir en équerre. Leur usage , *tome II, p. 66. & suiv.*

Fractures des dents. En combien de sens elles se fracturent, & à quelle occasion, *pages* 122. 123. Que leurs parties fracturées ne se réunissent jamais. Pour quelle raison, *p.* 123. Opérations qu'on peut néanmoins y faire , *tome I , p.* 124.

Froid & chaud consécutifs , nuisibles aux dents. Pour quelles raisons , *tome I , p.* 69; 70 & 103.

G

GARGARISME de feu M. Helvetius pour les maux de bouche dans le scorbut, *tome I, p.* 273. 274.

Gencives. Ce qui les compose & leur usage ; *p.* 4. Leur ressort & celui des alvéoles produisent trois différens effets. Quels ils sont, *p.* 16. Leur état dans le fœtus & dans la suite, *p.* 26. 27. Les maladies des gencives, & remedes, *p.* 133 & *p.* 220 *jus.* 285. Leur substance , leur situation, leurs adhérences ; qu'elles sont unies entr'elles dans les enfans ; leur usage, & quel ornement elles procurent ; *tome I , p.* 216 & *suiv.*

Gencives. Ce qu'il faut faire , lorsque le tartre en a détaché une partie , & les a rendues gonflées & molles, *tome II , p.* 24 & 25.

Germes des dents. Observations à ce sujet,

I

M

MACHINE nouvellement inventée, qui embrasse les dents de la mâchoire inférieure, & soutient un dentier artificiel à la supérieure,

S

P

S 4

S 5

T

Fin de la Table des Matieres.

CPSIA information can be obtained
at www.ICGtesting.com
Printed in the USA
BVHW012115050422
633480BV00006B/167